Au cœur de la guerre

ISBN : 978-2-37448-495-2

Étienne de Poncins

Au cœur de la guerre

Récit

XO ÉDITIONS

BIÉLORUSSIE
VARSOVIE
POLOGNE
Tchernihiv
Borodyanka
KIEV
Jytomyr
Rzeszów
LVIV
Ternopil
Drohobitch
Stryï
Trouskavets
Vinnytsia
SLOVAQUIE
UKRAINE
Tchernivtsi
HONGRIE
Dniestr
MOLDAVIE
Iași
CHIȘINĂU
Vol militaire
Odessa
ROUMANIE
BUCAREST
SERBIE
BULGARIE

RUSSIE
Don
Soumy
Kharkiv
Dnipro
Dniepr
Louhansk
DONBASS
Donesk
Zaporijia
Don
Marioupol
Kherson
RUSSIE
Cartographie : Noël Meunier
CRIMÉE
Sébastopol
MER NOIRE
0
100 km
Territoires sous contrôle russe le 23/02/2022
Le grand convoi

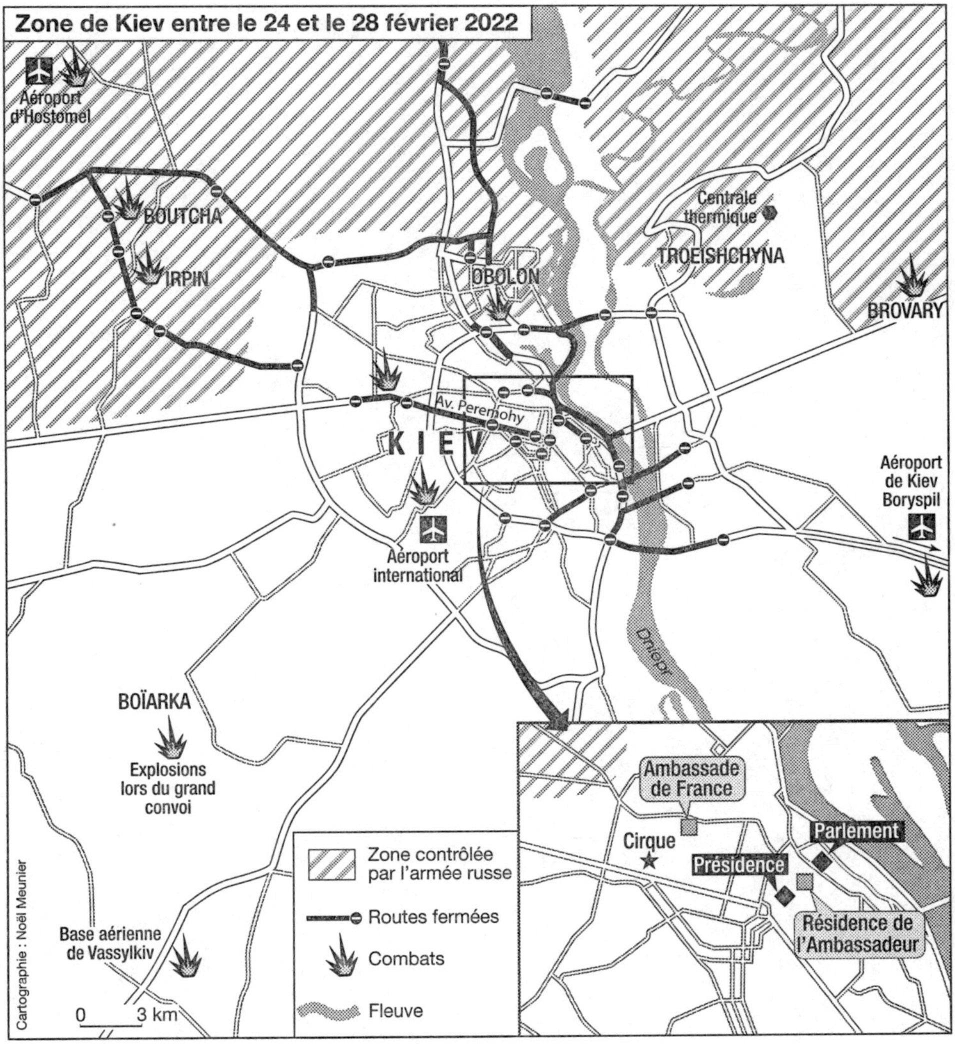

Zone de Kiev entre le 24 et le 28 février 2022
Aéroport d'Hostomel
BOUTCHA
IRPIN
OBOLON
Centrale thermique
TROEISHCHYNA
BROVARY
Av. Peremohy
KIEV
Aéroport international
Aéroport de Kiev Boryspil
Dniepr
BOÏARKA
Explosions lors du grand convoi
Base aérienne de Vassylkiv
0 3 km
Zone contrôlée par l'armée russe
Routes fermées
Combats
Fleuve
Ambassade de France
Cirque
Parlement
Présidence
Résidence de l'Ambassadeur
Cartographie : Noël Meunier

Ces pages seront-elles jamais publiées ? Je ne sais [...]. Je me suis cependant décidé à les écrire. L'effort sera rude : combien il me semblerait plus commode de céder aux conseils de la fatigue et du découragement ! Mais un témoignage ne vaut que fixé dans sa première fraîcheur et je ne puis me persuader que celui-ci doive être tout à fait inutile.

Marc Bloch, *L'Étrange Défaite.*

1
Jeudi 24 février 2022, 4 heures du matin

Ce jour et cette heure entreront à jamais dans mon histoire personnelle, comme dans celle de l'Europe, mais cela, je ne le sais pas encore.

La veille au soir, pour ce que je ne savais pas être mon dernier repas de la vie normale, de la vie d'avant, je suis allé dîner chez mon collègue ambassadeur de l'Union européenne, Matti Maasikas, en compagnie de ma collègue et amie allemande, l'ambassadrice Anka Feldhusen. La résidence de l'ambassadeur de l'Union européenne est une maison cossue, mais nullement ostentatoire, éloignée du centre-ville. C'est une maison de famille avec les chaussures des enfants dans l'entrée et les bonnets accrochés aux portemanteaux. Je n'ai jamais vraiment su l'objet de ce dîner car nous n'avons cessé d'être dérangés les uns et les autres par des appels de nos capitales inquiètes. À tour de rôle, nous nous levons, embarrassés, pour nous éloigner de quelques pas et chuchoter avec nos interlocuteurs. Nous sommes tous les trois submergés de renseignements inquiétants sur une possible et désormais probable invasion russe. Si la pression monte depuis plusieurs semaines, voire plusieurs mois, suite à l'arrivée incessante de troupes russes surarmées et agressives aux frontières de l'Ukraine, c'est la première fois qu'elle atteint un tel sommet.

En nous disant au revoir sur le pas de la porte dans la nuit noire et le temps froid de cette fin février, nous avons tous le sentiment que quelque chose se passe. Ma collègue allemande m'assure qu'elle n'a pas reçu l'ordre de quitter la capitale, mais que tout est prêt au cas où.

Dans la voiture qui me ramène à mon domicile, je reçois un coup de téléphone du directeur politique du Quai d'Orsay, l'un des plus hauts responsables du ministère de l'Europe et des Affaires étrangères. Il m'indique que les Allemands viennent de lui faire savoir qu'ils « donnaient l'ordre à leur ambassade de quitter immédiatement Kiev ». J'avoue être interloqué par une telle affirmation, sachant que ma collègue vient de me dire le contraire dans un français parfait, acquis sur les bancs de Sciences-Po. J'appelle immédiatement mon adjoint Bruno Caussanel qui, de son côté, dîne – hasard du calendrier – avec ses homologues allemand et polonais. Lui aussi me confirme que, « les yeux dans les yeux », son interlocuteur, le brillant Bertram von Moltke, lui a assuré qu'il n'en était rien.

Troublé, je rentre dans mon appartement du vingt-deuxième étage de la rue Institutska. Depuis quatre ou cinq ans, la « Résidence de France[1] » où loge l'ambassadeur – à ne pas confondre avec l'Ambassade elle-même – est située dans cet immeuble de grande hauteur, au cœur du quartier du pouvoir politique ukrainien, à quelques encablures de la Rada[2] (le Parlement), des bureaux du Premier ministre, du palais Maryinsky et de la Présidence. Cette dernière est aussi appelée « *bankova* », du nom de la « rue de la banque » où elle se trouve. Ce quartier gouvernemental est très restreint. Il forme un quadrilatère de moins d'un kilomètre carré.

L'appartement moderne que j'occupe est magnifique. Avec mon épouse Caroline, nous l'avons décoré de peintures ou d'affiches du réalisme socialisme ou d'un peintre de genre bulgare des années 1980, Jelezarov, afin de lui donner une touche est-européenne et néo-soviétique. Ce logement vaut surtout pour sa vue extraordinaire qui domine toute la ville sur trois côtés. Du salon, le regard plonge directement sur la place de l'Indépendance – souvent appelée Maïdan

1. La Résidence est le logement de l'ambassadeur ou de l'ambassadrice, là où il ou elle vit et reçoit ; à ne pas confondre avec l'Ambassade, dite aussi Chancellerie, qui abrite les bureaux où travaillent les agents de l'Ambassade.
2. La Rada, « le conseil », est le Parlement ukrainien. Composée de quatre cent cinquante députés, la Rada n'est constituée que d'une seule chambre. Elle est monocaméral.

(qui signifie la Place) – tandis que le Dniepr, fleuve majestueux et serein, coule au loin.

Depuis le retour en France de Caroline, début janvier, j'y vis seul. Ma chambre est à l'étage d'un semi-duplex. Je traverse les salons déserts et l'entrée dans le noir le plus total. Comme tous les jours précédents, je regarde longuement, avant de me coucher, la ville de Kiev qui s'étale devant moi, si calme et belle, éclairée dans la nuit. Puis je reste une bonne demi-heure les yeux rivés sur les réseaux sociaux ou les sites de journaux. J'attends impatiemment l'édition du *Figaro* pour la lire sans attendre. Vers minuit, je repose mon téléphone sur la table de nuit et le sommeil me gagne enfin.

Pas pour longtemps : vers 4 heures, sans raison apparente, je me réveille de nouveau et tends instantanément la main vers mon portable. L'angoisse des conversations de la veille est trop forte.

Le téléphone vibre de messages. Celui de Bruno, dans le groupe WhatsApp réunissant les chefs de service de l'Ambassade[1], est le plus alarmant. Lui-même a reçu un message de son collègue japonais, indiquant que les Américains sont affirmatifs : l'attaque aura lieu entre 2 heures et 10 heures. Avec le départ précipité des Allemands dans la nuit, c'est une autre information angoissante.

1. Les chefs de service réunissent mes principaux collaborateurs, qu'ils soient diplomates comme le Numéro 2, le conseiller politique, la consule, le conseiller culturel ou issus d'autres ministères comme le chef du service économique, la colonelle attachée de défense, etc. Au total, il réunit une dizaine de membres.

Avant même ces nouvelles, et au regard de la tension grandissante, j'avais déjà pris la décision d'ouvrir la cellule de crise à 9 heures : « ouvrir la cellule de crise » signifie que les agents de l'Ambassade cessent d'effectuer leurs missions habituelles pour se relayer à la réponse téléphonique et gèrent cette situation exceptionnelle. L'Ambassade change de format pour affronter la crise en cours.

Je me lève et m'approche des grandes baies vitrées. Au loin, j'aperçois des couleurs rouge orangé. Des missiles ? Difficile de l'assurer avec certitude. À 5 h 08, message sur notre groupe de l'Ambassade de notre « agent ressources » (autrefois, on disait « chiffreur »), en charge des réseaux de communication et de l'informatique – poste évidemment clé dans une ambassade. Le message est sobre : « Je viens d'entendre des explosions. » Ma réponse ne se fait pas attendre. Elle reste dans un registre professionnel : « Tout le monde se regroupe à l'Ambassade. »

Sitôt après l'avoir envoyé, je m'assois et reprends mon souffle sur le bord de mon lit, les yeux toujours fixés sur la ville.

Je pense à l'Ukraine et aux Ukrainiens que j'aime tant. Cela fait maintenant près de trois ans que je les côtoie ou que je parcours de long en large leur vaste pays : les grandes villes, Kiev, Odessa, Kharkiv, Lviv, Dnipro, et les moins importantes, Loutsk, Marioupol, Poltava, Zaporijia ou Ternopil. Je connais personnellement tous les dirigeants ukrainiens, le Président

Zelensky bien sûr, mais aussi, son adjoint, chef de l'administration présidentielle, Andrii Yermak, les ministres et leurs conseillers, les parlementaires. Avec chacun d'eux, depuis trois ans, j'échange, discute, partage des moments d'amitié et de convivialité. Je connais leurs qualités, leurs caractères, et parfois aussi leurs limites.

En ce moment, assis sur mon lit, je songe à eux. Où sont-ils et que font-ils ? Pour eux, le temps de la vérité, en tant que peuple et Nation, a sonné. Comment vont-ils réagir ? Vont-ils tenir ? Nous allons avoir dans les heures ou les jours qui suivent les réponses aux questions que nous nous posons depuis si longtemps. Je suis confiant qu'elles seront positives.

De mon côté, j'ai le sentiment que ma vie vient de basculer. Pour la première fois, l'Histoire avec un grand H vient de faire irruption dans mon existence. À cinquante-huit ans, et après plusieurs postes de responsabilité, j'avais pu côtoyer l'Histoire, essayer de l'apprivoiser même, en rencontrant ou en me mettant au service de responsables politiques qui l'avaient fait, comme Valéry Giscard d'Estaing. Mais là, c'est différent, c'est d'une autre nature.

À jamais, je resterai, pour le meilleur ou pour le pire – l'avenir seul le dira –, l'Ambassadeur de France en Ukraine, présent et en poste au moment où s'engage le conflit le plus important depuis près de quatre-vingts ans sur le sol européen.

Comment vais-je réagir à ce souffle de l'Histoire et dans cette crise sans précédent ? Je me fais sur le champ, intérieurement, la promesse de conserver les qualités que je crois être les miennes – le sens du devoir, la pondération dans le jugement – et de rester toujours objectif, honnête dans mes analyses. Je veux surtout éviter de me laisser gagner par la fébrilité ou la panique.

Un sentiment immense de responsabilité m'assaille. Je suis le capitaine d'un navire, celui de l'Ambassade, qui affronte la plus furieuse des tempêtes, celle de la guerre. J'ai la responsabilité de conduire à bon port l'équipage qui m'a été confié, et plus largement la communauté française encore présente en Ukraine et qui nous fait confiance. De mes décisions, de mes propositions ou de mes analyses, dépendra le sort des agents qui sont avec moi.

En me levant pour aller scruter l'horizon par la large baie vitrée, j'essaie aussi de conserver vivant, de geler en quelque sorte, l'état d'esprit qui était le mien la nuit précédente. Il y a encore quelques heures, je n'avais aucune certitude sur une éventuelle attaque russe. Bien sûr, il y avait de très nombreux signes avant-coureurs. L'hypothèse d'une attaque russe était possible, vraisemblable, probable, plausible, tout ce qu'on veut, mais elle aurait pu également ne pas avoir lieu. Un de mes enseignants en histoire pour entrer à l'ENA m'avait fait toucher du doigt cette vérité qui doit être la base du travail de l'historien. Ce qui apparaît certain et inévitable après coup ne l'est pas avant. La défaite de la France en 1940 paraissait exclue. Nous étions censés avoir la meilleure armée du monde et la victoire au moins défensive nous était promise. La défaite infligée par l'Allemagne n'en fut que plus cruelle.

Pour cette guerre d'Ukraine, il conviendra de garder à l'esprit que le 23 février 2022 au soir, nul n'était certain que l'offensive russe interviendrait et qu'elle serait généralisée. Nous aurions pu fort bien nous réveiller le matin du 24 avec une nouvelle fausse alerte ou avec un recul russe et un début de désengagement.

À travers les vastes fenêtres, la nuit est sombre, la ville reste éclairée, illuminée comme à l'accoutumée. Mais au loin, à l'est, vers Brovary ou l'aéroport international de Boryspil au sud, on distingue nettement des lueurs.

Sur notre groupe WhatsApp, les agents indiquent, les uns après les autres, qu'ils s'apprêtent à rejoindre l'Ambassade. La cellule de crise qui devait s'ouvrir à 9 heures est immédiatement activée. Pour ma part, je décide de m'accorder un moment de réflexion supplémentaire. Je ne souhaite pas donner l'impression d'un affolement en me précipitant à l'Ambassade. Je prends tranquillement une douche puis je descends vers la table du petit déjeuner afin de respecter mes habitudes : deux tranches de pain grillé et un café. La table ronde jouxte la fenêtre. Je ne cesse de regarder à l'extérieur cette capitale si belle, et encore si paisible, qui est en voie d'être frappée.

De là où je suis, en surplomb, je ne discerne aucune agitation particulière. La circulation est à peine animée et conforme à ce qu'on peut attendre à cette heure matinale. Il est 5 heures à peine. Tout semble normal et les lueurs dans le lointain sont peu discernables. On pourrait tout au plus les confondre avec des lumières d'orage, voire un banal incendie.

Il est temps, cette fois, de partir. Je charge rapidement un sac à dos, puis me dirige vers les sous-sols (sans oublier de mettre l'alarme) où se trouve mon véhicule personnel. Là aussi, tout est normal. Le gardien est à son poste. En sortant de la rampe d'accès et en roulant à faible allure, je vois une famille descendre précipitamment les marches pour charger, coffre ouvert et dans un silence ouateux, son imposant 4 x 4. C'est le premier signe tangible que la guerre est là.

Les rues du court trajet qui me conduit à l'Ambassade sont désertes. Je passe devant la Rada puis le bâtiment des bureaux du Premier ministre. Les policiers en faction ne manifestent aucun signe d'appréhension. Je prends une photo rapide de ce moment si particulier.

En descendant de voiture, devant l'Ambassade, un véhicule s'arrête à ma hauteur. À l'intérieur, un jeune couple et leur enfant installé à l'arrière. Le conducteur me reconnaît et me hèle poliment : « Monsieur l'Ambassadeur, on vient d'apprendre à la radio le début de l'invasion. Nous avons chargé la voiture, que nous conseillez-vous ? » Voilà une question simple, directe. Et pourtant, il est si difficile d'y répondre.

Je ne dispose, à ce moment, d'aucune information particulière sur la situation dans l'ensemble du pays. Faut-il partir avant qu'il ne soit trop tard ou faut-il au contraire rester ? Faut-il se lancer maintenant sur les routes alors que nul ne sait ce qui se passe dans les régions ou faut-il attendre à son domicile ? J'hésite quelques secondes. Puis, les voyant prêts à partir, je leur dis : « Allez-y, filez, tentez votre chance. » Je ressens alors une grosse responsabilité morale. Je ne suis absolument pas en mesure de leur donner la moindre garantie. Comment le pourrais-je d'ailleurs ?

À l'intérieur de l'Ambassade, l'effervescence règne. Chacun court à son poste. La veille au soir, une douzaine d'hommes du GIGN, surarmés, sont arrivés par la route depuis la France. Devant la montée des périls, Paris avait décidé d'envoyer un « précurseur », le commandant Xavier, quelques jours plus tôt. Puis de déployer une équipe complète qui a franchi la frontière le 23 au matin et rejoint Kiev juste à temps. Ce matin du 24, ces hommes s'affairent à déployer leur impressionnant matériel. Ils prennent leurs dispositions pour mettre l'Ambassade en état de défense.

Chaque agent installe et transforme son bureau en campement de fortune. La consigne est de loger sur place. En réalité, chacun sait bien ce qu'il a à faire. Cela fait des jours que nous nous préparons. Les consignes ont été passées depuis longtemps. Les expatriés ont rejoint au plus vite l'Ambassade et s'y sont mis à l'abri. Par chance, tous habitent à proximité immédiate de notre Ambassade du 39, rue Reitarska. Pour les agents ukrainiens, qui généralement habitent plus loin, nous avions spécifié, au contraire, qu'en cas d'alerte, ils devraient rester chez eux, sauf exception, et surtout, ne pas prendre le moindre risque en rejoignant le bureau. Certains sont cependant venus nous aider et participer à notre mise en défense.

La cellule de crise est installée dans un bureau vitré du premier étage qui servait précédemment aux cours de langue. Plusieurs téléphones sont installés ainsi qu'une carte. Les volontaires s'y succèdent par rotation. Ils en sortent éreintés. Le rythme est épuisant, avec des appels incessants. Nous avons également accueilli depuis quelques jours, là aussi par une saine anticipation, deux agents spécialistes de ces questions, venus de Paris et du centre de crise du Quai d'Orsay. Leur aide est précieuse pour la mise en place des listings et les premières réponses à apporter. Ceci obéit à des règles précises. Ne pas s'engager plus que nécessaire et ne pas hésiter, quand c'est le cas, à dire que nous n'avons pas la réponse aux questions qui nous sont posées.

L'avantage de la cellule de crise, c'est d'engager un dialogue, de rompre l'isolement de nos compatriotes, de leur donner confiance alors qu'ils sont dans un pays étranger dont souvent ils ignorent la langue. Sur un plan pratique, nous prenons leurs coordonnées, ce qui permet progressivement de mieux appréhender la communauté française et sa répartition en Ukraine.

Après en avoir salué les agents et échangé avec eux, je rejoins mon bureau situé au cinquième étage. Tous les agents de la Chancellerie sont revenus et s'apprêtent à y camper. Chacun s'organise comme il peut.

Pour moi, les réunions s'enchaînent. D'abord en tête à tête avec mon remarquable adjoint Bruno. Dans notre dispositif diplomatique, le «Numéro 2» est la véritable tour de contrôle de l'Ambassade. Appelé à remplacer le chef de poste lors de ses congés, il forme avec lui le tandem de direction.

Ensemble, nous réunissons ma garde rapprochée composée des chefs de service: l'attachée de défense, l'attaché de sécurité intérieure, la consule, le chef des «services», le responsable des affaires administratives, le jeune diplomate de la Chancellerie, le conseiller économique et le commandant du GIGN. Ce noyau dur sera mon équipe de direction tout au long de la crise. Je suis intimement convaincu que «l'on est plus intelligent à plusieurs que tout seul» et ma «conduite d'équipe» se veut «inclusive et transparente» pour parler le sabir de la gestion des ressources humaines. Je partage donc toutes les informations avec les chefs de service tandis que je ne prends aucune décision sans recueillir leur avis. Mais la décision finale m'appartient seul.

2
En cercle

Comme je l'ai fait à de très nombreuses reprises dans les semaines précédant la guerre, je réunis vers 9 heures l'ensemble du personnel, Français comme Ukrainiens, dans la grande salle du troisième étage. Notre ambassade de la rue Reitarska est un lieu sinistre, directement hérité de l'époque soviétique puisqu'il a été construit pour abriter, du temps de l'URSS, le service économique du Consulat général de la République populaire de Hongrie, situé cinquante mètres plus haut dans la même rue. Achevé lors de la chute du régime, nous nous y sommes installés dès l'ouverture de l'Ambassade en 1991. Tout y respire encore les modes de fonctionnement du régime communiste. La grande salle du troisième en est la quintessence, avec ses murs recouverts de faux marbre et ses lambris en bois clair. On y imagine des officiels vieillissants, ployant sous le poids des ans comme de leurs médailles, levant leur verre de « champagne russe » ou de « vodka » à la santé des brillants camarades participant au XXe plénum du Comité central.

Cette salle fleure bon l'URSS que Vladimir Poutine entend justement remettre au goût du jour. Elle nous servira, tout au long de ces jours d'angoisse, de salle de réunion, de lieu de vie et de cantine.

Les agents arrivent au fur et à mesure. Je les invite à se mettre en cercle autour de moi et à se rapprocher. Avant de m'exprimer et tandis que les derniers retardataires entrent à pas feutrés, j'observe mes équipes. Les mines sont graves, parfois défaites. Les agents ukrainiens ont les larmes aux yeux. Helena Saina, la secrétaire du conseiller culturel qui tiendra une place tellement importante lors de ces six mois, refrène difficilement un sanglot. J'imagine leur angoisse pour eux-mêmes, leurs familles, leurs proches. Je sais que les parents d'untel vivent à moins de trente kilomètres de la « ligne de contact » dans le Donbass, que ceux d'une autre demeurent à Marioupol, située à portée de canon des forces russes et leur objectif prioritaire. Comment réagirais-je à leur place ? Comment réagirions-nous, Français, si notre pays faisait de nouveau l'objet d'une agression militaire généralisée comme ce fut le cas pour la dernière fois le 10 mai 1940 ?

Mais il est temps de parler. Le silence est à couper au couteau. Je délaisse le micro qui m'est tendu pour donner plus de spontanéité à mes propos. Je reprends ma comparaison, qui vaut ce qu'elle vaut, mais qui me paraît toujours correspondre le mieux à la réalité. Je la file de réunion en réunion : celle d'un navire qui voit au loin se lever la tempête. Ces dernières semaines, nous avons préparé notre embarcation, vérifié les drisses, entraîné l'équipage. Longtemps, nous avons espéré que l'ouragan ne ferait que nous effleurer et que nous reprendrions notre navigation. Mais ce matin du 24 février, la tempête est sur nous, puissante, destructrice, irrésistible. Il nous faut fermer les écoutilles, réduire la voilure. Et que chacun tienne son poste. En tant que capitaine, je prends l'engagement de faire de mon mieux pour conduire tout le monde à bon port. Je souligne que nous ne sommes pas seuls mais, au contraire, suivis, soutenus, aidés par nos collègues du GIGN arrivés la veille de Paris ; que les équipes du Quai d'Orsay et les plus hautes autorités de l'État, jusqu'au Président lui-même, sont, plus que jamais, à nos côtés. Je conclus en marquant ma confiance dans chaque membre de l'équipe. « Nous nous en sortirons. Nous rejoindrons le port et je n'oublierai personne. »

Bonne nouvelle de la matinée : les réseaux de communication n'ont pas cédé. Je me souviens de ma collègue britannique faisant le geste d'un claquement de doigts et m'indiquant bien avant l'invasion : « Tu verras, ils [les Russes] feront un geste et tout s'éteindra, plus de téléphone, plus d'électricité, plus rien. Vous ne pourrez plus rien faire. Tu seras pris dans un piège. C'est pour cela que nous partons sans attendre. » Et effectivement, cela fait bien longtemps que ma collègue, comme tous ses homologues anglo-saxons, s'est mise à l'abri à Lviv, prête à franchir la frontière à tout moment.

Cette perspective d'une coupure généralisée de l'électricité et des communications était particulièrement angoissante. Les premiers jours, nous garderons la crainte toujours présente du grand black-out pouvant survenir à chaque instant. Puis nous prendrons confiance dans la résilience extraordinaire des Ukrainiens et leurs capacités d'adaptation. Pas un seul moment au cours de ces six mois nous ne subirons un seul instant une panne de communication ou d'électricité.

À 10 heures, réunion en visioconférence avec le Quai d'Orsay. Je sens la tension et l'empathie chez mes collègues. Tous les regards, à Paris comme à l'Ambassade, se tournent vers moi. C'est le principe même de chef de poste qui prend toute sa valeur. Je suis entouré de mon équipe rapprochée, au bout de la table, face à l'écran. Dans ces moments, le plus important, me semble-t-il, est de conserver son calme. Je ne veux surtout pas ajouter de l'angoisse et de l'énervement à une situation déjà extrêmement anxiogène.

Ce premier jour, notre préoccupation principale porte sur les recommandations à adopter vis-à-vis de nos compatriotes encore en Ukraine. Quel conseil devons-nous leur donner ? Continuer à rester ou partir, sachant que depuis le 19 février, notre recommandation, s'alignant sur celle de la plupart de nos partenaires, était de partir sans délai ? Les familles des agents expatriés de l'Ambassade et une bonne moitié de nos agents expatriés sont également parties le dimanche précédant l'attaque.

Beaucoup de nos compatriotes ont suivi nos conseils. Ils ont quitté le pays, ou tout au moins leur famille. Mais nous savons également que beaucoup les ont ignorés. Ils nous appellent aujourd'hui frénétiquement pour savoir quoi faire.

Or, dès le matin du 24, l'espace aérien est fermé. Les Russes ont fait savoir qu'ils l'envisageaient jusqu'au 2 mars. Cela nous donne une indication assez juste du temps qu'ils comptent consacrer à « l'opération militaire spéciale ». Elle aurait dû être achevée en quelques jours ! Six mois plus tard, elle dure encore.

Cette annonce de la fermeture des aéroports signifie que l'évacuation des Français, telle qu'elle est traditionnellement envisagée, c'est-à-dire par avion militaire ou non, avec ou sans sécurisation de l'aéroport, devient impossible. Nos habitudes de travail, notamment en Afrique, sont ainsi mises à bas. Par ailleurs, une analyse sécuritaire, même sommaire, nous montre vite que les frappes russes tombent sur l'ensemble du territoire ukrainien, y compris sur des points de passage et des nœuds routiers importants comme celui de Jytomyr, à environ cent cinquante kilomètres à l'ouest de Kiev, sur la route de la Pologne. Enfin, les premiers retours ne tardent pas à faire état d'un engorgement, déjà en cours de constitution, aux frontières de l'Ukraine et notamment à la frontière ukraino-polonaise.

Ce 24 février, nous considérons que les Français en tant que tels ne seront pas une cible pour les belligérants, et tout particulièrement pour les Russes. Il n'y a aucune raison qu'ils s'en prennent à nos ressortissants. La situation est évidemment différente de celle qu'on peut trouver dans des pays ravagés par le terrorisme islamiste. Tomber sous occupation russe ne signifierait pas un danger immédiat pour nos compatriotes.

C'est en fonction de ces divers paramètres que la décision est prise, au moins pour le moment, de conseiller à nos compatriotes qui ne sont pas encore partis (et qui n'ont donc pas suivi notre conseil du 19 février) de se calfeutrer chez eux, le temps que la situation s'éclaircisse. Cette consigne est sage. Elle correspond à la meilleure solution du moment. Nous donnons donc des éléments de langage en ce sens à la cellule de crise. Nous diffusons également sur tous nos réseaux, à Paris comme ici, ces recommandations d'attente.

Au fil des heures, les informations commencent à affluer. Elles confirment ce que l'on pressentait dès le matin : une attaque généralisée sur l'ensemble du territoire ukrainien. Aucune région n'est à l'abri. Notre recommandation de prudence apparaît bien comme la plus pertinente. Nous ne souhaitons pas voir de longues files de Français sur les routes alors que le danger est partout. Les échos et retours d'expérience de ceux qui se sont lancés immédiatement sur les routes le 24 février nous donneront raison *a posteriori*. Je pense à nos collègues autrichiens qui sont partis dès les premiers missiles tombés sur Kiev. Leur voyage, ou plutôt leur périple, vers les frontières fut non seulement un calvaire, avec des heures et des heures bloqués sur les grands axes, mais ils ont traversé des phases de réels dangers, voyant des missiles ou des hélicoptères de combat russes les survoler dans le fracas des explosions. Au matin du 24 février, la décision prise a été la bonne. Toute autre aurait été irresponsable et, surtout, aurait conduit à mettre la vie de nos compatriotes en danger.

Toute crise a également ses côtés cocasses. Vers 11 heures du matin, je reçois un coup de téléphone du cuisinier de la Résidence qui me demande si le dîner prévu le soir même, avec des femmes et des hommes d'affaires, est bien maintenu. J'avais évidemment totalement oublié cette échéance et, effectivement, malgré la crise qui enflait, j'avais invité plusieurs responsables français, toujours présents à Kiev, à venir se changer les idées à la Résidence. Il n'en est évidemment plus question. Nous annulons le dîner prévu.

Je dois également gérer les très nombreux messages de soutien et d'amitié qui me proviennent de toute part. Je me rends compte de l'extraordinaire élan d'émotion et de solidarité que soulèvent à la fois l'agression russe et le sort de cette ambassade. Je suis notamment touché par tous les collègues diplomates, ambassadeurs ou non, qui me témoignent de leur amitié. Le premier à le faire, dès 4 h 30 du matin, est mon homologue à Moscou, l'ambassadeur Pierre Lévy. Il me souhaite bonne chance et m'assure de son soutien alors que nous entrons dans la tourmente. Bien d'autres suivent tout au long de ces jours si particuliers. Pour ne citer qu'eux, le consul général à Toronto, Tudor Alexis, notre ambassadeur au Venezuela, Romain Nadal et l'ambassadrice de France à Londres, Catherine Colonna, ont été particulièrement présents.

Nous avons, par convention de langage, l'habitude de parler de « maison » lorsque l'on évoque le ministère que l'on appelle également parfois, selon son terme d'Ancien Régime, le « département ». Véritablement, durant ces jours et semaines, on a pu parler de maison et de famille diplomatique. Malgré la distance et le maintien d'un grand professionnalisme, nous voyons bien la profonde inquiétude de nos collègues à l'égard de notre situation. On les sent même terriblement angoissés, comme si nous étions des naufragés perdus dans l'océan et qu'ils se demandent comment ils vont bien pouvoir nous sortir de là. J'en suis presque à devoir les rassurer sur notre sort.

Ils nous savent, en effet, désormais quasiment isolés dans l'Ambassade et devant faire face, dans les jours à venir, à une situation qui peut devenir rapidement incontrôlable. Le fait que la plupart d'entre eux aient pu vivre des situations similaires, ou proches, dans leur carrière, renforce leur compréhension de la situation et la mesure des dangers auxquels nous pouvons être exposés.

Une réunion de coordination européenne exige que je sorte de l'Ambassade. Pour la première fois j'expérimente les convois du GIGN et leur rituel. Nous partons dans deux voitures blindées, celles-là même qui sont arrivées l'avant-veille de France, juste à temps pourrait-on dire.

À vive allure, nous traversons une capitale déserte. La circulation est presque inexistante, les rideaux des magasins baissés. La réunion est grave. Nous ne sommes qu'une minorité, six ou sept, à être restés encore à Kiev, dont l'ambassadeur de l'Union européenne avec lequel je dînais la veille – un siècle déjà. Les autres collègues interviennent en visioconférence. Ils sont déjà relocalisés, à Lviv ou en Pologne, ou ont pris la route dans les conditions que l'on sait. Nous échangeons le peu d'informations que nous avons. La veille encore, le sentiment général était plutôt de considérer que les forces russes attaqueraient d'abord prioritairement dans le Donbass pour tenter de conquérir la totalité des oblasts de Louhansk et Donetsk. Or, là, nous assistons bien à une attaque totale sur tous les fronts, y compris au sud, à la sortie des isthmes de Crimée. La question qui nous agite est la même que celle nous évoquons depuis ce matin avec le Quai d'Orsay. Faut-il partir, faut-il rester ? Faut-il recommander à nos ressortissants de rester ou de partir ? Le sentiment le plus partagé est qu'à ce moment précis, il vaut mieux rester à Kiev et inciter nos ressortissants à faire de même. Les images de chaos à la sortie de Kiev et des grandes villes n'incitent pas à une autre solution.

Sur le chemin du retour, alors que nous circulons à grande vitesse, je demande à mon accompagnateur du GIGN de prendre quelques secondes de vidéo. Il capte une avenue qui défile à vive allure, sans passant et sans voiture ou presque. À peine postée sur mon compte Twitter, la vidéo affole les compteurs malgré son apparente banalité. Elle rend simplement compte d'une réalité encore inimaginable la veille encore : une grande capitale européenne soumise à un assaut généralisé…

La communication, je le sens immédiatement, va devenir, au fil des jours, un véritable enjeu. Sentant la bourrasque se lever, le message que je ne cesse de marteler est celui d'une « ambassade au travail », au service de nos compatriotes comme de la relation franco-ukrainienne. Une ambassade qui reste également à Kiev au plus près des autorités.

C'est dans cet esprit que je poste aussi une photo de la cellule de crise. Les cinq agents sont tous concentrés sur leur tâche. La table qui leur sert de bureau est bien tenue. On sent le calme, l'esprit de responsabilité et, en même temps, la gravité de la situation. De cette simple photo émane le message que je souhaite porter en ce début de guerre, en particulier à destination de nos compatriotes : la situation est certes difficile mais nous sommes là. Nous restons à vos côtés et nous ferons tout, avec l'aide de l'équipe du Quai d'Orsay, pour vous sortir de là. Cette « communication de crise », comme on dit désormais, je l'initie et la bâtis moi-même pas à pas, tweet après tweet. Elle se révèle efficace et bien perçue.

La règle, au ministère des Affaires étrangères, veut que tout ambassadeur demande l'autorisation avant de s'exprimer dans les médias français, qu'ils soient écrits ou audiovisuels. Le caractère inédit de la situation comme sa gravité ont accéléré les procédures d'approbation. C'est ainsi que, dès le 24 au soir, j'ai répondu positivement à la sollicitation d'Ulysse Gosset pour BFM TV et à celle de LCI.

Pendant que l'équipe de cameramen cherche le bon angle dans mon bureau, j'échafaude quelques bouts de phrases, histoire d'avoir des jalons sur lesquels ancrer mon intervention. Je liste dans ma tête les points sur lesquels je m'interdis de répondre. Comme gloser sur les intentions de Vladimir Poutine. Outre que je n'en ai pas la moindre idée, j'estime que ce n'est pas à moi de me lancer dans des conjectures sur ce que va faire ou non la Russie. J'essaie toujours d'orienter la conversation sur ma valeur ajoutée et celle de mon équipe : être physiquement présent aux côtés des Ukrainiens et partager ce qu'ils endurent. Ma seule légitimité est là. Je sais surtout qu'un dérapage est vite arrivé.

À l'époque des réseaux sociaux, une expression maladroite, une attitude condescendante ou arrogante, et l'échec est assuré. Dans ce slalom médiatique exigeant, vous ratez une porte et la course est finie. Rien n'est jamais acquis et toute interview comporte sa part de risque. Lorsque la régie, dans l'oreillette, m'indique que c'est bientôt à moi, le shot d'adrénaline est à son maximum. Et top, c'est parti pour dix minutes avec Ulysse Gosset.

Les échos de mon intervention sont, dans l'ensemble, favorables. On relève une attitude posée, apaisante et rassurante, alors même que l'inquiétude grandit en France d'heure en heure.

En fin d'après-midi, sous prétexte de passer chercher quelques effets complémentaires pour la nuit et pour l'installation de mon bureau, je décide de retourner à la Résidence à pied. Je souhaite marcher, comme je le fais régulièrement, pour m'aérer l'esprit et préparer mentalement mes interventions télévisées du soir.

Ce sera, je le sens tout de suite, la dernière fois avant longtemps. Ultérieurement, on apprendra que des commandos et forces spéciales russes étaient présents partout en ville, avec pour objectif de rechercher et d'exécuter le Président Zelensky et les principaux dirigeants du pays.

Je conserve un souvenir très fort de cet aller-retour entre l'Ambassade et la Résidence. Je connais par cœur ce trajet pour l'avoir effectué presque quotidiennement. Il prend environ trente-cinq minutes aller.

Je m'y engage avec le sentiment d'une pause bienvenue. Je descends vers la place Maïdan puis remonte en direction de la Résidence. Tout est vide. Les rues sont désertes et l'obscurité commence à tomber. Je m'arrête un instant pour prendre une courte vidéo, avec mon téléphone, que je posterai sur mon compte Twitter. Je veux déjà garder témoignage de ces temps historiques. Je respire à plein poumon l'air froid de cette fin de journée.

Je ne reste que quelques minutes à la Résidence. Un autre rendez-vous médiatique m'attend. Et c'est au pas de course que je traverse dans l'autre sens la place Maïdan, toujours déserte, pour revenir à l'Ambassade et me préparer en catastrophe à accueillir les questions d'un journaliste. Il me faut retrouver mon souffle, me rafistoler et reprendre mes esprits avant de répondre le plus calmement possible aux questions. Je cherche le plus honnêtement possible à rendre compte de la situation, encore bien confuse.

Depuis le matin, l'Ambassade est une ruche. Chacun s'organise son « petit coin », le tout dans une ambiance plutôt constructive. Les gendarmes du GIGN sont les plus impressionnants. Ils déploient en quelques heures tout leur matériel. Ils prennent possession du toit. Ils m'y emmènent en reconnaissance, me faisant grimper une petite échelle métallique. Ils installent un poste d'observation et de guet qui nous sera très utile. Chaque agent effectue au plus vite des allers et retours à son domicile pour apporter couvertures et ravitaillements. Des animaux, aussi, nous rejoignent. Chiens et chats… et même un oiseau. Mon assistante nous présente son chat. Extrêmement timide, il court se cacher sous une armoire. Elle doit s'enfermer avec lui dans son bureau de peur qu'il ne s'échappe. L'arrivée des animaux s'explique par le départ des familles, le week-end précédent, quand il était encore possible de prendre l'avion. Ils n'ont pas pu être du voyage. Il faut maintenant s'en occuper. Cela donne à notre ambassade une atmosphère particulière. Elle devient, au sens propre, une arche de Noé voguant sur des flots tumultueux.

En bas, dans la grande salle du troisième, la vie en collectivité s'organise. Le bâtiment vétuste prend des allures de colonie de vacances. La vieille cuisine, qui était délaissée, reprend vie. On découvre avec plaisir que nous disposons d'un lot de vaisselle. On fait un tableau des tâches où chacun s'inscrit. L'un se prépose à la cuisine, l'autre au nettoyage. Chacun ayant ramené des vivres de son domicile, les premiers repas sont aisés bien que froids. Au final, pour cette première soirée, le fait d'être tous réunis est plutôt rassurant et l'ambiance n'est pas mauvaise. Nous nous installons tous, cahin-caha, dans nos bureaux en situation de camping.

Je continue tard dans la nuit à répondre aux mails ou à surfer sur les réseaux sociaux. Je commence aussi à reprendre contact avec mes interlocuteurs ukrainiens habituels, au ministère des Affaires étrangères ukrainien (MZS).

Je cherche surtout à reprendre le cours de mes pensées. Quelle situation au sens propre extraordinaire ! Une guerre en plein cœur du continent européen et de cette amplitude. Il faut remonter à l'invasion de la Pologne par l'Allemagne nazie le 3 septembre 1939 pour retrouver une telle situation. Le sentiment qui domine demeure la sidération. Comment une telle décision est-elle possible de la part de Vladimir Poutine ? Qu'est-ce qui peut le pousser à prendre une telle mesure, à condamner des milliers d'innocents à la mort et tout un peuple à la souffrance ? Est-il fou ? Est-il mal conseillé ? Est-ce que quelqu'un dans son entourage va le stopper ou refuser d'obéir à ses ordres ? Comment va réagir la population russe ? Va-t-elle suivre ou se révolter ? Je cherche à comprendre. Comme je le faisais en lisant des biographies de Staline. Comment expliquer et comprendre ce qui vous paraît proprement incompréhensible et irrationnel ?

Contrairement à ce que j'aurais pu penser, le poids des responsabilités ne me pèse pas particulièrement. Je n'ai pas de doute sur ma capacité à y faire face. J'ai déjà traversé des situations difficiles. Je me rappelle ce moment lorsque j'étais le chef d'une mission européenne dans la Corne de l'Afrique, il y a quelques années. La mission de lutte anti-piraterie couvrait alors Djibouti, la Somalie, le Kenya, la Tanzanie et les Seychelles. Ce jour-là, j'étais en mission dans cette dernière implantation lorsque, tard le soir, j'ai reçu un coup de téléphone m'annonçant qu'un attentat islamiste avait eu lieu à Djibouti et que trois de mes agents étaient blessés.

Comme dans la chaleur moite des Seychelles, je ne ressens ici, à Kiev, aucune fébrilité particulière. J'ai confiance dans mon équipe. Je me répète qu'il faut garder la tête froide pour éviter de prendre des décisions précipitées et malheureuses. Je m'inquiète toutefois de la convergence des multiples tâches qui m'incombent. Il me faut veiller sur mes collaborateurs, prendre les meilleures décisions pour eux, mais aussi pour tous les Français présents en Ukraine.

Parallèlement, je vais devoir gérer l'attention qui ne manquera pas de se porter sur ma personne et mon équipe. L'attention de ma « hiérarchie », c'est-à-dire des plus hauts responsables de l'État, jusqu'au président de la République, mais aussi celle des médias pour lesquels la guerre devient un sujet central. Je n'ai pas l'habitude de me mettre en avant, gardant au fond de moi un reliquat de timidité héritée de mon éducation.

Je me demande comment je vais gérer cette exposition, alors que j'ai toujours préféré, dans mon travail, l'ombre à la lumière.

Mais je vais devoir me faire violence pour que la presse prenne conscience de notre travail, relaie au mieux nos messages, en particulier vis-à-vis de la communauté française. Et, surtout, qu'elle favorise un mouvement de soutien envers l'Ukraine, victime d'une agression non justifiée et totale de la part de la Russie. Je compte sur elle et, en même temps, je la redoute.

Je l'ai appris dans mes différents postes : les médias sont comme un cheval sauvage ombrageux à dompter. Si on y arrive, il vous mène loin. Mais si on est désarçonné, on se retrouve vite le nez dans le ruisseau.

Je suis sur le pont depuis 4 heures du matin. La fatigue m'envahit. Il y a quelques jours, à titre de précaution, j'ai fait venir un lit dans mon bureau. Je pensais ne pas avoir à l'utiliser mais, ce soir, je suis bien content de le trouver. Placé près des grandes baies vitrées de la fenêtre, j'hésite un instant à l'en éloigner puis me ravise. Ce serait un peu ridicule. Et puis, à quoi bon ? Si un missile frappait le bâtiment, ce n'est pas un recul d'un mètre ou deux qui changerait quoi que ce soit.

Avant de m'endormir dans mon bureau du cinquième étage, comme un gymnaste qui révise ses mouvements avant un concours, je me remémore les règles de conduite que j'entends suivre : rester toujours serein, confiant et positif, quelle que soit la situation, garder du temps pour la réflexion, ne pas se laisser gagner par l'affolement ou la panique et s'efforcer d'identifier calmement et collectivement les meilleures décisions pour l'équipe.

Sur ces pensées, je m'endors quelques heures.

3
Les jours les plus longs

Malgré la fatigue, je n'ai pas besoin de réveil pour être debout vers 6 heures du matin. Après un brin de toilette dans le lavabo qui jouxte mon bureau, je pars retrouver mes collègues et les agents qui s'entassent dans les couloirs ou bureaux environnants. Plus une place de libre. Nous entamons alors, sans le savoir, les «jours les plus longs», ces journées des vendredi 25, samedi 26 et dimanche 27, avant notre départ le 28 pour Lviv en fin d'après-midi. J'ai le sentiment d'être le capitaine d'un navire voguant sur une mer démontée. Avec un vent qui ne cesse de se renforcer. À compter du 25, ce ne sont plus seulement des missiles qui s'abattent sur Kiev, mais des combats à l'arme lourde qui se déroulent jusque dans le centre de la ville et autour de la capitale. Le bruit des détonations ne va pas cesser. La nuit, ils sont plus ou moins inquiétants. On finit par différencier, même si l'on n'est pas un spécialiste, les tirs d'arme automatique et les explosions.

Les réseaux électroniques continuant à fonctionner, des amis ukrainiens m'adressent des vidéos de blindés russes qui passent en tirant en continu au pied de leurs immeubles, dans le quartier Obolon bordant le Dniepr. Là même où j'aime aller me promener le dimanche au bord du large fleuve, dans le parc Natalka.

Le vent forcit encore le 26 avec l'annonce par le maire de Kiev de l'instauration d'un couvre-feu général du samedi 26 à 18 heures au lundi 28 à 8 heures. Les forces armées ukrainiennes annoncent qu'elles « tireront à vue sur toute personne dehors, qui sera considérée *de facto* comme un saboteur russe ». Ce couvre-feu intégral ne sera pas entièrement respecté. On continuera même le dimanche 27 à observer de nos fenêtres des passants qui tentent de se ravitailler rue Reitarska. Mais il traduit la gravité de la situation.

Au cours de ces jours de plomb, nous sommes environ une cinquantaine d'agents ou de personnel français sur le site de l'Ambassade avec, parmi eux, la douzaine de gendarmes du GIGN sous le commandement du commandant Xavier, nos trois gendarmes de la sécurité diplomatique présents au poste et un petit nombre de recrutés locaux qui sont venus se réfugier à l'Ambassade. Sans compter, comme on l'a vu, un bon nombre de chiens et de chats… et la perruche d'un agent du Consulat. Tout ceci donne à notre ambassade un air de ménagerie.

Les familles des agents ainsi qu'une partie importante de l'équipe ont été rapatriées le dimanche 20.

J'aurais souhaité alors un départ plus conséquent afin d'alléger au maximum le navire en prévision de la tempête à venir, mais les chefs de service m'ont fait valoir un certain nombre d'arguments légitimes qui l'ont emporté. C'est donc dans une embarcation alourdie et peu manœuvrable que nous affrontons le gros temps. Il m'importe d'en tenir compte dans la gestion des équipes.

Les hommes du GIGN, désormais installés, déploient nuit et jour leur talent pour mettre notre vaisseau en état de défense et le préparer pour une future évacuation. Ils s'activent notamment pour constituer des stocks alimentaires. Ils se ravitaillent dans les rares supérettes encore ouvertes et se rendent au domicile des agents pour récupérer, avec leur accord, des réserves d'eau et de nourriture. Il en va de même du carburant, élément évidemment déterminant en cas d'évacuation. Les stations étant fermées, il faut jouer avec la débrouillardise et ne pas hésiter à siphonner le réservoir d'un véhicule que l'on n'utilisera pas pour remplir le réservoir d'un autre. La recherche des couchages est également au cœur des préoccupations. Des missions de récupération, couronnées de succès, ont lieu au lycée français Anne de Kiev et à l'institut français.

Le 25 en début d'après-midi, le GIGN est à la manœuvre pour une opération d'« extraction » particulièrement périlleuse. Il s'agit d'aller chercher l'ambassadeur belge et son équipe bloqués dans leurs bureaux en plein centre-ville. La décision a été prise à Paris d'aller les sortir de ce mauvais pas. Cette opération est menée avec brio. Nous voici avec cinq personnes en plus à bord de notre fragile esquif. J'accueille chaleureusement les rescapés et mon collègue et ami Alex Lenaerts. Comme ils arrivent les bras chargés de bière belge, la jonction se passe aisément.

La situation militaire et sécuritaire occupe bien évidemment l'essentiel de mes pensées comme des réunions qui s'enchaînent à un rythme infernal. Nous tenons, debout dans mon bureau, une réunion de crise improvisée dès les premières heures du 25, avec l'ensemble des responsables concernés : chancellerie, mission militaire, sécurité intérieure, etc. Le tableau qu'ils me dressent est presque désespéré : les Russes lancent des assauts tous azimuts. Dans le Donbass, en priorité, pour s'emparer de Marioupol et dégager Donetsk. Dans le Sud, également, où ils ont facilement percé à la sortie des isthmes de Crimée pour avancer rapidement en direction du Dniepr et de la ville de Kherson. Autour de Kiev, enfin, où deux branches d'une même tenaille se mettent en place : la première descend la rive droite du Dniepr depuis Tchernobyl, la seconde longe la rive gauche en contournant Tchernihiv, qui résiste, pour descendre sur Kiev. Les premiers soldats russes sont déjà à Brovary et certains ont été vus, même à Obolon, quartier de Kiev.

Pour mes principaux collaborateurs, la messe est sinon dite, du moins en voie de l'être. Ils donnent peu de chances au gouvernement ukrainien pour se maintenir au pouvoir. Les hauts responsables du Service de sécurité intérieure (SBU), service clé de la sécurité, fort de près de trente mille hommes – l'équivalent ukrainien du FSB russe, lui-même héritier du KGB –, ont pris la fuite vers l'ouest. Or, le chef du SBU, Ivan Bakanov, est un ami d'enfance du Président Zelensky. Cette débandade paraît sonner le glas du pouvoir ukrainien et conforte plusieurs de mes collaborateurs dans leur pessimisme.

Pour ma part, et malgré l'accumulation de mauvaises nouvelles, je garde ma confiance dans les capacités de résistance ukrainiennes. Je conserve un fond d'optimisme, mince mais réel. Je ne peux pas croire que les Ukrainiens ne vont pas se défendre et que leurs principales villes vont tomber comme des fruits mûrs entre les mains des Russes. Je les côtoie depuis près de trois ans. J'ai compris très vite qu'il ne fallait jamais confondre, en Ukraine, russophone et pro-russe. Ce n'est pas parce que mes interlocuteurs sont de langue maternelle russe, y compris le Président Zelensky lui-même, qu'ils sont prêts à accepter de passer sans combattre sous domination de Moscou et d'accepter le joug russe.

Kiev est une métropole étendue qui compte près de cinq millions d'habitants. Je l'ai parcourue de long en large. Si les ponts sont tenus ou détruits, le Dniepr, immense, représente un obstacle naturel redoutable. Il ne me paraît pas concevable que la capitale tombe en quelques heures… À condition, bien sûr, qu'elle se défende. C'est pour moi la clé de tout. Or, de ce côté, certaines nouvelles sont plutôt rassurantes. La mobilisation se fait immédiatement. Des files d'hommes se présentent aux points de recrutement. On leur remet des armes et ils partent au combat. Les maires des grandes métropoles – Kiev, Kharkiv... –, mais aussi ceux de communes plus petites comme Marioupol ou Tchernihiv, mettent leur ville en état de défense. Pas un ne déserte, même ceux pour lesquels on pouvait avoir des doutes – je pense à celui d'Odessa.

Dans le domaine politique, c'est immédiatement l'union sacrée. La Rada se réunit le 24 à 7 heures du matin pour déclarer la patrie en danger et voter la loi martiale. Aucune personnalité politique ukrainienne, aucun député, même de second plan, ne manifeste un soutien aux Russes. Les députés des partis pro-russes de la Rada, notamment ceux du parti de Viktor Medvedtchouk, se taisent et se terrent. Au sein des médias, tous tenus par de puissants oligarques (Akhmetov, l'homme le plus riche d'Ukraine, Kolomoïsky, le soutien et « découvreur » de Zelensky, Pintchouk et Porochenko, le prédécesseur du Président Zelensky), pas une voix discordante. Toutes les chaînes de télévision ont immédiatement décidé de travailler ensemble.

Et puis, bien sûr, il y a cette courte vidéo, devenue légendaire, du Président Zelensky entouré de sa garde rapprochée. Dans la froide nuit du 25 février, dehors dans la rue Bankova, qui abrite les bureaux de la présidence, il appelle à la résistance, confirme qu'il est et reste à Kiev et qu'il se battra jusqu'à la victoire. Ce faisant, il entre ce jour-là dans l'Histoire. Pour moi, son appel à la lutte est comparable à celui de Churchill en 1940.

Les premiers éléments d'information en ma possession démontrent très vite le courage absolument admirable des Ukrainiens en guerre. Une courte vidéo montre un MiG-29 ukrainien décollant littéralement sous les obus ennemis et au milieu des explosions. Peut-être parce que, adolescent, j'ai lu et relu le livre de Pierre Closterman, *Le Grand Cirque*, qui relate ses exploits de pilote de la France libre, ces images me bouleversent. Cette courte vidéo tremblotante, prise de loin, représente pour moi la quintessence du courage ukrainien. Un peuple capable de tels exploits ne peut mourir. Jamais nous ne verrons de vidéos similaires d'exploits russes. C'est un signe.

Je multiplie les contacts WhatsApp, Signal ou Telegram avec mes interlocuteurs ukrainiens habituels : ministres, conseillers diplomatiques de la Présidence, députés, directeurs du ministère des Affaires étrangères, journalistes, etc. Je veux savoir s'ils sont à l'abri et, dans toute la mesure du possible, les réconforter et les assurer de notre soutien. La plupart sont chez eux. Tous me décrivent leur détermination à se battre et sollicitent notre aide. Au téléphone, l'ancien ministre de l'Intérieur, Arsen Avakov, m'impressionne. Très implanté à Kharkiv, il se situe dans une semi-opposition au Président Zelensky depuis que ce dernier lui a retiré son poste de ministre de l'Intérieur en juillet 2021. Mais là, sans détour, il m'indique qu'il reprend du service, totalement mobilisé pour défendre sa patrie. Les différends politiques avec le Président Zelensky sont effacés. Il se rallie à lui et bat le rappel d'anciens combattants du Donbass (2014-2015), avec lesquels il a constitué un bataillon de volontaires. Ces derniers sont déjà au combat dans le nord de Kiev. Cette stratégie totalement déconcentrée est caractéristique de l'Ukraine en guerre. Chaque maire, chaque oligarque, chaque personnalité politique – comme l'ancien Président Porochenko – monte son bataillon de volontaires, l'équipe, le finance. Cet héritage des cosaques est redoutablement efficace. Il contribue à l'image de la « Nation ukrainienne en armes » et joue un grand rôle dans l'échec de l'offensive russe sur Kiev. Cette conversation avec Arsen Avakov me confirme que cette organisation est parfaitement en place dès le lendemain de l'invasion russe.

L'enfermement, désormais presque hermétique, des agents dans l'Ambassade, et la tension extrême que nous vivons collectivement, ne me font pas oublier notre mission première : informer nos autorités.

J'insiste donc pour que nous n'interrompions pas notre correspondance diplomatique. Au contraire, elle en prend encore plus d'importance. Le 25, mon adjoint, Bruno, rédige une première et brillante synthèse de ces deux premières journées de guerre. Avant de la valider, je lui glisse, dans un sourire : « Beau travail, tu peux en être fier et surtout garde-la bien, celle-là, elle sera bientôt collector… »

Le samedi, dans la perspective d'un Conseil de défense qui se tient le lendemain sous la présidence du chef de l'État, c'est à mon tour de me livrer à une tentative de synthèse extrêmement périlleuse. Après avoir tourné vingt fois mes phrases dans ma tête, je me lance. Je relève que la situation demeure très confuse sur le plan militaire et peut basculer dans un sens (écrasement par les Russes) comme dans l'autre (résurgence ukrainienne). Je poursuis en notant que, au fil des heures, il me semble que la balance penche légèrement et très progressivement en faveur des Ukrainiens. Suit une longue liste d'arguments en faveur de cette hypothèse : absence de percée dans le Donbass, échec russe à conquérir le centre de Kiev, unanimité de la classe politique autour du Président Zelensky, unification des médias autour de la défense du pays, résistance des grandes villes, y compris Kharkiv, etc.

Cet optimisme prudent, j'essaye de le faire partager, sans grand succès, à l'ensemble de mes collaborateurs dont certains – et c'est normal – sont plus défaitistes. Je crois qu'il appartient au chef de poste de savoir « prendre son risque ».

Durant ces jours les plus longs, le soutien de nos collègues parisiens comme des plus hautes autorités de l'État se poursuit sans relâche. J'ai de la peine à répondre à tout le monde. Le ministre Jean-Yves Le Drian m'appelle pour faire un point sur la situation de l'Ambassade et m'encourager. Je lui fais part de l'extrême mobilisation des agents du ministère et de leur comportement exemplaire. Je lui cite en particulier le cas de Fabrice Scherer, en charge des communications. Extraordinairement précieux et efficace, Fabrice reste mobilisé jour et nuit durant cette période. Il ne dort quasiment pas.

Le ministre de l'Économie, Bruno Le Maire, m'appelle également. Nous échangeons longuement. Avec la cellule diplomatique de l'Élysée, les contacts sont, bien sûr, constants. Isabelle Dumont est mon interlocutrice privilégiée. Elle m'a précédé dans le poste d'ambassadeur de France en Ukraine. J'ai pour elle la plus grande estime. Nos relations sont fluides et régulières. Nous nous appelons parfois plusieurs fois par jour. Lors d'un de ces coups de fil, elle me lâche : « Ah, au fait, il n'est pas impossible que le Président t'appelle directement. Il m'a demandé ton numéro. » J'imagine aussitôt qu'il va passer par un standard (« Ici l'Élysée, je vous passe le Président », comme dans les films) ou au moins utiliser un numéro masqué *via* un secrétariat. Pas du tout… Alors que, dans un rare moment de répit, j'arrange mon lit pour la nuit, le téléphone se met à sonner. Sur l'écran, un très ordinaire 06 qui me fait décrocher sans la moindre appréhension.

À l'autre bout du fil, comme on disait autrefois, directement la voix du président de la République que je reconnais immédiatement... Je suis vraiment touché qu'il prenne ainsi de mes nouvelles et de celles de toute mon équipe. Le Président me connaît depuis son déplacement à Kiev, le 8 février. Ce jour-là, il avait tenté avec persévérance et beaucoup de courage d'éviter la guerre.

Je lui présente un bref état des questions militaires et politiques en ce troisième jour de l'invasion russe. J'insiste bien sûr sur la précarité de notre situation matérielle, confinés que nous sommes au sein de bâtiments exigus, bientôt à court de ressources, et sous la menace constante d'une arrivée des forces russes à notre grille.

Je lui confirme également mon souhait d'être maintenu, éventuellement seul, ou avec une petite équipe restreinte, sur le sol ukrainien le plus longtemps possible. En tout cas, tant que le Président Zelensky et son gouvernement seront en place et à Kiev. Il me confirme que telle est bien son intention. Il me relate rapidement ses échanges avec le Président Zelensky avec lequel il est en contact quasi quotidien. Avant de terminer cette conversation, il insiste pour que je n'hésite pas à l'appeler directement, « si, dit-il, vous en ressentez le besoin ».

En reprenant mes tâches domestiques, je me fais la promesse de n'utiliser cette licence qu'au cas où l'on déciderait de me faire sortir d'Ukraine, contre mon gré, pour m'exfiltrer à l'étranger. Le cas ne s'étant pas produit, je n'en ai pas fait usage.

Tout au long de ces jours d'angoisse, sentir le soutien et l'attention du président de la République a été un puissant réconfort, tant pour moi que pour mes équipes.

Le sort des Français est au cœur de mes préoccupations. Je descends régulièrement m'enquérir de l'état de la situation auprès des collègues qui se relaient avec dévouement au sein de la cellule de crise. Je suis en contact avec plusieurs de ces compatriotes que je connais personnellement, en particulier au sein de la communauté d'affaires. Certains résident à proximité de l'Ambassade. Ils souhaiteraient, et c'est bien compréhensible, venir s'y réfugier. Malheureusement, les instructions de Paris sont claires et impératives : aucune exception ne peut être envisagée. J'en comprends bien sûr la logique : si on fait ne serait-ce qu'une exception, la situation, très vite, deviendrait ingérable. Elle provoquerait un afflux incontrôlé de Français qui viendraient rue Reitarska. De surcroît, nos capacités d'accueil sont d'ores et déjà totalement saturées. Enfin, même pour un court trajet, il n'est pas question de faire prendre des risques à la personne qu'on autoriserait à nous rejoindre. Il me faut donc, le plus adroitement et aimablement possible, décourager ces demandes de rejoindre les locaux de l'Ambassade. C'est le cœur gros que je m'acquitte de cette mission, pénible mais indispensable.

4
Il faut partir

Au cours de ma carrière de diplomate, j'ai suivi divers stages de formation. L'un portait sur la gestion de crise. Brusquement, les principales conclusions me reviennent à la mémoire comme une rivière enfouie qui resurgirait. L'une d'entre elles est de conserver en toute circonstance une nécessaire et indispensable agilité. La capacité à réagir rapidement et à changer de position, voire à faire volte-face en fonction des événements et de la situation est essentielle. Le dimanche 27 février matin, tôt, à mon réveil, peu après être descendu dans la salle commune pour prendre un café, je remonte m'isoler dans mon bureau afin de faire calmement un point de la situation.

La dernière nuit a été plus calme sur le front des explosions et des tirs. Mais le risque est toujours là, comme en témoigne ce que me révèle le commandant du GIGN : à 2 heures du matin, un des gendarmes en faction sur le toit a senti le souffle d'une balle à quelques centimètres seulement de son visage. Le projectile s'est fiché dans le mur derrière lui. J'imagine sa frayeur. Une balle perdue ? L'alerte, en tout cas, a été chaude. Elle nous rappelle que tout peut basculer en un instant.

À l'intérieur de l'Ambassade, la promiscuité pèse. Le manque de sommeil également. La cohabitation des différents agents, et maintenant des différentes nationalités, est également un poids. Les restrictions aux sorties sont difficiles à supporter. Et lorsqu'elles ont lieu, elles sont dangereuses. Un agent est revenu le visage en sang après avoir été agressé. Par qui ? Pourquoi ? En tout cas, nous lui apportons soutien et réconfort. La nouvelle a rapidement circulé et légitimement inquiété.

Chacun commence à tourner en rond. Les plus jeunes sont les plus fragiles. Ils sont désarçonnés, pris de court par la situation dans laquelle ils sont plongés, dans un pays où ils n'auraient jamais pensé trouver la guerre à grande échelle. Si nous avons fait partir, juste avant le début de la guerre, les agents les plus jeunes et les plus vulnérables comme nos stagiaires et volontaires internationaux, certains de nos agents titulaires sont néanmoins en début de carrière. Les « anciens » et leurs supérieurs, dont moi-même, essaient de les entourer au maximum, de les encourager et surtout nous leur conseillons de ne pas rester inactifs. En effet, rester désœuvrés lors d'une crise majeure à tourner en rond ou à ressasser indéfiniment la situation, ses origines et ses aboutissements, ne conduit à rien si ce n'est à la dépression et à la fatigue. On finit par se lancer dans la recherche des responsables. Les « je vous l'avais bien dit » ne sont jamais loin. Tout ceci est vain et distrait de l'objectif principal qui est de « sortir de là » le mieux possible et le plus vite possible.

Mieux vaut se plonger dans une activité quelle qu'elle soit, ce qui permet de se changer les idées, de voir le temps passer plus vite et d'être utile. Or, malgré ces conseils de bon sens, quelques-uns d'entre nous s'abîment dans une certaine forme de dépression, restant des heures affalés dans les fauteuils en vieux Skaï noir de la grande salle du troisième. Je me désespère de les voir ainsi se décomposer mentalement, presque heure après heure, sans arriver à les reprendre en main. L'absence de sommeil, les yeux rougis, une irritabilité croissante suivie de périodes d'abattement m'indiquent que le point de rupture n'est sans doute pas éloigné pour certains d'entre eux.

La santé, physiologique comme mentale, des agents placés sous ma responsabilité me préoccupe constamment. Je me sens responsable de ce « petit troupeau » que le hasard et la hiérarchie ont placé sous mon autorité. La guerre dévoile, comme un test à l'acide, des réalités humaines insoupçonnées. Chacun réagit selon sa personnalité et son histoire propre. Impossible de prévoir à l'avance la réaction à la tension et à l'angoisse d'une situation effectivement encore impensable il y a seulement quelques heures. Untel, fort de son expérience et de son grade, entend jouer au dur. Unetelle, discrète, se calfeutre dans son bureau, mais, malgré ses dénégations, paraît mal encaisser l'angoisse.

En matière de « santé mentale » et de gestion des ressources humaines, je peux heureusement compter sur le jeune, élancé et brillant médecin intégré dans l'équipe du GIGN. Au cours de ces jours cruciaux, nous avons plusieurs conversations qui me permettent d'échanger et de recueillir ses conseils toujours avisés.

Le cérémonial est toujours le même. Le docteur frappe discrètement à la porte de mon bureau ou, celle-ci étant la plupart du temps ouverte, passe une tête et me demande poliment s'il peut entrer. Nous nous asseyons quelques minutes dans les canapés défraîchis et il commence invariablement par : « Comment allez-vous ? Dormez-vous bien ? » Son regard brun reste planté dans mes yeux. Malgré la courtoisie et l'affabilité du propos, j'ai le sentiment désagréable de passer un examen et que mes réponses sincères (« Oui, je ne dors pas si mal, non je ne prends pas de somnifère, oui, je tiens le choc ») sont scrutées et pesées. Je sens bien qu'elles ne le convainquent qu'à moitié. Que tout mouvement d'impatience, dont je me garde bien, serait immédiatement interprété comme un « ça y est, il commence à craquer » et autre « en fait, il ne va pas si bien qu'il veut me le faire croire, tout ceci est une façade ». Nous jouons ainsi au chat et à la souris.

Je redoute bien sûr le rapport qui serait alors immédiatement dressé à sa hiérarchie et qui inquiéterait inutilement Paris. Car réellement, j'encaisse bien l'épreuve que je traverse et sans doute même mieux que je l'aurais cru moi-même. Ensuite, une fois ce passage au tamis mental passé, j'espère sans trop de dégâts, nous abordons ce qui m'intéresse le plus : son analyse de l'état d'esprit des personnels, de l'ambiance générale. Son expertise est extrêmement précieuse car je ne suis pas préparé autre qu'empiriquement à ce type de problématique. Par ailleurs, il a une expérience ou une connaissance des situations de crise plus développées et scientifiques que moi. Passant plus de temps que moi au milieu des agents, il est en mesure de mieux sentir l'atmosphère générale. Malgré mes appréhensions et le sentiment d'être scruté, j'apprécie nos échanges.

Or, les éléments que le docteur me remonte ne sont guère encourageants. L'équipe, après deux jours de ce régime, est déjà épuisée. Les nerfs sont à vif. Le contraste entre la suractivité des uns et l'indolence des autres est source de potentielle dispute et de division. Mon adjoint Bruno me fait part d'une exaspération croissante. L'atmosphère tourne à la cocotte-minute. S'il n'y a pas eu d'incident direct entre les uns et les autres, on sent monter les tensions entre agents. Le partage des tâches qui, au début, se faisait dans la bonne humeur devient contraint. Chacun s'observe et se jauge. Le manque de sommeil fragilise les organismes.

Les appels inquiets que chacun reçoit de ses proches aggravent la situation.

Les *scenarii* les plus noirs tournent dans la tête de certains agents : celui où la ville serait encerclée durant des semaines et subirait une destruction à l'artillerie comme Grozny en Tchétchénie en 2000 ou celui du siège de l'ambassade américaine à Téhéran en 1979. « On va tous y passer », pronostiquent même certains.

L'allocution solennelle du président de la République, ce soir à la télévision, a été mal reçue par certains agents qui déplorent de ne pas avoir été mentionnés alors que nous sommes encore une cinquantaine sur place, au cœur de la guerre. Malgré mes efforts pour les rassurer, le sentiment s'installe qu'on les oublie et que Paris ne prend pas la mesure de ce qu'ils vivent. Si, sur le premier point, je sais que ce sentiment est injuste, sur le second en revanche, ils ont sans doute raison. La situation dans laquelle nous sommes plongés depuis trois jours est tellement effarante qu'en effet je pense que nos collègues et dirigeants ne se rendent pas compte. Le bruit des détonations, les bombardements, le sentiment qu'à tout moment notre ambassade peut « tomber aux mains des Russes » sont difficilement transcriptibles pour Paris.

Nous avons le sentiment d'être des naufragés sur un bateau perdu dans la tempête. Les écoutilles sont fermées, mais nul ne sait vers où nous nous dirigeons. Et, au dehors, le vent souffle fort. Non seulement le bruit des explosions ne cesse pas, en particulier la nuit, mais s'y mêle désormais celui des détonations, préfigurant les combats de rue. Chaque matin nous nous réveillons avec l'angoisse de ce que nous allons trouver.

Sur le plan matériel, la mise en état de défense de notre ambassade commence à toucher ses limites. Nos réserves physiques comme morales ne sont pas inépuisables.

Chaque matin, le chef du détachement du GIGN fait le point sur nos capacités de tenir. J'ai l'impression d'être le gouverneur d'une citadelle assiégée, comptant ses ballots de farine et ses tonneaux d'eau et de vin. Or, nos réserves sont loin d'être mirobolantes. Nous sommes près de soixante, dont nos cinq collègues belges, sur un site partiellement adapté pour accueillir autant de monde en permanence. Nous ne disposons par exemple que de quatre douches, certaines particulièrement vétustes. Comme nous étions censés partir au plus tard à l'été 2023 dans de nouveaux locaux, nous n'avons pas fait de travaux depuis des années. Tout laisse donc à désirer. Le seul point positif est que, globalement, nous ne manquons pas d'espace même si le camping est la règle.

De plus, nous voyons nos autres collègues des autres ambassades quitter parfois précipitamment la capitale et se lancer sur les routes. Cela me fait penser à ces troupeaux de gnous agglutinés devant la rivière menaçante car grouillante de crocodiles. Aucun animal apeuré n'ose avancer puis, sous la pression, l'un se lance à ses risques et périls, puis l'autre, puis tout le troupeau. Or, plusieurs ambassades ont décidé de sauter le pas. Leur départ a sans doute été chaotique et risqué, notamment pour la sortie de Kiev. Je prends régulièrement des nouvelles de mes collègues ambassadeurs ainsi sur les routes, notamment de mon amie Sylvia, l'ambassadrice d'Espagne. Tous ceux qui sont partis ont vécu une véritable épreuve, s'infligeant des heures et des heures de route dans des conditions toujours périlleuses. Le carburant a pu manquer, des villes qu'ils traversaient ont été attaquées, comme Jytomyr ou Vinnytsa. Certains ont dû dormir dans leur voiture au bord de la route. Ils ont enfin subi des heures et heures d'embouteillage aux passages des frontières. Mais, après de nombreuses heures passées à galérer sur les routes, les évadés ont fini par atteindre la frontière moldave ou roumaine. Ils sont sur l'autre rive, celle de la sécurité. La voie est donc praticable. Les agents, bien sûr, sont au courant de ces succès car les informations circulent vite.

Un élément déterminant me fait ce matin-là définitivement basculer en faveur du départ dès que possible. Il a trait aux supputations et anticipations de l'attitude russe en cas d'arrivée des forces occupantes autour de l'Ambassade. Jusqu'à présent, le consensus prévalait que si les forces russes parvenaient dans la rue Reitarska et en chassaient nos gardes ukrainiens, nous nous trouverions dans l'obligation de quitter les lieux dans les deux heures. Mon homologue britannique m'avait décrit ce scénario, indiquant qu'il était coutumier des Russes, notamment en Syrie.

Nous avions ce canevas en tête avec mon équipe lorsque nous écoutions les tirs et les bombardements au loin. Les fenêtres de mon bureau/chambre donnant sur la cour et les toits extérieurs mais non sur la rue, tous les matins de ces quatre jours d'acier et d'angoisse, mon premier mouvement au réveil était de descendre au troisième étage et de regarder à la fenêtre sur rue pour voir par moi-même si nos gardes ukrainiens étaient bien toujours là. Quel soulagement de les voir faire les cent pas, dans leur équipement militaire et avec gilet pare-balles devant notre ambassade. J'admire leur courage et leur placidité. Comment se sont passées les longues heures d'obscurité ? Ont-ils vu quelque chose ? Quelles sont leurs consignes ? Voici quelques-unes des pensées qui m'assaillent en les regardant passer, imperturbables.

Dans ma tête, j'imagine souvent l'arrivée des Russes et me fais le film. Je me vois réveillé en pleine nuit par des tirs plus proches que de coutume, des bruits de véhicules blindés chenillés ou non dans la rue, ou, si c'est durant la journée, j'imagine un membre du GIGN ou de la mission militaire entrant précipitamment dans notre salle de réunion alors que nous sommes en liaison avec Paris et nous disant, encore essoufflé par les cinq étages montés dans la précipitation : « Ça y est, ils arrivent, ils sont à la porte, venez vite ! » J'anticipe l'effroi de nos collègues parisiens et la réunion interrompue sans délai. Je me vois descendre les grands escaliers, mais m'arrêter au premier. En effet, il a été convenu dans nos différents scénarios que je n'entrerais pas moi-même en contact avec l'officier russe (sans doute un simple lieutenant), mais superviserais à distance. Un agent parlant russe serait alors sorti devant la grille fermée de l'Ambassade. À travers elle, il aurait sans doute reçu l'ordre attendu de quitter les lieux dans les deux heures. Nous nous serions alors mis en état de partir rapidement. J'imaginais déjà l'humiliation de descendre le drapeau devant les soldats russes goguenards.

Je visualise le long cortège de véhicules traversant Kiev déserte, escorté par des blindés ou véhicules russes et se rendant vers où, d'ailleurs ? Nul ne le sait vraiment. J'anticipe déjà l'effroi de l'équipe, le silence de mort régnant entre nous. Tel était donc le scénario que nous avions en tête.

Mais en me levant ce dimanche 27 février, brusquement je me mets à songer à une autre hypothèse : « Et si, au lieu de nous dire de partir et de nous accompagner, les Russes nous abandonnaient tout simplement à notre sort ? » Cette fois, l'officier du FSB se contenterait de nous dire : « Nous avons bien compris que ceci est un bâtiment diplomatique, nous respecterons son inviolabilité ; vous n'avez pas voulu partir pour marquer votre soutien au régime nazi de Kiev, eh bien restez ! En revanche, si vous sortez de votre bâtiment, nous ne pouvons en aucun cas vous garantir la sécurité ni en ville ni à l'extérieur. La ville n'est pas sûre, des "terroristes ukrainiens" peuvent être encore présents. Faites comme bon vous semble.» Des gardes russes remplaceraient la Garde nationale ukrainienne. La situation serait réellement dramatique. Tout d'abord du fait de l'absence de réserve d'eau et de nourriture. Au mieux, nous pourrions tenir une semaine.

On peut aussi imaginer que l'eau, le gaz et l'électricité soient coupés. Là, la situation confinerait au désastre. Une très grande majorité des personnes présentes n'est nullement préparée à affronter des conditions rigoureuses. Les jeunes générations, à la différence de la mienne, n'ont pas fait de service militaire. Les notions de vie en collectivité leur sont étrangères.

Le manque de réserve alimentaire, la présence des Russes à l'extérieur, les vraisemblables coupures d'eau ou d'électricité, il n'en faudrait sûrement pas plus pour que la panique gagne l'ensemble du personnel. On se trouverait dans une situation absolument explosive. En réalité, ce scénario, auquel nul ne paraît avoir songé, est même plus inquiétant que celui de notre expulsion dans un délai de deux heures. J'imagine le Président Macron contraint de solliciter directement Vladimir Poutine pour lui demander un sauf-conduit. Ce dernier faisant traîner les choses ou faisant semblant de donner des ordres dont nous n'aurions aucune certitude qu'ils seront exécutés.

Tout converge vers cette exigence de départ le plus rapidement possible. Les propos particulièrement inquiétants de Vladimir Poutine laissant entendre qu'il donne « quarante-huit heures » aux habitants de Kiev pour partir. Couplés à des évocations imprécises mais réelles de l'arme atomique, on peut penser que cela laisse présager, dans le scénario du pire, soit une attaque massive des forces d'agression, soit même une attaque atomique. Quoi qu'il en soit, ces propos laissent penser qu'il y a un créneau, une étroite fenêtre, mais que celle-ci pourrait rapidement se refermer. Il n'y a certainement pas une minute à perdre.

Enfin, l'annonce des départs des autres ambassades occidentales ajoute au sentiment d'urgence de partir à notre tour. Nos amis belges paraissent également envisager de partir de leur côté, si nous ne nous décidons pas. Eux aussi sont au bord de la rupture.

Ma décision est donc prise ce matin du dimanche 27 février. Il faut sérieusement alléger le dispositif. Je vérifie, lors de notre réunion des chefs de service, que cette volonté de partir au plus vite est partagée par tous. J'en fais alors le point clé de toutes mes interventions ensuite avec Paris. Ma conception de la direction du poste et du métier d'ambassadeur est de prendre les décisions majeures puis de les faire valider par Paris et enfin de les mettre en œuvre. Nous sommes parfaitement dans cette situation.

Il reste notamment un point à trancher qui est de savoir si nous quittons Kiev pour sortir du territoire ukrainien (et donc fermons ou délocalisons l'Ambassade à l'étranger) ou si nous envisageons un allègement et un redéploiement à Lviv ou ailleurs, impliquant que je reste sur le territoire ukrainien. Tout au long des débats qui s'ouvrent ce 27 février, c'est cette seconde hypothèse que je ne vais avoir de cesse de défendre. Autant je suis intimement convaincu que notre départ le plus vite possible de Kiev est impératif – c'est devenu une question d'heures –, autant je pense que nous devons conserver un dispositif allégé en Ukraine. Notre maintien à Kiev, alors que nos partenaires anglo-saxons sont partis depuis des semaines, nous a valu une reconnaissance exprimée à de nombreuses reprises, y compris par le Président Zelensky. Il serait regrettable de dilapider cet acquis en abandonnant et en quittant le territoire alors que, justement, le pays est soumis à une agression généralisée.

Mon objectif est donc d'alléger au maximum le dispositif et de permettre à tous les agents qui le souhaitent de pouvoir revenir en France, tout en conservant un « noyau dur » avec, bien sûr, moi-même restant à sa tête. À aucun moment il ne me traverse l'esprit de quitter mon poste ou mettre fin à la mission qui m'a été confiée. Je considère que c'est dans l'adversité qu'on voit ses véritables amis et que la France qui, depuis le début de l'agression, a pris parti sans barguigner pour l'Ukraine, doit maintenir son ambassade sur le territoire ukrainien (et donc son ambassadeur).

À partir du dimanche matin, je cherche donc à éviter deux écueils : qu'on nous maintienne encore à Kiev dans cette configuration lourde qui est devenue intenable et qu'une fois qu'on aura décidé de nous faire partir, qu'on considère que toute l'Ambassade, y compris moi-même donc, doit quitter le territoire ukrainien pour s'installer par exemple en Pologne. Je ne vais cesser de faire naviguer le lourd paquebot de l'Ambassade entre ces deux rochers.

Une fois que j'ai les idées claires sur ce que j'estime le mieux pour mon équipe, il m'est plus facile de faire avancer le dossier. Je sollicite un entretien téléphonique en fin de matinée avec le directeur de Cabinet du ministre Jean-Yves Le Drian, l'excellent Nicolas Roche, afin de demander son soutien. Il sera tout de suite réceptif à mes arguments et, à partir de ce moment, ne cessera de pousser dans mon sens pour un départ le plus rapide possible.

Lors de notre réunion de service, je demande aux responsables du GIGN, en concertation avec la mission de défense, de commencer à examiner précisément les modalités d'un départ, notamment l'itinéraire à suivre, la constitution du cortège, la mise en état des véhicules, etc. Il faut aussi mettre l'Ambassade en situation d'être abandonnée. Le travail avait bien sûr déjà commencé dès le premier jour, il est seulement accéléré et rendu plus opérationnel.

Je commence par explorer et faire explorer une première piste qui serait de faire partir vers la frontière la plupart des agents présents dans l'Ambassade, mais de laisser un « noyau dur » extrêmement restreint autour de moi-même et du drapeau. Ma volonté serait de rester à Kiev tant que le Président Zelensky y est. Ma conception du travail diplomatique est qu'un ambassadeur réside et reste dans les lieux où demeure le chef de l'État auprès duquel il est accrédité. Kiev, ce 27 février, est toujours le siège du Gouvernement et de l'État ukrainien.

Je commence donc à chercher à constituer « au cas où » cette « garde sacrée administrative ». Il est évident que cela ne peut se faire que sur la base stricte du volontariat. Un tout petit noyau dur de deux ou trois courageux collègues viennent se porter volontaires pour rester avec moi. Je les en remercie et leur en suis reconnaissant.

Lorsque notre réunion interministérielle s'ouvre en début d'après-midi, je commence directement par présenter les éléments qui me paraissent justifier un départ désormais inéluctable de tout ou partie de l'équipe. Bien que faite sur un ton calme et posé, la présentation détaillée de notre situation matérielle détériorée emporte également largement la conviction des uns et des autres.

En revanche, mon idée initiale de rester à Kiev avec un petit groupe, voire seul avec quelques gardes, est rapidement écartée car impraticable techniquement.

Cela nécessiterait de séparer le détachement du GIGN, une partie restant avec moi tandis que l'autre escorterait le convoi. Je fais alors une dernière proposition, à savoir que j'accompagne, afin de ne pas diviser les forces de protection, jusqu'à la frontière l'ensemble du personnel de l'Ambassade puis que je revienne seul avec juste quelques membres du GIGN à Kiev. Mais là aussi, cette hypothèse est écartée car elle impliquerait de nous faire rentrer à Kiev après en être sortis. Trop dangereux et trop risqué alors que le pays est en guerre et que nul ne sait où sont exactement les forces russes ni leurs intentions à notre égard.

Je dois donc me résoudre à quitter Kiev pour être redéployé à Lviv avec un « noyau dur ». C'est l'hypothèse sur laquelle nous nous mettons à travailler. Si elle ne me convient pas totalement, car elle m'oblige à quitter la capitale, elle préserve l'essentiel, à savoir demeurer sur le sol ukrainien. C'est un moindre mal.

Aux alentours du milieu d'après-midi, le feu vert paraît obtenu pour un départ que je souhaite le plus tôt possible le lendemain matin. Je réunis l'ensemble des agents et des personnels présents, y compris bien sûr nos amis belges, pour les prévenir de notre décision de départ. Le chef du détachement du GIGN commence à en préciser les modalités pratiques : organisation du convoi, éléments à détruire avant le départ, etc.

Immédiatement après, une effervescence renouvelée gagne l'Ambassade. Chacun s'active au départ, prépare ses affaires afin de les installer dans le véhicule qui lui a été assigné. Les binômes qui vont conduire tel ou tel véhicule se forment et se concertent.

Pendant ce temps-là, la destruction des archives et des équipements informatiques s'accélère et entre dans sa phase finale. Au milieu de la cour, le feu brûle dans les containers. Nuit et jour, alimenté en permanence. On voit les gendarmes défoncer à coups de masse les ordinateurs jetés au sol dans la cour. Un géant roux est particulièrement actif, ce qui donne une petite vidéo que je conserve par-devers moi précieusement.

La décision de principe, obtenue lors de la réunion interministérielle, doit encore être validée par le président de la République. Commence alors une longue attente sur laquelle nous n'avons pas de prise. Je comprends que le ministre Jean-Yves Le Drian plaide directement notre cause à l'Élysée.

De notre côté, nous mettons tout en ordre pour un départ aux petites heures du matin. Je prends régulièrement des nouvelles auprès de la cellule diplomatique ou du directeur de Cabinet du ministre pour savoir si le feu vert nous est donné.

L'angoisse monte parmi l'équipe et l'ensemble du personnel. Nous avalons distraitement un plat de pâtes. Malheureusement, vers 21 heures, je reçois l'annonce : un «*no go*» de l'Élysée. La décision est soumise à la tenue d'un conseil de défense consacré à l'Ukraine qui doit se tenir le lendemain, lundi.

Vers 22 heures, appel du conseiller diplomatique de l'Élysée. Je suis dans l'escalier car j'ai voulu prendre la communication immédiatement, là où je suis. Il me confirme la non-possibilité de départ. L'itinéraire doit être validé et la décision soumise au conseil de défense. Elle ne pourra intervenir au mieux qu'en début d'après-midi, le lendemain.

La voix blanche, la gorge sèche, les mains moites, je cherche à argumenter en insistant : chaque heure compte, le piège risque de se refermer. Les Russes sont à moins d'un kilomètre. Leurs commandos sont en ville. On les entend dans la nuit. Certains blindés ont été vus au Cirque, à exactement huit cents mètres de notre ambassade. Nous avons identifié un étroit chemin de sortie. Saisissons notre chance tôt demain matin aux premières lueurs du jour. Un départ doit intervenir le matin dès la levée du couvre-feu. C'est plus sûr. J'argumente encore et encore, à deux doigts de perdre mon calme.

Mais rien à faire, je le sens très vite. Les raisons de ce report reposent vraisemblablement sur des éléments que je n'ai pas en ma possession et qui me dépassent. Sans doute faut-il arracher plus d'assurances des Russes quant à notre sécurité par des canaux informels. Obtenir plus de renseignements *via* les satellites sur les chemins à emprunter. Je conclus, la rage au cœur, en rappelant que « fonctionnaire, j'exécute les ordres et que donc je me conformerai à celui-ci ».

L'émotion m'étreint à l'idée de devoir annoncer ce report aux naufragés du 39, rue Reitarska. Il faut bien s'y résoudre néanmoins. Je sonne le rassemblement général. Dans la nuit, à la lumière blafarde de cette sinistre salle du troisième que l'on finit par exécrer, j'annonce le report. J'insiste sur le fait que la décision de principe du départ est prise et qu'il ne s'agit que de son application. Dans le métier de haut fonctionnaire, annoncer et mettre en œuvre une décision que l'on désapprouve soi-même est sans doute une des tâches les plus ingrates. La loyauté et la discipline font aussi partie de nos exigences professionnelles. J'essaie donc d'être le plus convaincant et positif possible.

Je vois dans les yeux des agents et collègues l'abattement à l'idée de rester dans l'incertitude et de devoir passer une nouvelle nuit sans savoir si ce sera la dernière à Kiev. Personne ne parle et chacun repart vers son lit, plongé dans ses pensées.

La nuit est plutôt plus tranquille que les précédentes. On entend régulièrement des détonations, mais elles paraissent plus lointaines. Le danger d'un assaut paraît un peu moins imminent. Au matin, je reprends mon rituel de descendre voir à la fenêtre si nos gardes ukrainiens sont en poste. Une nouvelle fois, ils le sont.

Je reprends mon effort de conviction pour arracher enfin ce bon de sortie. Le ministère de la Défense à Paris pensait que nous étions déjà sur les routes et s'étonne que nous soyons toujours là. Je ne cesse de demander des nouvelles. Les cinq Belges donnent des signes d'impatience de plus en plus visibles. On les voit se concerter et chuchoter dans leur coin. Ils envisagent très sérieusement de partir de leur côté. C'est en effet le grand sauve-qui-peut du côté des ambassades occidentales. Chacun comprend que l'offensive russe s'essouffle (en fait elle a échoué, mais cela, nous ne le saurons que plus tard). Un créneau ou une étroite fenêtre s'ouvre.

Sur notre réseau de concertation européen, les annonces de départ se multiplient. La plus visible est celle des Hongrois puisqu'ils sont situés dans la même rue que nous. On voit se mettre en place leur convoi qui quitte la rue Reitarska vers 14 heures.

Aux alentours de 15 heures, le fameux «*go*» m'est enfin transmis par le directeur de Cabinet Nicolas Roche. Je pousse un immense soupir de soulagement. Nous réunissons sans délai les agents pour leur annoncer la nouvelle et passer les dernières consignes. Je dis quelques mots avant de passer la parole au chef du détachement du GIGN.

Ce passage de parole vaut passage de témoin. À partir de ce moment-là, ma mission de chef de poste s'interrompt au moins momentanément. La compétence passe aux «spécialistes» et d'abord au chef de détachement du GIGN. C'est au jeune commandant Xavier que nous confions notre sort et peut-être notre vie. Je deviens un «agent comme un autre» devant me plier aux consignes. Il n'est évidemment pas question pour moi d'intervenir un tant soit peu sur les questions liées à notre redéploiement : itinéraire, composition et organisation du convoi, etc.

J'ai le sentiment très fort d'avoir posé le sac de la responsabilité. Un lourd poids est retiré de mes épaules. D'un coup, la tension folle de ces dernières heures tombe. Je remonte, ému d'avoir obtenu ce que je cherchais depuis plus de vingt-quatre heures : le départ de Kiev, mais le maintien de l'Ambassade sur le sol ukrainien.

Sur les modalités de ce redéploiement de Kiev vers Lviv, je n'ai pas totalement obtenu gain de cause. J'ai longuement plaidé afin que, physiquement, je ne quitte à aucun moment le sol ukrainien. J'aurais souhaité accompagner le convoi jusqu'à la frontière moldave puisque c'est celle-ci qui a été retenue. Et, sans la franchir, me diriger ensuite avec une escorte réduite vers Lviv. Une deuxième équipe GIGN vient d'ailleurs de franchir la frontière et de s'installer à Lviv. J'avais pensé qu'elle aurait pu se diriger à ma rencontre et ainsi me récupérer. J'avais regardé sur la carte la route à prendre. Je la connais bien car je l'ai parcourue il y a quelques mois. Je trouvais fort le symbole d'arriver à la frontière et ne pas la franchir. Je redoutais également mes réactions une fois la frontière passée. N'allais-je pas regretter mon choix de revenir en Ukraine ? Doutant, je ne voulais pas mettre à l'épreuve ma détermination. En restant de ce côté de la frontière, je n'aurais pas eu le choix.

Malheureusement, ce scénario s'est également révélé impraticable dans l'Ukraine en guerre. Les risques comme les distances sont trop importants. Il ne serait pas raisonnable de les courir juste pour une posture somme toute symbolique. De réels obstacles techniques le rendent irréaliste : le risque de manquer d'essence, tandis que l'imposition du couvre-feu, selon d'ailleurs des modalités variables, poserait des difficultés sans doute insurmontables.

Je me rallie donc à un schéma qui minimisera les risques pour tout le monde, même s'il est moins satisfaisant sur le plan symbolique. Je devrai bien franchir la frontière avec l'ensemble du convoi pour me rendre comme lui à Iaşi en Roumanie. Là, un transport militaire A400M m'attendra ainsi que le petit noyau dur qui m'accompagnera. Nous « basculerons » ainsi de Iaşi à Rzeszów en Pologne puis, de là, l'équipe arrivée à Lviv viendra me réceptionner pour me conduire à Lviv, étape finale. Je dois reconnaître que ce schéma est plus rationnel et moins risqué. Au total, la « bascule », c'est-à-dire le temps passé hors d'Ukraine, devrait durer, si tout va bien, un peu moins de vingt-quatre heures.

5
Le départ

En remontant dans mon bureau, une grande tristesse m'envahit, en même temps que le calme qui, soudain, y règne. Le contre-choc des heures intenses que je viens de vivre. Maintenant que la décision est sur les rails, il me reste à organiser, moi aussi, l'évacuation de mon bureau et à mettre de côté ce que j'entends emporter. Je prends le temps de faire quelques pas sur la terrasse pour appeler ma famille. Je ne sais pas quand je pourrai le faire à nouveau. L'heure est à la gravité. Ma mère, pour pallier son anxiété, découpe frénétiquement les articles de son *Figaro* quotidien sur l'Ukraine pour en faire des dossiers. Je la taquine en lui disant que, au rythme où vont les choses, elle devra bientôt acheter une nouvelle paire de ciseaux. Le temps s'est mis au beau et je peux entendre au loin les éventuelles détonations. En me penchant au-dessus de la balustrade, je prends quelques photos saisissantes des feux qui continuent en contrebas dans les braseros métalliques ainsi que de la destruction des ordinateurs à la masse.

Depuis longtemps, tous les documents contenus dans mes classeurs et le coffre ont été passés à la broyeuse qui est au fond du couloir. J'en ai encore quelques-uns sur mon bureau dont j'hésite à me séparer. Parmi ceux-ci, une plaquette de présentation que m'a remis le 18 février le maire de Marioupol, Vadym Boytchenko. En effet, nous avons une étroite coopération avec le grand port de la mer d'Azov situé à vingt kilomètres de la ligne de contact. Nous y avons notamment financé, sur prêts du Trésor, la station de traitement des eaux.

Le maire, avec qui j'entretiens des relations d'amitié de longue date, est donc venu me présenter, quelques jours avant le déclenchement de la guerre, les nouveaux projets pour sa ville. Il m'a remis une plaquette, fort bien faite au demeurant, nous proposant divers projets à financer, dont la rénovation du front de mer. Cette plaquette est restée sur mon bureau. J'hésite longuement à la passer au broyeur puis, finalement, prends la mauvaise décision en l'y mettant. Elle serait devenue « collector », comme l'on dit désormais. Il ne reste de cette plaquette qu'une photo que j'avais mise sur mon compte Twitter à l'issue de notre rencontre. Elle ne date que de quelques jours, dix exactement, mais qui en semblent mille en réalité. J'avais, bien évidemment, entamé notre rencontre en l'interrogeant sur le risque d'invasion russe. Il était en quelque sorte aux premières loges et connaissait particulièrement bien les Russes. Vadym Boytchenko m'avait répondu qu'il ne croyait pas à une invasion, que tout ceci était du bluff et de la gesticulation. Il en avait l'habitude. Venant de lui, si proche des possibles lieux de combat, sa certitude m'avait rassuré.

Je me prépare pour le départ, y compris sur le plan vestimentaire. Nous partons vers l'inconnu. J'opte pour des effets à la fois confortables et chauds, mais en phase avec ma fonction, y compris en cette période de guerre. Un col roulé et une veste en velours feront l'affaire. Je rassemble ensuite les quelques effets qui me paraissent indispensables d'emporter et à ne surtout pas laisser tomber entre les mains des Russes. Je porte un regard circulaire sur mon bureau en imaginant les hordes russes y entrer. Je les vois poussant la porte à coups de pied et essuyant leurs bottes sur les canapés, fouillant partout et lacérant la grande carte en relief de l'Ukraine dans ses frontières reconnues, c'est-à-dire avec, bien sûr, la Crimée et le Donbass. Je mets donc de côté tout ce qui revêt une dimension symbolique. Au premier chef, le portrait du président de la République. Je descends les drapeaux français, ukrainien et européen de leur hampe.

Puis je regroupe quelques effets personnels qui me quittent rarement. En premier lieu, une médaille commémorative du maréchal Vauban qui est à la fois un ancêtre direct mais surtout un modèle d'humanité et de rigueur intellectuelle, n'hésitant jamais à dire aux puissants ce qu'il pensait juste pour le bien public. Comme, en plus, on peut le considérer comme un des précurseurs de l'idée européenne, le petit hobereau de province, le morvandiau Sébastien Le Prestre de Vauban a tout pour me plaire. L'autre bien précieux que je n'entends pas laisser souiller par l'envahisseur est le dernier ouvrage du Président Giscard d'Estaing, *Europa*, qu'il m'a gentiment dédicacé. Depuis que j'ai eu la chance et l'honneur d'être son collaborateur lorsqu'il présidait la Convention européenne en 2002, je voue une admiration filiale à l'ancien Président. On redécouvre progressivement la qualité de son bilan tant lors de son septennat qu'en matière européenne. Il m'a fait entrer dans sa Fondation quelques années avant sa mort.

Souvent, au cours de ces jours d'épreuves et de malheur, j'ai pensé à l'ancien Président me demandant comment il aurait réagi et quel aurait été son comportement dans la crise. Auprès de lui, j'ai recueilli de multiples leçons de vie et de gestion des ressources humaines. Comme celle de prendre de la hauteur, de se concentrer sur les grands enjeux, mais sans non plus négliger les détails pratiques, tout en restant calme et serein en toutes circonstances. Je ne l'ai jamais vu impatient ou fébrile. Il me sert de modèle dans cette crise comme dans d'autres circonstances. Son attention et sa sollicitude me manquent également. Parfois, dans ces moments de guerre, je me suis arrêté pour songer que s'il était encore de ce monde, il m'aurait certainement appelé pour m'encourager, comme il le faisait régulièrement. J'aurais immédiatement reconnu son chuintement auvergnat si célèbre («Étienne, comment ça se passe à Kiev ?»). Son affection aurait été d'une grande aide dans ces moments d'épreuve. Quoi qu'il en soit, il n'est pas question de laisser dans les mains des Russes un témoignage de son amitié et de sa bienveillance à mon égard. D'ailleurs, les soudards russes savent-ils qui est le Président Valéry Giscard d'Estaing ?

Avant de descendre mes sacs et de fermer la porte, je me décide à prendre une vidéo décrivant mon état d'esprit et permettant de conserver l'état de mon bureau lorsque je l'ai quitté.

En bas, je retrouve l'effervescence du départ. Les véhicules se mettent en place à l'extérieur tandis que les dernières destructions ont lieu à l'intérieur. Suivant la procédure, les gendarmes vident les extincteurs sur le sol en sortant à reculons afin de pouvoir s'assurer, lors d'un hypothétique retour, que personne n'est entré dans le local ainsi aspergé. Pièce après pièce, nous nous trouvons donc progressivement dans le hall d'entrée du bâtiment. Toujours sous le coup de l'émotion qui m'étreint, je sors quelques minutes en attendant que le convoi s'installe. Je fais quelques pas dans la rue descendant jusqu'à la place de Lviv cent mètres plus bas. Là aussi je prends une vidéo de la place déserte et des rares véhicules qui la traversent à vive allure. Mon ange gardien du GIGN vient me demander de ne pas m'attarder. En remontant, je salue le garde national ukrainien en faction, imperturbable et en équipement militaire, y compris avec casque et gilet pare-balles. Je me prête avec lui au jeu des photos et des *selfies*. Que ressent-il en nous voyant nous préparer à partir ? Que deviendra-t-il une fois que nous ne serons plus là ? Quels sont ses sentiments ? Il ne laisse rien paraître de tout cela et conserve sa jovialité et son apparente bonne humeur.

Maintenant les véhicules sont disposés à l'extérieur, chacun paraît avoir trouvé le sien, les équipes sont prêtes. Les gendarmes s'activent une dernière fois et embarquent les ultimes équipements. L'entrée de l'Ambassade et le poste de sécurité sont désormais un vaste capharnaüm, jonché de matériels non nécessaires pour le convoi et rendus inutilisables.

Avant de quitter définitivement notre ambassade, il me reste une dernière formalité à accomplir à laquelle je tiens par-dessus tout, la plus chargée en émotion également : abaisser le drapeau et retirer les plaques et symboles de notre présence diplomatique dans la capitale ukrainienne. Je m'y prépare intérieurement depuis plusieurs heures, voire depuis le début de la guerre.

La diplomatie est aussi un art de la tradition et des symboles. Une ambassade est l'âme de la présence française dans un pays. Nous ne pouvions partir à la sauvette. Y abaisser le drapeau n'est pas un acte anodin, surtout dans les circonstances présentes d'une agression totale de la part d'un pays tiers. Nous avions donc convenu, avec le chef du détachement du GIGN, d'une brève cérémonie. Il n'était pas non plus question de retarder notre départ. La disposition des lieux et l'existence d'une grille ne se prêtant pas à ma présence près du drapeau, je me place droit, en position hiératique, en haut des quelques marches qui mènent au bâtiment. Je demande à mon adjoint, Bruno, de prendre une vidéo pour garder la mémoire de ce temps fort.

Les drapeaux français et européen sont descendus par un gendarme, pliés puis remis au commandant du GIGN qui salue puis effectue le demi-tour réglementaire avant de me les remettre solennellement.

Dans la froidure de l'hiver et le silence qui nous entoure, nous ressentons tous la solennité de l'instant. Les cérémonies ont ceci d'important qu'elles permettent de marquer le temps comme le ferait un métronome en musique. Celle-ci, par sa sobriété et son intensité, surpasse très certainement toutes celles auxquelles j'ai participé jusque-là.

Nous nous attachons ensuite à retirer les plaques en cuivre portant l'inscription « Ambassade de France en Ukraine » ainsi que le faisceau du licteur situé juste au-dessus de la porte principale.

Voilà, c'en est cette fois définitivement fini. Je ressens un arrachement et une grande frustration, presque une colère. Il m'aura été donné d'être l'ambassadeur qui ferme une ambassade sous la contrainte. Je n'ai dès ce moment qu'un espoir et qu'une ambition : être celui qui la rouvrira et y hissera à nouveau notre drapeau. Cet espoir est évidemment indicible au moment où je le formule. Il ne cessera cependant plus de m'habiter.

6

Explosions dans la nuit

Il est 17 h 41 très précisément lorsque nous nous mettons en route pour ce qui sera sans doute, pour chacun d'entre nous, le voyage le plus marquant de notre vie.

Au total, nous sommes plus de cent naufragés qui se mettent en mouvement pour sortir de la nasse qu'est devenue la capitale ukrainienne bombardée et atteindre la frontière : 54 Français, 35 Italiens, dont le nombre n'a cessé de grimper, 5 Japonais, dont l'ambassadeur, 5 Belges, dont également l'ambassadeur, et 6 Polonais venus là aussi au dernier moment. L'Ambassade de Pologne est à proximité de la rue Reitarska. Lorsqu'ils ont compris que mon collègue et ami, Bartek Cichocki, ne quitterait pas Kiev, les Polonais ont demandé à être intégrés à notre convoi. Au total, c'est plus de 105 personnes réparties en 42 véhicules qui sont sous notre responsabilité et celle du commandant Xavier.

Le « grand convoi » s'ébranle lentement de la rue Reitarska. Il s'est étalé tout au long de la rue. Le principe de base est de ne pas remplir au maximum les véhicules de façon à pouvoir transférer certains passagers dans d'autres, en cas de panne ou d'attaque. Nous tournons à droite vers la place Maïdan.

Le silence s'est instauré dans la voiture. Je vérifie que les plaques de l'Ambassade ont bien été installées avec moi. L'une d'entre elles est même coincée entre le siège et le montant de la portière.

Un premier incident intervient moins de cinquante mètres après le départ : un des véhicules refuse de redémarrer au feu rouge. Il nous faut l'abandonner et donc répartir, suivant la procédure, les personnes qui étaient dans ce véhicule dans d'autres voitures. Cela augure mal de la suite. *« Si on perd un véhicule tous les cent mètres, on n'ira pas bien loin »*, me dis-je dans mon for intérieur.

Nous nous engageons dans la capitale déserte alors que la nuit commence à tomber. On tourne à gauche sur la place Maïdan, déserte mais paisible. Notre interminable chenille descend lentement vers le Dniepr.

Nous ne disposons que de deux véhicules blindés. Ils sont répartis en tête et en queue de convoi, la voiture ouvreuse et la voiture serre-file. Je suis dans un véhicule Mercedes type grand monospace non blindé. J'avoue un peu égoïstement que je suis heureux de ne pas avoir été placé dans un des deux véhicules blindés.

Si tel avait été le cas, les Français étant ce qu'ils sont, j'aurais immédiatement imaginé les remarques malveillantes de certains personnels, heureusement pas tous, sur le thème : « Pourquoi l'ambassadeur est dans un véhicule blindé et pas nous ? » Je m'étais interrogé sur mon attitude si on m'avait demandé de prendre place dans un des deux blindés. Je m'apprêtais à refuser. Je souhaite éviter à tout prix tout privilège ou autre traitement de faveur. Je me considère et suis un des passagers de ce « grand convoi » ni plus, ni moins.

Notre véhicule est plus ou moins au milieu du convoi, conduit par un gendarme du GIGN. Le commandant Xavier, chef du détachement du GIGN, est à l'avant, sur le siège passager. Depuis son arrivée quelques jours avant la guerre, j'ai appris à l'apprécier. C'est un jeune officier à la fois dynamique et pondéré, extrêmement affûté et rassurant dans son expression. On sent la détermination, l'esprit de décision et l'extrême concentration dans l'accomplissement de sa mission. Je me sens en sécurité en étant placé, avec l'ensemble des agents de l'Ambassade, sous la responsabilité d'un officier de cette valeur.

Ma compagne de route durant cette première partie est notre attachée de défense. Calme et imperturbable, elle rassure par son équanimité. Le silence est seulement rompu à intervalle régulier par le grésillement de la radio en anglais et en français qui traverse le convoi et transmets les instructions.

Tout le monde est concentré et tendu. Il en ira ainsi des heures durant. Nous vivons donc ces moments difficiles dans ce huis clos à quatre. Nous savons tous que la sortie de Kiev et la descente vers le sud sont les parties les plus périlleuses du périple. Malgré nos dispositifs de renseignement, nous n'avons qu'une idée approximative de la localisation des troupes russes. Nous savons juste qu'elles sont descendues vers le sud de la ville. Mais jusqu'à quel point ont-elles refermé le filet sur la capitale ? Nul ne le sait.

Très vite, nous entamons ce qui sera notre lot commun : franchir les différents *check-points.* Comme nous sommes au milieu du convoi, nous n'assistons pas aux négociations des voitures de tête avec chaque chef de poste. Ce sont leurs occupants qui « vont au contact ». Un de nos jeunes agents des « services » – comme l'on dit pour désigner la DGSE – se montre particulièrement précieux. Maîtrisant parfaitement le russe, il n'hésite jamais à sortir pour aller parlementer avec des miliciens nerveux et inquiets. Ils redoutent par-dessus tout les saboteurs et les forces spéciales russes infiltrées dans la ville ou s'apprêtant à y entrer.

Plusieurs incidents plus ou moins sérieux interviendront au cours du périple, dont des mises en joue bien peu rassurantes.

Au bout de huit kilomètres environ, nous nous présentons au point de passage principal pour quitter la ville de Kiev. Nous slalomons entre des blocs de béton hauts de plusieurs mètres et hérissés de chevaux de frise. Les sacs de sable s'entassent aux avant-postes. Ainsi mis en état de défense, l'ouvrage à vocation militaire est fort impressionnant.

Je suis déjà surpris par le degré d'élaboration de ce type de défense alors que l'attaque a commencé il y a moins d'une semaine. On perçoit déjà l'esprit de résistance de tout un peuple dans la construction hâtive, mais élaborée, de ce point de contrôle. En passant, j'observe ceux qui en tiennent le contrôle. Majoritairement des hommes de tout âge (même si on y voit aussi parfois des femmes), venus littéralement prendre les armes pour défendre leur pays.

Dans l'obscurité croissante d'une journée d'hiver finissante, ce long convoi prend des allures lugubres. Tout est gris, la route, le brouillard environnant, le béton des points de contrôle, la poussière sur la route. L'inquiétude monte et devient palpable.

La nuit est désormais tombée et nous quittons les grands axes pour nous engager sur des routes secondaires de la périphérie de Kiev. Je n'ai pas la moindre idée de là où nous nous trouvons. Nous avons bien sûr reçu comme consigne de ne pas allumer la géolocalisation de nos téléphones. Il n'est pas question que j'y déroge. La seule chose que je sais, c'est que nous n'avons pas franchi le Dniepr et que nous sommes toujours sur la rive droite, là où est située l'Ambassade. Kiev est une ville très étendue, de près de cinq millions d'habitants en comptant le grand Kiev, avec des blocs résidentiels séparés par des espaces boisés.

Au-delà de l'agglomération, on retrouve les maisons individuelles, avec leur potager, qui s'échelonnent le long des routes bordées d'arbustes.

Nous continuons à progresser lentement sur des routes ou voies secondaires. Nous parvenons à un énième *check-point*. Les miliciens ou militaires sont équipés de bric et de broc. Le doigt sur la gâchette de leur kalachnikov, ils remontent le convoi, le visage fermé. Ils nous intiment de couper les moteurs et de mettre les mains visibles sur le volant. L'escorte parlemente avec eux. Je comprends des échanges radio que les forces russes sont à proximité et que les routes devant nous sont dangereuses.

Nous poursuivons néanmoins notre avancée lente et progressive encore quelques centaines de mètres. Pour la première fois, nous entendons des tirs et des explosions à proximité immédiate du convoi alors que nous passons un carrefour. Il nous est difficile, surtout là où nous sommes, de dire si nous sommes pris pour cible, mais bien heureusement, nous ne déplorons aucun impact sur les véhicules ni blessés.

L'incident le plus important, le plus inquiétant, intervient quelques minutes plus tard. Nous sommes alors à environ vingt-cinq kilomètres au sud de Kiev et partis depuis près d'une heure. De nouveau, nous sommes arrêtés par des miliciens et militaires ukrainiens particulièrement nerveux et fébriles. De nouveau, les personnels du GIGN et des services qui sont dans la voiture ouvreuse, et dont le courage est remarquable, descendent pour aller au contact et intervenir. Certains soldats crient. Ils nous font signe en hurlant de dégager. Ils sont visiblement surpris de voir arriver un convoi aussi important en pleine nuit. En écoutant la radio, je comprends alors qu'une colonne russe serait environ à trois kilomètres de notre position. Les miliciens redoutent visiblement que les Russes interprètent mal notre convoi et le prennent pour une force blindée d'attaque. Nous nous mettrions, et les mettrions, en danger en restant là où nous sommes. Il nous est donc fortement déconseillé de poursuivre notre route plus avant. Sans le savoir, nous sommes parvenus au dernier point de contrôle avant la ligne de front.

Alors que nous sommes immobilisés survient l'incident majeur de ce « grand convoi ». Soudain, des explosions retentissent à proximité sans que je puisse juger de leur distance. Des balles traçantes, des tirs de mortier et des roquettes passent au-dessus du convoi pour s'écraser plus loin ou à côté. Je vois les lueurs à travers la fenêtre. Le souffle fait légèrement vaciller les véhicules. Notre voiture est secouée à plusieurs reprises. On voit distinctement des éclairs de lumière au-dessus de nous, ou au loin, traversant la nuit. Là où je suis, au milieu du convoi, il m'est difficile de percevoir exactement ce dont il retourne. À la radio, en anglais et en français, notre chef du GIGN nous invite une nouvelle fois à conserver notre calme et à ne surtout pas sortir des voitures. « *Keep quite, do not leave the vehicules.* »

À mes côtés, je vois brusquement l'attachée de défense se pencher et récupérer devant elle casque et gilet pare-balles. Sans un mot, elle les enfile prestement avec une habileté toute professionnelle. Je cherche alors à tâtons devant moi sous le siège avant si j'en suis également doté. Ce n'est pas le cas…

Plusieurs dizaines de secondes s'écoulent, interminables, avant que le silence revienne.

Nous décidons d'envoyer une voiture ouvreuse pour qu'elle explore le chemin qui nous a été indiqué, puis qu'elle revienne nous rendre compte. Dans l'intervalle, l'ensemble du convoi, soit quarante et un véhicules, fait demi-tour. La manœuvre délicate est parfaitement bien organisée et orchestrée, sans sortir des voitures, par le détachement du GIGN. Nous reprenons notre route très lentement et très précautionneusement dans un silence complet. Nous parvenons environ vingt minutes plus tard sur la place centrale d'une bourgade comme il en existe tant en Ukraine. Nous disposons nos véhicules et en sortons pour faire le point sur ce que nous venons de vivre et, surtout, sur la conduite à tenir pour la suite de notre périple.

Nous voilà tous réunis debout, dans le froid et la pénombre, à tenir une sorte de conseil de guerre. Nous nous réunissons au pied des voitures, l'attachée de défense, le conseiller de sécurité intérieure, le Numéro 2, Bruno Caussanel, et bien sûr le chef du détachement du GIGN et son adjoint.

Il est environ 19 h 30 et la situation n'est pas favorable. Notre progression est interrompue. Nous avons quelques réserves de nourriture sous forme de biscuits, mais guère plus. Il importe de prendre une décision sur la suite à tenir. Le premier constat est de solliciter un appui officiel des autorités ukrainiennes pour poursuivre notre route demain matin. Nous entretenons de longue date d'excellentes relations de travail avec le ministère de l'Intérieur, et en particulier la Garde nationale. J'ai notamment noué des relations de confiance avec la vice-ministre, Meri Akopyan, une femme énergique d'origine arménienne. Avant de quitter Kiev, je l'avais eue à plusieurs reprises au téléphone pour échanger sur la situation. Elle m'avait proposé de nous aider à partir.

C'est maintenant le moment de répondre à sa proposition. Je l'appelle, inquiet qu'elle ne décroche pas, mais après quelques sonneries, elle me répond. En quelques mots, je lui explique notre situation et lui indique notre position. Immédiatement, elle m'assure qu'elle va tout mettre en œuvre afin qu'une voiture ouvreuse de la Garde nationale soit mise à notre disposition dès le lendemain matin. Elle nous aidera à franchir les barrages et nous guidera dans notre périple vers le salut.

Ce point en voie de règlement, il nous faut maintenant trouver une solution pour la nuit. Une première voie qui s'ouvre à nous est d'attendre le lever du jour dans nos véhicules et essayer d'y dormir une heure ou deux. Outre l'inconfort d'une telle solution, si nous laissons tourner les moteurs pour bénéficier d'un peu de chauffage, nous risquons de nous trouver, au départ ou assez vite après notre reprise de route, à court d'essence. Or, nos ressources sont comptées et bien évidemment impossible d'envisager de trouver une station ouverte. Avant même de quitter Kiev, faire le plein des véhicules avait été une gageure.

Nous nous mettons donc en chasse d'une solution plus satisfaisante, *via* nos contacts avec la police et la Garde nationale, tout particulièrement mon interlocutrice, Meri Akopyan. Nous sommes plus d'une centaine au total, plus ou moins perdus en pleine nuit, en plein cœur d'un pays en guerre où l'insécurité est partout. La tâche apparaît bien ardue. Nous nous y attelons cependant avec détermination.

Dans cette position qui peut tourner au tragique à chaque instant, c'est l'humour qui s'invite. Nos interlocuteurs nous proposent en effet tout d'abord de nous héberger « dans une caserne de la Garde nationale située à quelques kilomètres ». La réponse fuse immédiate et unanime : « Non merci, c'est très aimable à vous, mais non, vraiment, pas une caserne. »

Notre refus est évident : qui dit caserne, dit cible potentielle des canons ou de l'aviation russe. À tout prendre, nous préférons dormir dans les voitures que de nous mettre en danger.

À ce moment précis, je sursaute en entendant un bruit sourd qui se rapproche rapidement. Nous voyons brutalement surgir à quelques mètres de nous un long train de passagers qui, dans un bruit de crissement de freins mal huilés, longe la route sur laquelle nos véhicules sont parqués.

Je n'avais nullement conscience de la présence d'une voie de chemin de fer à proximité. Le long convoi passe à nos côtés à vitesse réduite, les passagers regardant par la fenêtre. La vision fantomatique d'un train apparaissant à l'improviste dans l'obscurité comme l'ancienneté des wagons me plongent dans le monde du xxe siècle comme s'il ne se contentait pas seulement de surgir de la nuit, mais également et surtout du passé, celui du xxe siècle et de la Seconde Guerre mondiale. L'hallucination de ce train surgissant dans la nuit me hantera longtemps. D'où venait-il ? Où allait-il ? Que ressentaient les passagers en nous voyant ? Le train ne serait-il pas pris pour cible par les Russes ? Transportait-il des soldats montant au front ?

La vision irréelle s'étant éloignée vers son destin, je reprends mes esprits afin de participer à la réflexion collective et trouver une voie de sortie à l'impasse dans laquelle nous nous trouvons.

Bonne nouvelle. On nous annonce la présence d'une « base de loisirs » à proximité. Ces bases de loisirs, anciennes colonies de vacances directement héritées de la culture soviétique, sont nombreuses en Ukraine comme dans tout l'ancien espace est-européen communiste. Je connais bien ce type d'établissement.

Toujours situées dans un grand parc, parfois une ancienne propriété d'avant la Révolution de 1917, ces bases sont généralement composées de plusieurs bâtiments, d'un théâtre et de nombreux bâtiments pour les loisirs ou l'hébergement. Des générations de pionniers au foulard rouge y ont été endoctrinées.

Cette offre providentielle nous revigore. Nous y envoyons un de nos véhicules en reconnaissance. Celle-ci se révèle concluante. Notre convoi s'ébranle donc de nouveau en sa direction. Nous découvrons bientôt un établissement parfaitement typique des années 1970 ou 1980, resté complètement « dans son jus », me plongeant là aussi dans un passé lointain. Cette fois me revient le temps de mon stage de l'ENA à l'Ambassade de France à Bucarest, dans la Roumanie du communisme finissant de Ceauşescu en 1988. J'ai l'impression de replonger plus de trente ans en arrière, du temps de ma jeunesse. Étudiant sage issu d'un milieu bourgeois et préservé, ayant jusque-là toujours vécu à Paris, ce stage de six mois dans une dictature totalitaire m'a marqué au fer rouge. Je lui dois ma vocation de diplomate comme mon attirance pour l'Europe centrale et orientale. Le monde slave est alors entré dans ma vie pour toujours. En pénétrant dans la base de loisirs, comme la madeleine de Proust, je me revois dansant dans des lieux similaires durant l'été 1988, une bière à la main. S'ajoutant à la fatigue et au soulagement d'avoir trouvé un lieu pour passer la nuit, une forte nostalgie m'étreint.

Nous le saurons au matin seulement, cette colonie de vacances se situe à proximité immédiate de la voie ferrée sur laquelle toute la nuit circuleront trains militaires montant au front et trains civils évacuant des habitants des grandes métropoles. La voie ferrée est potentiellement un objectif qui pourrait être visé par les Russes. Ce ne sera pas le cas, mais nous ne pouvions pas le savoir. De toute façon, nous n'avions pas vraiment le choix.

Nous y débarquons donc tous. Il est cette fois-ci près de 23 heures. Chacun s'ébroue, y compris et d'abord les animaux. Le commandant Xavier se met en haut des quelques marches du perron pour passer les consignes avant que notre petit troupeau entre en masse et en désordre dans le bâtiment principal. Une ou deux employées du centre, babouchkas typiques, sans doute accourues de leur domicile, nous accueillent avec beaucoup de gentillesse. Elles doivent être tout autant surprises que nous de voir débarquer chez elles un groupe d'étrangers aussi nombreux. Chacun cherche un lieu pour dormir. Pour ma part, je me retrouve au premier étage et m'engouffre dans la première chambre-dortoir qui s'ouvre à moi, à droite, dans le grand couloir qui les dessert. Quatre lits vieillis aux sommiers métalliques sur lesquels sont disposées des couvertures m'y accueillent. Je prends celui près de la fenêtre. Mes compagnons de nuit m'y rejoignent au petit bonheur la chance : Olivier Jacquot, le conseiller culturel, le chef du service économique et enfin mon homologue belge. Nous nous couchons donc immédiatement, tout habillés, sans demander notre reste, heureux de ne pas dormir dans les voitures. Avant de m'endormir je regarde longuement depuis mon lit le parc en contrebas. Comment me suis-je retrouvé là ? Quelle aventure que la vie.

7
Descente vers le sud

La nuit froide et courte n'est pas particulièrement désagréable bien qu'entrecoupée par les grincements des sommiers métalliques et les ronflements de mes compagnons d'infortune (et sans doute en fut-il de même pour eux s'agissant des miens).

Dans ce couloir du premier étage où s'alignaient les chambres-dortoirs, nous n'étions pas les plus mal lotis. Ceux d'entre nous qui n'ont pu y avoir accès, faute de place, ont dû se rabattre sur le théâtre du rez-de-chaussée. Ils se sont échinés à tenter de dormir à même le sol dans les travées, au milieu du bruit. Bien peu parvinrent à arracher plus d'une heure ou deux de sommeil. La situation a dû être encore plus délicate pour nos anges gardiens du GIGN ou les militaires présents qui ont dû, de surcroît, établir une garde durant toute la nuit autour du bâtiment et préparer le départ du lendemain.

Vers 6 heures du matin, me rappelant mon service militaire, notre sécurité passe dans les chambres pour nous réveiller. Nous nous retrouvons tous un petit peu hagards, les yeux rougis, en bas dans le hall. Les traits sont tirés. De douche il n'est pas question. Durant la nuit, une fine couche de neige est tombée, rendant au paysage son manteau d'hiver.

L'arrivée de la neige me rappelle brutalement que l'un de mes deux véhicules personnels, que j'ai mis à disposition du convoi, n'est pas chaussé de pneus d'hiver. En effet, j'utilisais l'un durant la mauvaise saison tandis que l'autre restait au garage. J'avoue ne pas y avoir songé lors de la préparation du convoi, le temps étant sec à Kiev. Aujourd'hui, le climat de l'Europe centrale me rattrape et le sort de cette voiture sera une de mes préoccupations jusqu'au bout du voyage. Tiendra-t-elle ou devrons-nous l'abandonner dans un fossé ?

C'est au réveil que, dans cette colonie de vacances, se situe l'un des épisodes les plus marquants de cette guerre. Olivier Jacquot, l'excellent conseiller culturel, était, comme indiqué, avec moi dans notre dortoir improvisé. J'avais déjà eu l'occasion d'apprécier ses grandes qualités professionnelles depuis sa prise de fonction à l'été 2021. Agrégé d'histoire, toujours en cravate et tiré à quatre épingles, ni grand ni petit, le visage resté juvénile malgré la cinquantaine, souriant derrière ses lunettes d'intellectuel, sa culture et sa connaissance de l'Europe de l'Est sont phénoménales. J'avais d'ailleurs œuvré à ce qu'il rejoigne l'équipe car nous nous étions connus en Pologne au tournant des années 2000. Efficace et engagé, il fait, depuis sa prise de poste à mes côtés, un excellent travail, donnant à notre Institut français un nouveau départ et s'investissant énormément, comme tout bon conseiller culturel, dans le suivi du lycée français Anne-de-Kiev et ses plus de cinq cents élèves.

Au matin, alors que nous rangeons nos affaires et nous préparons à descendre pour un semblant de petit déjeuner, Olivier attend que nos compagnons d'infortune aient quitté la pièce pour me faire part d'une résolution proprement stupéfiante : « Monsieur l'Ambassadeur, voilà, j'y ai bien réfléchi, je souhaiterais rester à vos côtés et vous accompagner à Lviv. » Je tombe littéralement des nues car rien dans les fonctions d'Olivier ne le prédispose à devoir me suivre lors du redéploiement à Lviv. Mon adjoint, Bruno, m'a fait part il y a déjà quelques jours de son désir de retrouver sa famille et de marquer une pause après ces semaines éprouvantes. Il va de soi que je lui ai donné mon accord. Je m'apprête donc à « basculer » de Kiev à Lviv avec une équipe extrêmement réduite : outre la mission militaire et les services spécialisés, l'attaché de sécurité intérieure, mon interprète Kyrill Douchko et une excellente comptable ukrainienne, Viktoria Movchan. Un noyau dur réduit à sa plus simple expression. Cette configuration me convient car je ne souhaite imposer à personne de me suivre. J'ai bien conscience qu'après ce que viennent de vivre les équipes, un retour en France s'impose pour tous. Rien ne serait pire que de «forcer» quelqu'un à venir avec moi, au risque de le voir s'effondrer moralement et mentalement.

Je n'avais donc nullement pensé à demander à Olivier de m'accompagner. Le premier moment de surprise passé, je lui demande de bien réfléchir, d'en mesurer les conséquences sur le plan personnel et professionnel et de ne surtout pas se laisser entraîner par le trouble et la fatigue qui nous étreignent lors de ce périple si particulier. Il ne sera sûrement pas facile de revenir en Ukraine après l'avoir quittée, même quelques heures. Je le remercie chaleureusement pour sa proposition qui me touche beaucoup et lui demande de m'en reparler au cours de la journée, après s'être laissé le temps de la réflexion. Je mets pour l'instant le sujet entre parenthèses.

Après l'épisode de la nuit, l'inquiétude est au plus haut. Au final, nous n'avons fait qu'une trentaine de kilomètres depuis notre départ. Nous n'avons qu'une vision parcellaire de là où sont les Russes. Tout ceci augure mal de la suite. Nous ne savons rien du déroulement de la guerre.

Reprendre la route en plein jour est en revanche un point rassurant. Notre long cortège se remet en route aux alentours de 7h30. Bien évidemment, nous restons inquiets de retomber sur des points d'appui russes. Heureusement, nous sommes désormais précédés par un véhicule de la Garde nationale ukrainienne connaissant bien la région. Nous progressons cette fois-ci sans trop de difficultés selon un axe nord/sud. Nous franchissons plus ou moins facilement une multitude de *check-points* et de points de passage. La présence du véhicule de la Garde nationale facilite les choses.

Tout au long de ce périple, l'image que me donne l'Ukraine en ce moment est celle d'un pays en armes, prêt pour sa défense. Ma première impression de la sortie de Kiev est sans cesse confortée. Chaque village, chaque agglomération, a installé à la va-vite son point de contrôle et ses chicanes ou ses chevaux de frise à leur entrée. Tous ceux qui les tiennent sont armés de bric et de broc. Les uniformes sont souvent absents. Les policiers, les militaires, côtoient les civils. Beaucoup ressemblent plus à des chasseurs qu'à des soldats. D'ailleurs, les fusils de chasse sont nombreux. La vision est celle de la Révolution française et la Nation en arme de l'an II se dressant contre l'envahisseur prussien. Mais ces scènes, ces équipements hétéroclites, ces visages de civils font également penser à ceux de la Libération de la France de l'été 1944. Ce mélange entre civils et militaires, cette improvisation dans les uniformes et l'attitude signalent une Nation en armes se défendant face à une agression extérieure.

Après quelques dizaines de kilomètres, nous nous retrouvons sur la voie rapide entre Kiev et Odessa. Je suis de nouveau en terrain familier tant je l'ai empruntée souvent. L'autoroute est quasi vide mais nous sommes régulièrement dépassés par de puissantes voitures allemandes roulant sans doute au-dessus de cent quatre-vingts kilomètres heure. Nous nous arrêtons même dans une station-service pour refaire le plein et faire halte pour un café. Tout paraît normal. Les employés sont à leur place, les rayonnages sont approvisionnés. Après ces jours d'enfer à Kiev, nous respirons de nouveau. Nous aurions presque le sentiment de partir en vacances, ne serait-ce la nervosité des passagers des gros 4 x 4 qui descendent comme nous vers le sud. Ceux-ci s'inquiètent de notre convoi. Ils semblent fuir quelque chose ou en tout cas avoir certaines choses à se faire pardonner pour ne pas souhaiter être reconnus et encore moins photographiés.

Quoi qu'il en soit, le sentiment général est d'être en voie d'être sorti du piège et d'être enfin dans la bonne direction. Après les frayeurs de la soirée et l'angoisse de la nuit précédente, sans se congratuler encore, l'ambiance est nettement à la détente. Le groupe ose plaisanter. On prend des nouvelles les uns des autres. J'en profite pour redemander une nouvelle fois à Olivier s'il est toujours prêt à m'accompagner à Lviv. Cette perspective qui m'avait tant surpris lorsqu'il me l'avait faite le matin me séduit de plus en plus. Avoir un adjoint et un autre diplomate avec moi me serait d'un grand secours. J'aurais ainsi un compagnon avec qui échanger de tout et de rien comme je le fais toujours avec tous mes adjoints. Cela me permettrait de briser la solitude du chef de poste. Olivier me confirme que sa décision est prise et qu'il la maintient. Après le sentiment d'être sorti des griffes russes, c'est la seconde bonne nouvelle de cette journée particulière.

Nous reprenons notre route, ragaillardis par cette halte réconfortante à tout point de vue. Je somnole dans la quiétude du voyage pour récupérer de la quasi-absence de sommeil la nuit précédente. Les communications étant maintenues, j'en profite pour informer régulièrement de notre avancée tant l'équipe diplomatique de l'Élysée que le Cabinet du ministre Jean-Yves Le Drian. Nous avons même créé un groupe Signal intitulé « convoi » avec les cinq ou six responsables les plus impliqués du Quai d'Orsay. Par ce biais, le ministre et le président de la République sont tenus informés presque en temps réel de notre avancée. Savoir que les plus hauts responsables de l'État suivent notre convoi est évidemment un motif de réconfort. Nous savons que nous ne serons pas oubliés. Nous savons également que, par des canaux particuliers, les Russes sont informés de notre position. Et ce, afin d'éviter toute méprise qui verrait les chasseurs russes prendre pour cible notre longue chenille.

L'Internet et la 4G fonctionnant presque normalement, je m'amuse de recevoir, de ma famille ou d'amis restés en France, des captures d'écran de BFM TV ou d'autres chaînes d'information avec des cartes représentant notre trajet supposé. Le nôtre est très éloigné de celui envisagé par les experts. J'en ris sous cape.

Maintenant que les réservoirs ont été remplis, les pauses suivantes se font en pleine route. Ces pauses techniques sont attendues. Elles permettent bien sûr de se soulager d'un besoin physiologique, de fumer une cigarette ou tout simplement de se dégourdir les jambes, pour les humains comme pour les animaux. Elles sont l'occasion aussi d'échanger les informations et, pour moi, de commencer à préparer la prochaine étape qui sera celle de Lviv. Je commence en effet à me détacher de ce groupe-ci pour me projeter dans la phase suivante, celle de l'arrivée à Lviv et la réouverture de l'Ambassade. Je souhaite qu'elle soit la plus rapide, la plus fluide et la plus visible possible.

À au moins deux reprises lors de ces « pauses techniques », nous croisons des convois militaires. Les camions bâchés de vert passent à vive allure en klaxonnant, petits drapeaux ukrainiens aux fenêtres tandis que les Gardes nationaux qui nous ouvrent la voie les saluent amicalement et les applaudissent pour les encourager. J'imagine les jeunes soldats silencieux sur les bancs des camions. J'ai l'impression d'être le long de la « voie sacrée » de Verdun en 1916 et d'assister à la montée au front de la relève. C'est une image de la guerre qui ne me quittera plus.

Nous repartons sans incident majeur. Nous devons, au bout d'un moment, bifurquer à droite pour quitter l'autoroute et nous engager sur des routes secondaires pour atteindre le poste frontière moldave. Nous y parvenons sans encombre vers 23 heures.

Le passage de la frontière est interminable. Le GIGN fait un travail remarquable d'appui au poste frontière. Nos collègues de Moldavie sont également là pour faciliter le passage. Le véhicule dans lequel je suis passe aux alentours de minuit trente. Il nous faut encore attendre au moins deux heures que tout le monde soit passé, y compris donc nos collègues japonais, italiens et polonais. Le GIGN considère que sa mission à leur égard ne prendra fin qu'une fois que tout le monde sera en sécurité de l'autre côté de la frontière.

Je ressens un sentiment mêlé en quittant l'Ukraine. Ainsi que je l'ai indiqué, je ne souhaitais pas sortir du territoire. J'aurais bien mieux préféré saluer les collègues au poste frontière avant de repartir dans la nuit avec une escorte limitée vers Lviv. Comme il n'est évidemment pas question de mettre en danger qui que ce soit pour une simple posture personnelle, je dois me résoudre à cette sortie d'Ukraine que je souhaite la plus courte possible.

L'autre sentiment que j'avais anticipé, mais pas à ce point, est celui du soulagement, immédiatement après le franchissement de la frontière. Le décor est très similaire des deux côtés de la barrière, mais sitôt franchie, on se sent libéré d'un poids sur les épaules, celui d'une possible attaque russe. On retrouve un territoire en paix et on quitte un pays en guerre. Je retrouverai ce sentiment à chaque fois que je sortirai puis, dans le sens contraire, lorsque j'entrerai en Ukraine.

Une fois toutes les voitures passées, notre mission à l'égard de nos passagers non-français prend fin. Nous nous séparons là. Je reçois les remerciements appuyés de nos collègues japonais, belges, italiens et polonais, heureux du dénouement et reconnaissants pour la réussite du convoi. Certains dormiront là, dans des hôtels de fortune. D'autres se dirigent vers la Pologne. Aucun n'envisage de revenir en Ukraine, à Lviv ou ailleurs.

Pour notre part, nous reprenons sans tarder la route pour la Roumanie et la ville de Iaşi notre destination finale. Avec l'arrivée de la nuit, la neige tombe. Le hasard fait que mon véhicule personnel non équipé de pneus neige nous précède. Je le suis des yeux avec angoisse, dans la lumière des phares, s'engager prudemment sur les petites routes de montagne. Le véhicule chasse dans les virages. Heureusement, la fine pellicule reste manœuvrable tandis que le conducteur expérimenté fait preuve de dextérité. Le trajet dure toute la nuit.

Ce n'est qu'aux alentours de 9 heures que nous parvenons enfin à Iaşi où des chambres d'hôtel nous ont été réservées. Je m'y engouffre non sans avoir pris un solide petit déjeuner dans la salle de restaurant où nous croisons les hôtes de l'hôtel qui se réveillent tout juste. Se doutent-ils d'où nous venons et de ce que nous avons vécu ?

Notre équipe de protection nous laisse environ trois heures avant de repartir. Juste le temps de prendre une douche et de répondre ou de passer quelques coups de fil. Épuisé, je finis par m'effondrer sur le lit pour deux heures de sommeil. Pour plus de sûreté, j'ai mis le réveil.

Il me surprend en plein sommeil et peine à m'en sortir. Je descends dans le hall où nous finissons par nous retrouver tous. Nous échangeons peu, encore sous le choc. Les groupes se forment selon les destinations à venir. Chacun a l'esprit tourné vers la suite. Pour la plupart, il s'agit d'envisager une nouvelle étape pour rejoindre Bucarest et, de là, prendre la route ou l'avion pour Paris et retrouver sa famille. L'Ukraine appartient déjà au passé pour eux.

En les regardant discuter avec animation entre eux, j'ai le sentiment d'être à un carrefour et que nos voies jusque-là parallèles vont se séparer. Je salue et passe les consignes à mon adjoint Bruno. Je le vois partir avec beaucoup de regret. Il a été un formidable appui et relais durant ces jours tragiques. Son aide morale, professionnelle et amicale, a été déterminante. Sans lui, la situation aurait été incroyablement plus difficile. Je sais qu'il a énormément donné et qu'il est allé au bout de ses capacités de résistance. Il a déjà l'esprit tourné vers sa famille… Et comment lui donner tort ? Nous nous disons au revoir avec retenue et émotion.

Mes sentiments sont mêlés. Vis-à-vis des agents j'ai celui du devoir accompli. Je sais bien que ce n'était pas de ma seule responsabilité, mais j'ai pris ma part et réussi à les sortir de la situation difficile dans laquelle nous étions. Je pense sincèrement avoir pris les bonnes décisions au bon moment. Je suis notamment fier d'avoir impulsé le mouvement de sortie de Kiev. Sans mon engagement et ma détermination le dimanche matin, nous aurions peut-être perdu encore un jour ou deux. Je sais toutefois que je leur ai fait courir des risques, notamment lors du «grand convoi». Vis-à-vis de certains d'entre eux, comme indiqué précédemment, je regrette de ne pas avoir plus allégé les effectifs lors des départs du 20 février. En les retrouvant dans le hall de l'hôtel à Iaşi et en les saluant, je sais exactement vis-à-vis de qui j'ai du remords de ne pas avoir été assez ferme pour imposer son départ avant le déclenchement de la guerre. Cela dit, maintenant que nous sommes tous là, à Iaşi, sains et saufs, je ressens un poids retiré des épaules. La charge mentale que je ressentais en les voyant dans l'Ambassade à Kiev disparaît d'un coup. Je n'ai plus désormais la responsabilité de leur sort, voire éventuellement de leur vie. Je n'aurais plus désormais à mes côtés que des agents volontaires. Cela change tout.

En les voyant, je me dis que nos voies se séparent parfois pour peu de temps mais parfois aussi pour, sinon toujours, du moins longtemps. Dans cette situation, dois-je m'adresser à eux ? Le médecin du GIGN me l'avait suggéré, me conseillant de mettre des mots sur ce que nous avons vécu ensemble. En même temps, je ne sais exactement quoi leur dire. Chacun a un vécu personnel de ce que nous avons traversé et c'est bien naturel. Tel ou tel peut me faire le reproche de pas avoir été inclus dans le groupe qui est parti le 20 février ou, à l'inverse, de ne pas avoir été assez ferme et d'avoir cédé à son chef de service en le maintenant en poste. Devant la diversité des réactions et des attitudes, je me dis que le silence est sans doute la moins mauvaise des solutions. De plus, les lieux ne se prêtent pas à une prise de parole. Nous sommes dans le hall d'un hôtel avec un passage continuel de personnes extérieures. Il n'est pas non plus certain que tout le monde soit là puisque ceux qui partent vers Bucarest partiront seulement le lendemain. Un certain nombre doivent donc dormir et ce serait cruel de les faire descendre.

Je me contente de réunir le petit groupe avec lequel je m'apprête à « basculer sur Lviv » ou, pour prendre une expression qui correspond mieux à notre état d'esprit, à « remonter au front ». Ce groupe est peu nombreux. Si je mets de côté les agents du GIGN ou de la sécurité, il comporte les trois membres de la mission de défense, l'attachée de défense, son adjoint et la major en charge des transmissions, l'attaché de sécurité intérieure, celui qui tiendra donc le rôle d'adjoint, Olivier Jacquot, conseiller culturel, ainsi que deux agents ukrainiens, notre traducteur et attaché politique, l'excellent Kyrill Douchko ainsi que l'agente comptable Viktoria Movchan. Tous sont volontaires – je m'en suis assuré personnellement – et prêts à partager les risques d'un retour dans un pays en guerre.

Aux alentours de 14 heures, nous disons donc au revoir avec sobriété et retenue à nos collègues qui partent vers la France. Les mots nous manquent et nous préférons nous tourner vers notre nouvelle mission. La première phase de notre « bascule » vient de s'achever. La seconde s'ouvre.

8
La bascule sur Lviv

Les adieux faits à l'équipe, nous partons vers l'aéroport militaire où nous attend un avion de transport A400M. Je l'ai déjà pratiqué lors de mon séjour dans la Corne de l'Afrique il y a quelques années. Devant le géant des airs se déroule tout un ballet qui m'échappe largement : des véhicules sont chargés à bord tandis que d'autres en descendent, du matériel sorti de Kiev y est transféré pour nous suivre à Lviv, certains équipements sont sortis de sacs pour être remis dans d'autres. Tout ceci paraît se faire dans la bonne organisation, chacun sachant ce qu'il a à faire. Je fais les cent pas sur le tarmac en prenant l'air, en regardant au loin, lorsque, brusquement, une détonation suivie d'un cri perçant me sort brutalement de ma torpeur. Lors de la manipulation d'un sac, une arme certainement mal désarmée a détoné, arrachant le doigt du gendarme qui la tenait. Aussitôt, le blessé est entouré, pris en charge et mis en position de sécurité. Le médecin du GIGN intervient aussitôt. Le malheureux blessé sera, peu de temps après, évacué sur l'hôpital de la ville. Cet accident est sans doute à mettre sur le compte de l'extrême fatigue des équipes du GIGN ou des gendarmes de la sécurité diplomatique qui sont sur le pont depuis des jours sans avoir réellement pu prendre de repos. Il aurait pu avoir des conséquences bien plus dramatiques si la balle avait touché le camion-citerne qui approvisionnait au même moment l'A400M. Heureusement, il n'en a rien été. Cet incident jette cependant un froid et vient nous rappeler, si besoin était, que bien qu'à l'extérieur de l'Ukraine, le danger est partout. Dans cet environnement, ce sont nos courageux gendarmes du GIGN qui sont en première ligne et courent les plus grands risques. Qu'ils en soient remerciés.

Rassurées sur le sort de leur collègue placé entre de bonnes mains, les équipes reprennent le travail logistique de préparation du vol et du colisage des équipements. Nous embarquons peu de temps après. Le commandant de bord me fait l'honneur et le plaisir de me proposer d'effectuer le vol dans la cabine de pilotage, ce qui ne se refuse évidemment pas. Dans l'atmosphère cotonneuse et silencieuse du cockpit, je me prépare mentalement à ce retour en Ukraine. J'admire ces jeunes pilotes tout juste sortis de l'école de l'air, leur décontraction toujours mesurée et rigoureuse. Ils accomplissent avec assurance, compétence et professionnalisme la mission qui leur est confiée.

Comme dans une pièce de théâtre, ce vol représente un entracte, un interlude, avant de replonger dans la guerre. Je m'endors même quelques minutes après avoir partagé un café avec l'équipage. L'atterrissage, vu de la cabine, ressemble à un jeu vidéo. Le spectacle est superbe.

L'arrivée sur l'aéroport de Rzeszów (à prononcer « Géchouf »), en Pologne, nous replonge immédiatement dans une ambiance de guerre. L'aéroport est aux mains des Américains. L'avion aussitôt posé, des militaires au fort accent texan viennent aux nouvelles. Les autorisations obtenues, et sans perdre un instant, notre belle équipe de gendarmes décharge les véhicules et manipule les nombreuses caisses d'équipement sur le tarmac. J'attends dehors, émerveillé par ce ballet organisé à la perfection. Cette fois, il n'est troublé par aucun incident. En moins d'une demi-heure, nous voilà de nouveau prêts à prendre la route et à rejoindre l'Ukraine en guerre. Notre nouveau convoi est désormais en place. Il est bien sûr beaucoup plus limité que le « grand convoi ». Je suis toujours placé dans le même véhicule Mercedes, cette fois en compagnie, en sus de l'attachée de défense, de Kyrill, notre interprète, et du colonel Dordhain, attaché de sécurité intérieure. Le convoi sort à vive allure de l'aéroport. J'ai juste le temps d'apercevoir les très nombreux avions de transports et les matériels militaires à destination de l'Ukraine.

En quelques jours, Rzeszów est devenu une fourmilière, une base arrière de la guerre où s'exprime toute la puissance de la machine logistique des Américains. Là aussi, des comparaisons avec des conflits antérieurs me viennent à l'esprit. J'imagine que l'aéroport de Saïgon en 1974 devait ressembler à celui de Rzeszów en ce jour de mars 2022.

Notre convoi s'engage sur les autoroutes polonaises flambant neuves. Une nouvelle fois, je me fais la réflexion de l'extraordinaire capacité de l'Union européenne à exprimer pleinement sa solidarité avec les États qui la rejoignent. J'ai beaucoup pratiqué les routes polonaises lors de mon poste comme Numéro 2 de 1999 à 2002. Elles étaient extrêmement dangereuses, les charrettes à cheval n'étaient pas rares. Aujourd'hui, grâce aux fonds européens, nous avons la sensation de rouler sur un doux billard. Plus nous nous rapprochons de la frontière, plus la circulation se fait rare dans notre sens. Le poste frontière est là. Quasiment personne. Nous le franchissons en quelques minutes. J'ai passé la frontière moldave aux alentours de minuit.

Il est environ 20 heures, ce 2 mars. Vingt heures après être sorti d'Ukraine, je suis de nouveau sur le territoire de ce malheureux pays. Cette brève sortie de moins de vingt-quatre heures hors d'Ukraine me permet d'affirmer que « pas un seul jour l'Ambassade de France n'a quitté le territoire ukrainien ». C'est techniquement exact même si, je le reconnais, c'est un peu tiré par les cheveux.

Au moment où s'ouvre devant nous la route sombre et déserte qui doit nous conduire à Lviv, je ressens une forte angoisse. Aussitôt, le poids informel qui avait quitté mes épaules lors du passage en Moldavie me retombe brutalement dessus. Ça y est, je suis de nouveau dans un pays en guerre. Le danger peut surgir à tout moment sous forme d'un bombardement ou d'une attaque. Même si la probabilité reste extrêmement faible, le seul fait qu'elle ne soit pas nulle change subrepticement l'atmosphère. La fatigue accroît mon désarroi.

Suivant les procédures, au bout de quelques kilomètres nous nous arrêtons dans une station désaffectée afin de réarranger notre posture de sécurité entre passagers. L'endroit est sinistre, mal éclairé, perdu au milieu de nulle part. Une vraie station-service des films noirs des années 1970. Une nouvelle fois, nos gendarmes ouvrent grands les coffres, déballent du matériel pour en remballer d'autres sans que j'en comprenne bien la raison. Je sors de la voiture et reste longuement dehors, dans la nuit, à les observer de loin.

Je traverse alors un des moments les plus déstabilisants de toute cette guerre. Pour la première fois, je me demande ce que je fais là. Pourquoi suis-je venu de mon plein gré me jeter dans la gueule de l'ours russe ? Qu'est-ce qui m'a poussé à autant insister, y compris auprès du président de la République, pour rester en

Ukraine ? À quoi bon tout cela ? Après tout, je ne suis pas ukrainien.

Je songe à mes collègues de l'Ambassade du « grand convoi ». Ils sont maintenant en route pour Paris, bien au chaud et peut-être même sifflotant ou devisant gaiement sur la route de Bucarest. Pourquoi n'ai-je pas fait comme mes collègues japonais ou belge et ne suis-je pas en ce moment même en train de boire une bière fraîche à Cracovie ou ailleurs ? Qu'est-ce qui m'attend au bout de cette route sombre ? Que va-t-il arriver à cette Ukraine agressée ?

Caroline et nos trois enfants me manquent. Je ne les ai pas vus depuis début janvier. Je sais aussi qu'ils s'inquiètent et que, très certainement, ils auraient préféré me savoir hors d'Ukraine. Je m'interroge. Qu'est-ce qui vous pousse à placer le devoir au-dessus de son propre confort ? C'est presque les larmes aux yeux que je réponds à l'appel du GIGN de remonter dans les véhicules. Je monte en voiture et me recroqueville sans un mot dans mon coin, le visage appuyé sur la vitre.

Le convoi repart, toujours à vive allure, sur une route déserte dans notre sens. En revanche, dans l'autre direction, les longues files de camions et de voitures sont interminables. Au moment où tout le monde veut quitter l'Ukraine, nous, nous y rentrons volontairement. Toujours la tête contre la vitre, je cherche à chasser ces idées noires. Je vois ces petites maisons basses typiquement ukrainiennes avec leur clôture de poteaux en bois, leur potager adjacent, leur banc devant la rue pour s'y asseoir et voir passer les voitures, les puits partagés entre voisins. Quelques lumières de loin en loin. Je songe une nouvelle fois : qu'ont bien pu faire ces gens pour mériter une guerre totale à leur encontre ? Si je peux un tant soit peu les aider à se sentir moins isolés face à leur terrible voisin qui les agresse, si, à travers ma fonction, ils peuvent sentir l'amitié et l'appui de la France, alors ma mission vaut la peine d'être poursuivie. Et tant pis pour les risques encourus.

C'est dans cet état d'esprit un peu ravigoté que nous atteignons Lviv. Nous accélérons l'allure car l'heure tourne, le couvre-feu est à 22 heures. Nous nous présentons au principal *check-point* à l'entrée de la ville un peu après 22 heures. Ceux qui le tiennent sont nerveux et agressifs. Nous devons parlementer. Ils finissent par se laisser convaincre. Vers 22 h 30, nous tournons le coin de la rue de l'Alliance française et nous nous garons.

L'Alliance française et surtout l'Institut technologique ukrainien, qui est situé dans le même bâtiment, seront pour les semaines à venir notre base de vie. Il s'agit d'un bel immeuble de la fin du XIXe siècle, situé non loin de l'université, avec un porche et une entrée intérieure tout juste assez large pour y laisser entrer un de nos imposants véhicules. À gauche, sous le porche, se trouve l'Alliance française proprement dite, c'est-à-dire une vaste salle – qui nous servira de réfectoire et de salle à vivre –, puis une série de bureaux anciennement les salles de classe. Signe de l'utilisation nouvelle qui en est faite, les livres et ouvrages qui en tapissaient les murs sont immédiatement mis sur les fenêtres donnant sur la rue pour les calfeutrer et servir de première protection en cas d'explosion des vitrages. Symbole allégorique de ces temps de guerre, les livres protègent les soldats. Si les locaux de l'Alliance disposent d'une cuisine et de sanitaires, ils ne disposent plus de douche depuis trois mois, celle-ci ayant été malencontreusement supprimée à la demande du conseiller culturel, Olivier Jacquot, peu de temps après sa prise de fonction. Il ne voyait en effet pas l'intérêt de disposer d'une douche dans une Alliance française.

Bien évidemment, au cours de notre séjour de sept semaines à Lviv, nous ne cesserons de le titiller avec cette décision bien regrettable.

À droite, de l'autre côté du porche, se trouvent installés sur les cinq étages de l'ancien immeuble d'habitation des salles de classe ou des bureaux administratifs de l'Institut de technologie. Un escalier fin de siècle, avec de beaux vitraux Art nouveau, les dessert. Ce sera notre partie couchage. Si les toilettes sont nombreuses, malheureusement dans cette partie de l'immeuble, on ne trouve pas non plus de douches ou de salle de bains. On me conduit au deuxième étage dans une vaste salle transformée en salle de cours, avec de très nombreuses tables de classe mises le long des murs et dotée d'un important matériel informatique, essentiellement des ordinateurs vieillots. Le tout est recouvert d'une épaisse couche de poussière. Un lit picot m'a été installé dans le fond à droite. Ces lits militaires sont des couchages pliables en toile très étroits et qui, pour moi, sont très inconfortables en raison de ma taille. Mes pieds dépassent et sont donc en surélévation. Je vais devoir toutefois m'en accommoder plusieurs semaines.

Cette pièce m'est attribuée, m'indique le gendarme, pour la bonne raison qu'elle dispose, sur un de ses côtés, d'une petite pièce servant de remise. Ce cagibi sans fenêtre, de nouveau encombré de tout un tas d'ordinateurs ou de matériels divers, pourra le cas échéant être utilisé comme réduit ultime ou pièce de sécurité également appelée « *safe room* ». Des rations de combat et des bouteilles d'eau y ont en effet déjà été installées. Tout ceci me met immédiatement dans l'ambiance et me porte un nouveau coup au moral. Je m'imagine déjà réveillé en pleine nuit par des bruits de course dans le couloir et conduit en vitesse, la tête baissée à titre de précaution, dans cette pièce, encadré de gendarmes surarmés tandis qu'un assaut est donné au bâtiment qui nous abrite.

Mais il n'est pas temps de s'apitoyer. Pour chasser les idées noires, à peine ma valise posée sur une des nombreuses tables, je me change rapidement pour remettre une veste et une cravate. Je descends dans la grande salle de l'Alliance où s'affairent avec efficacité nos gendarmes qui y débarquent tout leur barda, armes sophistiquées et autres cantines métalliques remplies de matériels ésotériques à mes yeux.

Ma préoccupation du moment est plus prosaïque. Elle est de remettre la main sur le portrait du président de la République et sur la plaque de l'Ambassade afin de faire une photo pour marquer notre installation à Lviv. Alors que la presse s'interroge sur la façon dont nous basculons de Kiev vers Lviv, il est bon de très vite marquer que ce redéploiement est désormais achevé et que notre ambassade « @FranceenUkraine » est de nouveau opérationnelle. Après plusieurs minutes de recherche assidue, je finis par remettre la main sur le portrait du Président.

Malheureusement, dans le transport, la vitre s'est brisée. J'y vois comme un symbole. Je fais un point d'honneur de ne pas la remplacer. C'est dans cet état que je compte la réinstaller à Kiev si jamais nous y retournons. Je jette les morceaux de verre dans la poubelle et pars avec Olivier à la recherche d'un lieu idoine pour la photo. Il importe bien évidemment qu'il ne dévoile en aucune façon là où nous sommes. Après plusieurs essais plus ou moins réussis, nous décidons finalement de nous installer dans le couloir en posant le portrait du Président Macron sur une photocopieuse, entouré de petits drapeaux français et ukrainiens.

Le photographe improvisé se recule le plus possible, mais l'étroitesse du couloir limite sa capacité à le faire. Le message a été préparé attentivement avec Olivier

Jacquot qui devient à partir de ce moment mon principal conseiller. J'aime toujours mieux échanger avec quelqu'un avant de prendre des décisions ou une posture politiques. Le message est simple, sobre et, me semble-t-il, traduit bien les enjeux du moment : « Arrivée à Lviv. L'Ambassade de France en Ukraine est à nouveau opérationnelle, au service des Français comme de la relation franco-ukrainienne. Dans ces moments d'épreuves et de douleurs pour la Nation ukrainienne, nous continuons à nous tenir résolument à ses côtés. »

Tout y est. Les faits : nous sommes à Lviv. Notre mission se poursuit et vise deux priorités principales : d'abord l'assistance aux Français et ensuite le soutien moral et politique à l'Ukraine. J'y introduis la notion que je ne cesserai de défendre de « Nation ukrainienne » afin de marquer qu'il ne s'agit pas seulement d'un combat entre États, sous-entendu déconnecté des populations, mais bien entre la Nation ukrainienne tout entière et son agresseur russe. Enfin, la photo me montre en « tenue d'ambassadeur », telle qu'au moins on se l'imagine, c'est-à-dire avec veste et cravate. Mes traits tirés donnent plus de gravité à la photo, témoignant du temps de guerre.

Le message se veut clair et rassurant. Notre départ de Kiev et notre arrivée à Lviv se sont faits dans la dignité. Nous ne sommes ni des fugitifs, ni des exilés. En matière de communication, la photo est presque aussi importante que le texte. Miracle des réseaux sociaux, le tweet connaît un franc succès. Les réactions sont positives et le message porté par ce tweet est bien reçu. Quasiment aucun message négatif et de nombreux remerciements.

Avec le sentiment du devoir accompli, après un rapide sandwich avalé avec mon équipe, je remonte m'installer dans mon nouveau logement. Épuisé après ce long périple, je ne tarde pas à tester, pour la première fois depuis mon service militaire, bien des années auparavant, le confort sommaire des lits picots.

Cette première nuit, ce n'est pas tant son inconfort qui me réveille au beau milieu de la nuit, la fatigue étant la plus forte, mais le froid. En effet, s'agissant d'un établissement universitaire, le chauffage est coupé durant la nuit. Je me réveille donc frigorifié. En l'absence de toute couverture, je finis par me rendormir couché dans mon manteau, à la dure. Décidément, Lviv se mérite.

9
S'installer et agir

Après la courte nuit passée dans mon nouveau logement, je descends aux alentours de 8 heures retrouver l'équipe dans la grande salle de l'Alliance. Je traverse le passage sous le porche, fait le code qui y donne accès, pousse la porte. Personne. Je me dirige vers le fond du couloir. Toujours personne. Un peu surpris, je ressors et m'avance vers le lourd portail d'entrée métallique donnant sur la rue. Je défais l'accroche qui le bloque et le pousse précautionneusement. De nouveau personne. Au-delà de la surprise, un net sentiment de liberté m'étreint soudain. En ce petit matin froid et ensoleillé de mars, je décide d'aller explorer les alentours. Je sors dans la rue, tourne à droite et me dirige vers une petite place que je vois à quelques dizaines de mètres. Là, je m'approche d'un des innombrables kiosques qui animent les rues et les villes ukrainiennes. Je commande un café servi dans un gobelet de carton et un croissant. Je m'assois sur un banc, sur la place, pour goûter ce moment béni. Seul à Lviv, sans escorte, sans garde, juste à observer les passants comme j'aime tant le faire. La foule est dense et calme et paraît vaquer à des occupations ordinaires. Rien ne vient, à ce moment précis, rappeler la guerre, si ce n'est quelques jeunes hommes en treillis qui passent, certains main dans la main avec leur compagne ou amie. J'ai le sentiment de vivre un moment unique, une pause dans cette guerre qui atteint déjà sa première semaine.

Je me lève et fais quelques pas supplémentaires nez au vent dans cette belle ville de Lviv. Quel plaisir d'être là, au milieu des Ukrainiens, inconnu parmi les inconnus.

Malheureusement, les meilleures choses ont une fin. Je ne voudrais pas que mon équipe sécuritaire s'inquiète, voire qu'elle commence à lancer des recherches. Je me dirige donc la mort dans l'âme vers l'Alliance française. Cette fois-ci, chacun est à son poste. De solides cerbères gardent le portail métallique. Stupeur de mes gentils geôliers de m'y voir apparaître de ce côté-ci. Personne ne s'était aperçu de ma disparition. J'ai eu à subir quelques réprimandes attendues et méritées : « Monsieur, il ne faut pas sortir comme cela, ce n'est pas raisonnable, s'il vous plaît ne le refaites plus, nous sommes là pour assurer votre sécurité. » Effectivement, je n'ai pas réitéré ce type d'escapade, mais le goût de ce café du matin comme ces doux moments de rêverie volés à la guerre restent à jamais dans ma mémoire.

Il me faut reprendre pied dans la réalité. Et ma première ambition est de remettre en route l'Ambassade le plus vite possible. Mettre l'équipe dans le sens de la marche, selon une expression que j'aime bien.

Les questions immédiates à régler portent sur les aspects matériels de notre arrivée à Lviv. Une foule de sujets doivent être traités sans délai : que ce soit notre hébergement, notre nourriture ou notre sécurité. Mon nouvel adjoint, et véritable couteau suisse administratif, Olivier, s'y attaque dès le premier jour avec une incroyable énergie. Avec l'aide de Viktoria, notre comptable, il effectue un travail extraordinaire en quelques jours. En effet, toute une organisation est à mettre en place. Elle doit se faire dans le respect des règles budgétaires. Pour cela, un contact permanent est mis en place avec nos collègues en France, à qui nous transmettons les factures en fichiers pdf et qui nous répondent rapidement.

Il faut ainsi trouver un traiteur pour les repas. Très vite, plusieurs sont testés. Nous nous familiariserons rapidement avec les barquettes en plastique ou en polystyrène blanc qui deviendront notre ordinaire : une pour l'entrée, souvent du chou ou de la salade de carotte, la plus grande pour le plat principal, souvent à base de kacha ou de semoule avec du poulet ou du porc, la dernière enfin avec un fruit ou un gâteau. Les piles « entrée », « plat principal » et « dessert » sont installées sur des tables.

Olivier obtient de Paris qu'on nous livre, au moins le week-end, croissants et baguettes fraîches. En revanche, pas d'alcool, à la fois pour des raisons de service et pour respecter la loi martiale ukrainienne qui bannit, depuis le 24 février, l'alcool en toutes circonstances. L'Ukraine entend ainsi se distinguer de son agresseur russe, dont les troupes sont alcoolisées au dernier degré.

Si je ne suis pas un grand buveur, cette première période de la guerre me fera presque totalement oublier le plaisir d'une bière le soir ou d'un verre de vin lors d'un bon repas. Selon les circonstances et afin de rompre la monotonie, nous aurons droit à des soirées pizza, généralement le samedi. Nous verrons alors arriver de grandes boîtes en carton tandis que des débats enflammés s'engageront pour savoir quel est le meilleur fournisseur et les recettes les plus goûteuses. Olivier nous en fera tester différents à travers la ville.

À cet ordinaire s'ajoutent des achats faits par le GIGN dans les grands supermarchés Auchan de la périphérie de Lviv : barres de céréales, voire tablettes de chocolat. Ces suppléments sont entreposés dans des placards ouverts à tous où chacun peut se servir, mais avec parcimonie. Tout le monde jouera le jeu.

La question la plus délicate à régler est celle des sanitaires puisque notre hébergement est dépourvu de douches. Nous finissons par nous tourner vers la solution de la prise en location d'une, puis de deux chambres d'hôtel dans le centre-ville, à proximité de notre Consulat honoraire. Nous nous y relaierons selon un planning fixé à l'avance pour y prendre notre douche. Les réceptionnistes auront, au départ, un peu de difficulté à comprendre ce va-et-vient incessant, très majoritairement masculin, montant deux par deux dans les chambres qui nous sont attribuées. Alors que la ville est submergée par les déplacés, l'identification des chambres d'hôtel disponibles puis leur location sur la durée seront l'enjeu de difficiles négociations toujours conduites avec brio par Olivier. À plusieurs reprises, nous risquerons d'être chassés par des visiteurs plus offrants financièrement. En fin de séjour, nous parviendrons également à réserver une chambre dans un appart-hôtel situé à moins de quarante mètres de l'Alliance, ce qui réduira les temps de trajet et facilitera les rotations.

Pour les multiples dépenses liées à notre implantation, Olivier Jacquot est donc notre comptable et caissier. Il travaille avec notre collègue Viktoria qui nous a suivis depuis Lviv et l'assiste avec une très grande efficacité et discrétion. Son étroit bureau-chambre devient un lieu couru où elle reçoit les nombreuses visites de militaires ou autres membres des services qui viennent lui apporter factures et justificatifs.

La tenue de caisse revêt à Lviv une connotation particulièrement concrète puisque Olivier dispose d'une somme importante en euros et en hryvnias. Il la conserve sous son lit picot dans l'étroit bureau qui lui sert tout à la fois de chambre et de bureau. Guerre ou pas guerre, la comptabilité publique conserve sa rigueur. Je le vois souvent le soir en compagnie de Viktoria compter la caisse et vérifier, liasse après liasse, qu'elle correspond bien à celle de la veille moins les dépenses dûment répertoriées du jour. Malgré les circonstances exceptionnelles que nous traversons, la comptabilité sera toujours assurée et aucun rejet de la part de Paris ne sera enregistré. Sans leur redoutable efficacité à tous les deux, je ne sais pas comment j'aurais réussi à remettre en marche l'Ambassade à Lviv aussi vite.

Mon arrivée à Lviv est aussi l'occasion de me familiariser avec ce que représente au quotidien l'expression « Le GIGN va assurer en permanence votre protection ». Je vais progressivement en assimiler les codes et les contraintes.

Je vais d'abord apprendre à connaître et apprécier ces hommes – malheureusement pas de femme dans l'équipe –, surentraînés et affûtés. Leur musculature impressionne, tout comme leur maîtrise d'eux-mêmes. Jamais d'affolement, mais la mise en œuvre de procédures qu'ils connaissent sur le bout des doigts. J'aime leur diversité : jeunes et moins jeunes, vieux baroudeurs ayant plusieurs séjours en Irak et jeunes loups sortis des entraînements, tous cultivent l'esprit d'équipe. Tous ont passé une sélection d'élite et sont les meilleurs dans leur domaine. Discrets, ils savent se faire oublier tout en restant vigilants. Avec eux à mes côtés, je me suis toujours senti en sécurité, mais également impressionné que l'État juge nécessaire de prévoir pour moi une telle protection. Leur équipement m'impressionne. Lorsque, par hasard, une de leur malle cantine est ouverte dans le couloir, je me demande bien à quoi sert au moins la moitié des arsenaux que j'y aperçois furtivement. Je découvre parfois leurs petits secrets. Un jour, je reste interloqué devant un tableau blanc où figure une longue liste de noms d'oiseaux (au sens propre) : je leur demande à quoi ils correspondent. Embarrassés, ils finissent par m'expliquer que chacun d'entre nous se voit attribuer un volatile pour les messages radio commençant par la première lettre de notre nom. Pour eux, je suis donc « pic-vert », ce qui me rappelle *Les Aventures de Rabbi Jacob* et Louis de Funès, Victor Pivert, un de mes premiers souvenirs d'enfance au cinéma. Nous avions tellement ri, ma mère et moi, que nous sommes restés à la séance suivante du cinéma Gaumont-Convention.

À notre arrivée, notre posture sécuritaire est maximale, à titre de précaution. Près d'une douzaine d'agents du GIGN assurent la sécurisation de l'équipe. La principale contrainte est tout d'abord de devoir informer à l'avance de toute sortie, même la plus anodine. Fini, la liberté de dire : « Je sors prendre l'air et me changer les idées. » Tout doit être planifié à l'avance. Les cortèges de voitures mobilisent toute une procédure de sécurisation pour monter et descendre du véhicule. Heureusement, après quelques trajets qui montrent toute la lourdeur du dispositif, je réussis à convaincre l'équipe que le centre-ville de Lviv est restreint et que la marche à pied est la meilleure solution à tout point de vue, y compris au regard de ma santé mentale et physiologique. Une « sortie », par exemple pour aller jusqu'au Consulat honoraire, obéit à une chorégraphie bien huilée. On se réunit sous le porche devant la porte métallique. Lorsqu'on m'indique que la voie est libre, je sors solidement encadré par un ou deux anges gardiens – ou « épaules » –, généralement à quelques pas. J'ai cru comprendre que pouvaient encore suivre à plus longue distance un ou deux contre-fileurs qui, comme leur nom l'indique, sont là pour vérifier que personne ne prend notre cortège en chasse. Et à plusieurs reprises, ils repèrent et mettent en déroute des individus qui, en effet, avaient pris mon bien innocent cortège en filature. Pour les semer et les confondre, comme dans les bons polars, nous bifurquons brusquement, le cœur battant, dans une impasse, ou entrons dans une cour d'immeuble. Le danger est passé.

Avec la volubilité des chasseurs qui racontent leurs exploits, cela donnera lieu ensuite dans la grande salle à des débats animés sur l'identité et les intentions de ces « suiveurs ». Nous n'aurons jamais le fin mot de l'histoire.

Pour ma part, dans ces convois à pied, ma fonction est en apparence simple. Je dois seulement m'appliquer à suivre «l'ouvreur» qui se situe à une vingtaine de mètres devant moi. Je dois garder la distance avec lui. Il est responsable des parcours et varie les trajets. Pourtant, j'échoue régulièrement dans ma «mission». La distraction comme la foule dense me conduisent régulièrement à le perdre de vue ou à ne pas remarquer qu'il a tourné dans une rue adjacente. Un peu exaspérés, du moins lassés, de devoir me taper sur l'épaule lorsque je suis en plan à un carrefour pour me dire «il est parti par là», les GIGN pensent me donner un truc infaillible: «Vous n'avez qu'à repérer la couleur des baskets et ne pas les quitter des yeux.» Ce judicieux conseil a légèrement réduit le taux d'échec mais il n'a jamais totalement disparu. Je ne compte pas le nombre de fois où, perdu dans mes pensées ou au téléphone avec ma famille, ou encore engagé dans une conversation enflammée avec Olivier sur tout ou rien, je me suis retrouvé planté et perdu au milieu d'une rue, cherchant des yeux où était passé mon «ouvreur» avant que mon «épaule» ne me remette sur la voie.

Vivre à Lviv en ce mois de mars, le premier de cette guerre, est une expérience unique. Y avoir vécu de longues semaines reste une chance qui me permet de sentir l'Ukraine en lutte. Pour humer toute l'atmosphère si particulière de cette magnifique cité, je l'ai parcourue de long en large, des heures durant, souvent accompagné de mon camarade d'infortune, Olivier, de ses quartiers périphériques jusqu'à son centre historique. Rarement j'ai autant marché. Presque chaque jour, et en tout cas le week-end, je passe une tête dans son bureau pour lui dire : « Allez, on sort prendre l'air. » On se sent à Lviv en mars 2022 comme on devait l'être à Paris en 1918 ou au Caire en 1942, à savoir dans « une ville de l'arrière ». La guerre est là sans être là. Elle s'impose à nous avec ces sirènes lugubres qui résonnent plusieurs fois par jour et par nuit, comme avec ces frappes de missiles dans la périphérie, qui interviennent à plusieurs reprises. On la pressent aussi à ces foules de militaires ou de déplacés qui s'agglutinent le long des trottoirs du centre-ville, à ces abris creusés dans les parcs, à ces postes de police cachés sous les sacs de sable et protégés par des herses métalliques, à ces concerts patriotiques dans les parcs, à ces files d'hommes déterminés qui s'engagent dans le bureau de recrutement à quelques encablures de l'Alliance française, à sa gare bondée où se croisent des centaines de réfugiés, à ces boutiques spécialisées devant lesquelles les queues se forment et qui vendent des treillis et autres équipements militaires, à ces bâtiments publics, théâtres, opéra, transformés en réserves humanitaires où s'accumulent les stocks d'aide nationale et internationale. Mais la vie se poursuit également : les restaurants sont bondés, les magasins ne désemplissent pas, les amoureux se tiennent par la main. Un mélange et un spectacle qui me marquent à jamais.

C'est d'ailleurs lorsque je pense échapper à l'atmosphère de guerre qu'elle me saute par surprise au visage, dans toute son horreur. Un dimanche de mars, afin de profiter des premiers rayons du printemps, je décide d'entraîner Olivier visiter le cimetière historique Lychakivsky. Il est un condensé de l'histoire de la ville par les différentes origines sociales et religions des défunts qui y reposent : notables austro-hongrois, aristocrates polonais, officiels soviétiques, intellectuels ukrainiens, etc. Ce lieu magnifique abrite notamment un important cimetière militaire polonais, dit « des aiglons », où reposent dans un cénotaphe blanc des cadets polonais qui ont lutté dans les années 1920 contre l'emprise communiste. Situé sur une agréable colline verdoyante, ce cimetière nous plonge dans le passé de l'Europe centrale qu'Olivier connaît si bien. Toujours devisant et cheminant, nous nous apprêtons à quitter ce lieu magique lorsque, au détour d'une allée en descendant, brutalement nous tombons nez à nez devant quelques tombes fraîches couvertes de fleurs.

Nous nous figeons immédiatement dans le silence complet. Il ne nous faut pas longtemps pour comprendre que nous sommes face aux premiers morts de la guerre. Les dates de décès n'ont pas quinze jours, parfois une semaine. L'âge des défunts ne laisse pas de doute. Bouleversé, je relève qu'ils sont tous plus jeunes que mes enfants. J'avise de loin une famille, la mère, entourée de quatre jeunes filles ou fillettes, toutes avec leur bonnet sagement vissé sur la tête. Instinctivement et, sans réfléchir, je prends une photo, sans doute une des plus expressives de ma vie. L'ombre du soleil couchant qui allonge les corps et les tombes ajoute à la gravité de l'instant. L'horreur de la guerre est tout entière contenue dans ce simple cliché par ailleurs si serein. Je décide de partager largement cet instant de profonde émotion afin d'en rendre compte. Je conçois ma mission d'ambassadeur comme étant celle d'un passeur d'émotion et de réflexion.

Je demande donc à Olivier de bien vouloir me prendre en photo rendant hommage à ces morts. Mais s'il est un historien érudit et un diplomate courageux, Olivier est nettement moins doué en photo. Il me faudra user et abuser de la fonction correspondante pour rétablir un semblant d'horizontabilité à son cliché me prenant seul, grave, figé les bras le long du corps, devant les tombes fleuries de ces jeunes hommes tombés au champ d'honneur. Toujours sous le coup de l'émotion, je travaille longuement mon texte Twitter pour transcrire sans emphase excessive ce que je ressens : « Ce jour, au cimetière Lychakivsky à Lviv, recueillement devant les tombes des premiers soldats ukrainiens morts au combat ces jours-ci. Ces jeunes ukrainiens ont donné leur vie pour leur patrie. Je m'incline devant leur courage, la douleur de leur famille et celle de tout un peuple. » Je suis heureux ce soir-là d'avoir réussi à transcrire ce que je ressens et à faire partager sur les réseaux sociaux mon admiration devant le courage ukrainien. C'est aussi ainsi que je conçois mon maintien sur le sol ukrainien.

Mais mon ambition n'est bien sûr pas de me contenter d'être à Lviv pour être à Lviv. Il faut donner très vite du sens à notre maintien sur le sol ukrainien. L'Ambassade doit être opérationnelle, sans tarder, autour des deux missions prioritaires que je lui assigne d'emblée. Tout d'abord, bien sûr, se porter en appui des Français encore bloqués en Ukraine et les aider, dans toute la mesure de nos moyens, à la quitter et à rejoindre notre pays. Puis une mission politique d'assistance et de solidarité envers les Ukrainiens en reprenant, sans perdre une minute, contact avec eux pour identifier leurs besoins et y répondre le plus rapidement. Durant les semaines qui s'ouvrent devant nous, l'Ambassade marchera sur ses deux jambes : l'aide aux Français et le soutien aux Ukrainiens.

Mais avant, il faut d'abord fixer des règles et des routines et mettre l'équipe en état de fonctionnement. Je décide sans tarder de reprendre la pratique d'une réunion de chancellerie le matin à 9 heures, sauf le dimanche, où elle est repoussée à 10 heures. Y participent l'attachée de défense, mon indispensable adjoint Olivier, le rigoureux et remarquable colonel Dordhain, chef du service de sécurité intérieure, c'est-à-dire chargé des contacts avec les forces du ministère de l'Intérieur, le très solide et compétent agent du centre de crise du Quai d'Orsay détaché auprès de nous, le chef du détachement du GIGN et son adjoint ainsi que, à tour de rôle, des représentants de divers services qu'il ne me semble pas utile de mentionner ici. Instaurer une routine qui rassure en même temps qu'elle encadre.

La réunion permet l'échange d'informations, la consultation des uns et des autres sur les décisions à prendre et surtout fluidifie les relations. Il revient bien évidemment à notre colonelle attachée de défense (dans quelques jours, elle sera promue générale) d'ouvrir la réunion par un point de situation militaire. Celui-ci s'ajoute aux comptes rendus écrits qui sont adressés plusieurs fois par jour et par nuit à nos autorités parisiennes comme à moi-même. Il me revient ensuite de faire un point politique d'orientation de l'Ambassade avant d'engager un tour de table très complet.

Olivier traite à la fois des questions liées à l'organisation du poste, à l'aide humanitaire ou aux questions consulaires. Il le fait souvent avec un vocabulaire délicieusement désuet où l'on croise régulièrement des « frapadingues » et autres « flibustiers » dont il nous faut nous garder « comme de la peste sous l'empereur Justinien » avant de porter « comme le Saint Sacrement » les nouvelles à Paris. Pour marquer son désaccord, il lance parfois des tonitruants « c'est un *Niet*, absolu et catégorique ». Notre lexique s'enrichit de jour en jour.

Enfin, aussitôt à Lviv, nous reprenons nos réunions interministérielles en visio avec Paris sous la présidence du directeur de Cabinet du ministre. Nos interlocuteurs paraissent soulagés de nous revoir sains et saufs à Lviv et opérationnels.

À peine quelques jours après notre arrivée, nous avons droit à une belle surprise, comme celle que peuvent nous faire les guerres. Un matin, deux de nos meilleures agentes de recrutement local, Helena Saina et Anna Steblivets, frappent au portail métallique du porche d'entrée. Avant la guerre, toutes les deux assuraient avec déjà beaucoup d'efficacité le secrétariat administratif du service culturel. Elles ne souhaitaient pas initialement quitter Kiev, mais devant la dégradation de la situation, avaient fini par s'y résoudre. Elles sont donc arrivées la veille à Lviv par un des transports mis en place par l'Ambassade, logent en ville et viennent se mettre à notre service pour reprendre leur poste. J'hésite évidemment. Je leur demande si elles sont bien volontaires. Je leur rappelle que la décision a été prise d'assurer les salaires de tous les recrutés locaux jusqu'au 1er septembre, qu'ils travaillent ou non, et soient en France ou en Ukraine. Il n'y a donc aucune obligation. Elles me confirment leur intention de reprendre leur poste. Dès le lendemain, nous les installons dans l'Institut technique.

Ce renfort inattendu nous est extrêmement précieux, indispensable même. Helena, foncièrement patriote et nationaliste, est particulièrement émotive. Les reculs ukrainiens lui mettent les larmes aux yeux. La découverte des massacres de Boutcha, ou d'ailleurs, la marque profondément et ne fait qu'accroître sa détestation des Russes, dont pourtant la langue fut son seul langage jusqu'à l'âge adulte. Les succès ukrainiens la font bondir de joie. Un matin, elle est la première à se précipiter dans mon bureau/chambre pour venir m'annoncer la nouvelle, au départ proprement stupéfiante, qu'un croiseur russe, le *Moscou* de surcroît, serait en train de couler, frappé par des missiles ukrainiens. Elle vit intensément la guerre, suivant sans interruption des dizaines de sites, Telegram ou Twitter dont elle nous rend compte dans un groupe WhatsApp qui réunit mon équipe rapprochée. Comme je lui dis un jour: «Pas un seul camion russe ne peut perdre une roue sur une obscure route du Donbass sans que vous soyez immédiatement au courant et nous avec.» Même si toutes deux peuvent se laisser entraîner par leur enthousiasme, elles sont une source précieuse d'informations qui vient doubler ce que je peux apprendre par d'autres canaux. Avec Kyrill Douchko, l'interprète du poste, lui aussi resté à mes côtés tout au long de la guerre, l'engagement, le soutien, la connaissance fine des réalités ukrainiennes d'Helena et d'Anna ont été un rayon de soleil dans la grisaille de la guerre.

Plus généralement, le soutien et l'affection de nos recrutées locales ont été une aide incroyable sur le plan professionnel et personnel. Viktoria, Anna, Helena, Marta, toutes ont été formidables. Le 6 mars, c'est avec elles et, bien sûr, avec Olivier, que je fête mon anniversaire dans un restaurant de Lviv. Un moment de pause, de réconfort et d'amitié au cœur de cette guerre cruelle qui permet de me faire oublier l'absence de ma famille.

Toujours dans le souci de remettre l'Ambassade en état de marche, je prends immédiatement contact notre excellent consul honoraire, Danylo Yarema, et sa formidable assistante Marta Tsylnik. Dans mes postes précédents, comme dans celui-ci, j'ai toujours énormément apprécié la fonction et le travail des consuls honoraires. Il s'agit dans leur immense majorité d'hommes d'affaires locaux solidement implantés dans leur ville. Le consul honoraire y représente presque bénévolement notre pays car la gratification qu'il en reçoit est bien loin de couvrir ses frais. C'est une situation gagnant-gagnant pour l'État comme pour le consul honoraire. L'État y trouve à moindres frais une représentation locale apportant une présence auprès des autorités locales et une aide matérielle aux Français de passage ou vivant dans la ville ou la région. Le consul honoraire y trouve respectabilité et notabilité vis-à-vis de ses concitoyens.

Sur le plan conceptuel, il me plaît également de penser que l'institution du Consulat honoraire est en quelque sorte une survivance de l'Ancien Régime, les titulaires achetant par leur engagement financier ce qui ressemble fort à une charge. Elle nous replonge dans le passé et nous permet d'imaginer comment, avant la Révolution, pouvait fonctionner ce type de mécanisme… et en réalité pas si mal, si j'en crois mes expériences passées et présentes.

Dans le cas de Lviv, le Consulat honoraire va nous apporter une aide précieuse et immédiate. Notre consul dispose en effet de bureaux fort bien placés au rez-de-chaussée d'un petit immeuble au centre de la ville, autour d'une agréable placette. Il les met gracieusement à notre disposition, ce qui va nous permettre d'avoir des bureaux et une vitrine publique de l'Ambassade, bien utiles pour recevoir les officiels ou la presse. Les journalistes ne manquent pas de prendre régulièrement en vidéo les locaux du Consulat honoraire. Nous avons ainsi un lieu identifié pour l'emplacement de notre ambassade à Lviv. Notre consul apporte une aide logistique importante aux équipes du GIGN, mettant notamment à disposition son établissement de concession automobile Peugeot-Citroën dont il est l'importateur dans la région de Lviv. La collaboration entre le Consulat honoraire et l'Ambassade s'établit presque immédiatement et sans heurt.

Nous avons ainsi une séparation stricte entre notre lieu de vie et notre espace public. Aucune autre ambassade délocalisée à Lviv n'aura une organisation aussi efficace tout à la fois en termes symboliques comme professionnels. Nous avons su nous appuyer avec succès sur notre réseau culturel, l'Alliance française, et consulaire. Grâce au travail acharné de toute l'équipe, en quelques heures, notre implantation à

Lviv est opérationnelle. Non seulement nous n'avons pas quitté l'Ukraine plus que quelques heures, mais moins de quarante-huit heures après avoir quitté Kiev, nous pouvons de nouveau nous mettre au travail. C'est un beau succès dont je suis particulièrement fier.

Ainsi, nous avons, à mon initiative, dès le premier jour, un partage et une articulation des rôles particulièrement efficaces. Les locaux de l'Alliance et de l'Institut technique le jouxtant deviennent notre « base vie ». Pour des raisons de sécurité, leur localisation demeure confidentielle. Je n'en fais jamais état publiquement. Nous serons extrêmement prudents lorsque nous y donnerons accès à de rares journalistes triés sur le volet. Je fais même immédiatement retirer la plaque signalant l'Alliance qui était sur la façade. À l'inverse, les locaux du Consulat deviennent ceux de notre implantation publique. Je ne cesse, au cours des sept semaines passées à Lviv, de faire la navette entre les deux, parfois plusieurs fois par jour. Après validation par le GIGN, ce trajet se fait toujours à pied avec des variantes horaires ou de chemin pour raison de sécurité. Il prend une quinzaine de minutes, ce qui me permet tout à la fois de m'aérer, de sentir l'ambiance et de finir par connaître presque par cœur la magnifique ville de Lviv.

Je bénéficie donc, dans les bureaux du consul honoraire, d'un lieu idéal pour tenir les rencontres et consultations politiques qui sont, ne l'oublions pas, le lot du travail diplomatique.

Une première rencontre importante se tient le surlendemain même de notre arrivée. Mon homologue britannique, Melinda Simmons, excellente collègue et amie à la personnalité affirmée, me fait savoir qu'elle souhaite me voir dans une stricte confidentialité. Je l'accueille avec effusion car elle a quitté Kiev plusieurs semaines auparavant, justement pour se redéployer entre la Pologne et Lviv, où elle vient un ou deux jours par semaine. Lorsque la porte est hermétiquement close, elle se penche vers moi pour me faire part, sur le ton de la plus grande confidence, qu'elle quittera définitivement Lviv le lendemain.

Pour elle, Lviv n'est pas sûre : « Des groupes de saboteurs et mercenaires russes y sont entrés et envisagent de s'en prendre à des représentants occidentaux. » Elle me conseille donc fortement de partir également. Je lui demande si elle peut m'en dire plus. Elle ne le peut pas. En rentrant à pied, je reste songeur : *« Me voilà bien, je viens d'arriver avec mille peines, nous sommes juste installés et il faudrait déjà repartir ; tout ça pour ça. »* De retour à notre base vie, j'interroge discrètement nos « spécialistes sécuritaires » sur la réalité d'une présence russe dans Lviv. Aucun ne la confirme. Je décide donc de rester à Lviv et ne pas inquiéter inutilement mes autorités.

Avec les collègues européens présents à Lviv, Hongrie, Croatie, Italie, pays baltes, nous tenons dans les locaux du Consulat des réunions de coordination régulière au titre de la présidence française de l'Union européenne. Nous y recevons ensemble de très nombreux parlementaires ou personnalités politiques ukrainiennes qui passent ou résident à Lviv. Les bureaux du consul honoraire deviennent en quelques jours un actif centre politique.

Avec beaucoup de cérémonie, j'y reçois un jour mon collègue chinois, également délocalisé à Lviv. C'est une faveur qu'il me fait car l'ambassadeur de Chine tient une place à part dans la communauté diplomatique, mettant un point d'honneur à fuir ses homologues occidentaux. Bien qu'il réside à moins de cent mètres de ma résidence à Kiev, de son fait, je ne l'ai encore jamais rencontré. Il aura donc fallu que nous soyons tous les deux redéployés à Lviv pour qu'on se voie. En guise de cadeau de bienvenue, il m'offre une bouteille de « bordeaux chinois ». Insuffisamment averti des subtilités du cérémonial chinois, je ne sais comment interpréter ce geste. Entend-il me laisser entendre que, dans ce domaine également, la Chine nous a rattrapés ? Je lui tends en retour un ouvrage sur la France. La conversation s'engage en russe *via* son interprète car il ne maîtrise pas l'anglais. Nous échangeons sur nos analyses respectives. Dans un échange à fleuret moucheté qui mobilise toutes mes capacités diplomatiques, à grand renfort de « profond respect et d'amitié entre les peuples français et chinois » et de références « au général De Gaulle qui a reconnu la puissante Chine en 1964 », je tente de le pousser dans ses retranchements pour qu'il admette que la Russie mène une guerre d'agression en Ukraine. Peine perdue, il esquive habilement, se réfugiant derrière des formules générales: «La Chine est une puissance pacifique et ne menace aucun de ses voisins.»

10
Faire sortir les Français

Maintenant que j'ai réussi à mettre à l'abri l'équipe de l'Ambassade hors d'Ukraine, à l'exception du noyau dur qui m'accompagne, il nous faut collectivement agir sans délai pour mettre tout en place pour faire sortir nos compatriotes de l'Ukraine en guerre et agressée sur la totalité de son territoire. Aucune ville n'est à l'abri. À Lviv, nous subissons plusieurs frappes de missiles. Bien évidemment, pour cette tâche importante, la responsabilité est partagée entre, d'une part, l'Ambassade et, d'autre part, le Quai d'Orsay, et plus exactement son Centre de crise et de soutien (CDCS). Ce service mis en place depuis 2008 assure une veille permanente. Lorsqu'une crise survient, il prend la main, si je puis dire, et gère depuis Paris notamment les appels téléphoniques et la coordination de l'assistance aux Français. Dès les premières heures de l'agression russe, le CDCS a ouvert la cellule de crise qui fonctionne vingt-quatre heures sur vingt-quatre afin d'apporter le maximum de réponses et d'aides à nos compatriotes. Tout le long de ces semaines cruciales, nos collègues parisiens feront un travail extraordinaire de conseils et de dévouement.

Comme on l'a vu, le Quai d'Orsay a émis dès le 19 février un avis très clair, invitant tous les Français « à quitter sur le champ l'Ukraine ». Beaucoup l'ont fait et ont suivi nos recommandations, leur permettant ainsi de ne pas être présents lors de l'offensive généralisée du 24 février. Pas tous, malheureusement.

Avec certaines catégories de personnel, nous avons même été particulièrement insistants afin qu'ils quittent sans délai l'Ukraine. Ainsi, sur instruction de ma part, le lycée français Anne-de-Kiev a fermé ses portes dès le mardi 15 février à 12 heures, alors que la date officielle des vacances était le 18 février. Nous avons également appelé chaque enseignant pour lui recommander de quitter sans délai l'Ukraine.

Dans les premières heures de l'offensive, notre conseil donné aux Français était de rester calfeutrés chez eux et d'éviter de se lancer sur les routes. Puis, lorsque nous avons identifié qu'il pouvait exister une étroite fenêtre de sortie, notamment à Kiev, nous avons changé notre fusil d'épaule et recommandé que les Français qui se sentaient en mesure de le faire prennent la route à leur risque et péril. Nous nous sommes appliqués à nous-mêmes ce conseil, en partant, comme on le sait, le 28 février au soir. Nous avons donc été cohérents entre les conseils que nous donnions et notre propre attitude.

Le contraire aurait été difficilement compréhensible pour les Français.

En revanche, il nous a été malheureusement impossible de faire partager notre convoi à certains Français hors ambassade qui le demandaient. Le « grand convoi » comportait déjà plus de quarante véhicules. Il était difficile d'en adjoindre plus. Si nous avions commencé à faire des exceptions pour untel ou untel, notre sélection aurait été incomprise par ceux qui n'en auraient pas fait partie. J'aurais été nécessairement accusé de favoritisme et d'impartialité. Sur instruction claire du ministère, nous avons donc décliné les demandes de ceux qui souhaitaient se joindre à nous. Même si cette conduite a été difficile à tenir, elle était la seule possible. Comme toute règle a ses exceptions, nous en avons fait une seule pour un enseignant du lycée français dont l'épouse enceinte approchait de son terme. L'équipe du GIGN a été envoyée récupérer la jeune femme et son mari. En outre, la présence du médecin du GIGN nous assurait une certaine garantie au cas où l'accouchement se serait précisé durant le trajet. Heureusement, il n'en fut rien.

Plusieurs membres de la communauté française ont alors saisi leur chance, souvent en se regroupant par affinité à plusieurs dans un véhicule. La plupart sont partis le 28 février au matin. Au final, et malgré quelques péripéties, ces départs groupés par la route se sont bien passés.

Bien évidemment, ces départs n'épuisaient pas la totalité de la communauté française, notamment celles et ceux qui ne disposaient pas de véhicules ou étaient dans des zones intensément bombardées voire déjà conquises par les Russes comme Kherson.

Dès notre installation à Lviv, je me suis donc attelé, avec le soutien de toute l'équipe, à la tâche prioritaire de les faire sortir. J'ai pu compter sur un excellent renfort venu de Paris, Fabrice Jean, qui a assuré la liaison avec le CDCS. La première tâche est bien évidemment de recenser les Français encore présents en Ukraine. Deux cas de figure se présentent. Le premier concerne les Français inscrits au registre consulaire, c'est-à-dire ceux résidant en Ukraine. Pour ceux-là, nous disposons généralement d'une adresse courriel et d'un téléphone. Les équipes à Paris ont donc entrepris le long et fastidieux travail de les contacter un à un pour savoir s'ils étaient encore présents sur le territoire ukrainien et, si oui, s'ils avaient besoin d'aide. Au début de la crise, le nombre de Français inscrits était d'un peu plus de mille.

D'autre part, il s'agit de recenser les Français qui ne sont pas inscrits et se manifestent spontanément auprès de nous, directement ou *via* leur famille inquiète. Il est en effet courant, lors des crises, de « découvrir » de nombreux compatriotes qui, jusque-là, ne s'étaient pas signalés. De ce point de vue, la guerre en Ukraine n'a pas dérogé à cette règle.

Selon nos calculs, ce serait finalement environ mille six cents à mille sept cents Français ou Franco-Ukrainiens qui auraient été présents sur le sol ukrainien lors du déclenchement de l'attaque russe. Il importe donc de les faire sortir. La voie aérienne étant définitivement fermée, alors même qu'elle est généralement utilisée pour les évacuations comme ce fut le cas en Afghanistan, il nous faut réfléchir à des voies alternatives. Nous sommes obligés de repenser notre logiciel.

C'est juste avant de quitter Kiev, puis en arrivant à Lviv, que je perçois ce qui va devenir une voie d'évacuation majeure et totalement inattendue : le train. Le 28, toujours à Kiev, j'avais échangé avec mon homologue indien sur les évacuations. L'Inde, comme plusieurs pays en développement, le Maroc ou l'Égypte notamment, est un très important fournisseur d'étudiants étrangers en Ukraine. Ceux-ci se montent à plusieurs milliers par nationalité. Le modèle économique et universitaire de cette présence est d'ailleurs passablement obscur. On soupçonne de forts éléments de corruption autour de cet accueil massif d'étudiants venus de loin, allant jusqu'à l'achat frauduleux des diplômes, y compris dans le domaine de la médecine ou des professions paramédicales. Toujours est-il que ces collègues extra-occidentaux ont été confrontés, dès le premier jour de la guerre, à la question clé du rapatriement de leurs étudiants et ce, d'autant plus que beaucoup d'entre eux résidaient dans les villes de l'Est, Dnipro, Kharkiv, Soumy, etc.

Or, mon collègue indien m'appelle et me demande si nous envisageons d'utiliser le train pour notre évacuation et celle de nos ressortissants. Il me met ainsi la puce à l'oreille. Je me renseigne immédiatement auprès de nos agents ukrainiens. Ils me confirment que les trains continuent de fonctionner. La permanence du fonctionnement des trains (comme d'ailleurs des communications) est en effet une des surprises de cette guerre qui en comporte tant. Je commence donc progressivement, lors des réunions interministérielles quotidiennes, à évoquer la possibilité de recommander à nos compatriotes la voie ferrée pour la sortie du pays. Stupeur initiale de mes interlocuteurs parisiens. Ils trouvent sans doute cette perspective d'évacuation bien éloignée des habituelles opérations aéroportées ou maritimes. Sans le dire, ils la considèrent, pour tout dire, un peu « bas de gamme ». Évacuer par le train n'est pas dans leurs habitudes.

Toutefois, fidèle à une pratique éprouvée de laisser germer une idée ou une suggestion, je ne me décourage pas et reprends presque à chacune de mes interventions mon plaidoyer pour la voie ferroviaire. Devant les preuves qui s'accumulent et dont font état les journalistes sur le maintien en fonctionnement des trains, y compris depuis Kharkiv, fortement bombardée, je sens mes interlocuteurs évoluer favorablement. Enfin la mention « train » apparaît dans nos « conseils aux voyageurs ». C'est un premier succès.

J'en fais d'ailleurs aussitôt un usage ciblé lorsqu'un ami, Olivier Védrine – sans lien de parenté avec le ministre –, brillant universitaire spécialiste des mondes russe et ukrainien, m'appelle à plusieurs reprises tant à Kiev qu'à Lviv pour me demander mon aide pour sortir d'Ukraine. Sans voiture, mais avec ses deux chats, il s'inquiète légitimement de l'approche des forces russes et souhaite partir.

Pour les raisons évoquées précédemment, je n'ai pas pu le prendre avec moi dans notre « grand convoi », ce qui aurait été mon inclination personnelle eu égard à notre amitié. Il insiste donc pour qu'on vienne le chercher ou qu'on envoie un véhicule de l'Ambassade afin de l'extraire de Kiev. Impossible évidemment. Je lui signale alors la possibilité de prendre le train à la gare centrale de Kiev. Long silence au bout de la ligne. J'argumente. Je lui explique que la première chose à faire est de rejoindre la gare centrale. D'abord lui aussi surpris, il finit par se laisser convaincre, commande un taxi, se rend à la gare avec ses deux chats. Quelques jours plus tard, il m'appelle de Paris, ravi et soulagé. Il a traversé l'Europe sans encombre, sans même subir les interminables files de voitures à la frontière. Dans les crises ou les guerres, les solutions parfois les plus évidentes sont négligées au profit de montages plus complexes. Le bon sens n'est pas toujours la qualité la plus répandue et ce qui est « sous notre nez » reste souvent invisible.

L'important dans le cas d'espèce était d'identifier ce maintien en activité des transports ferroviaires puis de diffuser l'information rapidement. Le fait d'être resté sur place a été un atout décisif. Il m'a suffi de me rendre à la gare de Lviv pour constater par moi-même le nombre impressionnant de liaisons ferroviaires avec Kiev, ou Kharkiv ou Dnipro et de constater de mes yeux les trains bondés déversant leurs passagers. Là aussi, le parallèle avec la Seconde Guerre mondiale s'impose. Comme le dit la sagesse populaire, « un bon conseil vaut de l'or » et, dans le cas d'espèce, ce « conseil » de prendre le train pourtant simple et accessible a permis à bien des Français de sortir du piège ukrainien sans encombre.

Cette solution ferroviaire ne pouvait toutefois répondre à toutes les situations, notamment dans les villes prises pour cibles de l'artillerie russe. Avec l'appui du CDCS, nous avons alors identifié un partenaire franco-ukrainien, la société Amarante, en mesure de nous louer des autobus et surtout, dans les cas les plus délicats, d'aller chercher nos compatriotes à leur domicile dans des minibus. Nous avons pu ainsi commencer à mettre sur pied des transports, notamment entre Kiev et Lviv, puis entre Lviv et la frontière polonaise. En sus, le Quai d'Orsay et nos collègues de nos ambassades en Pologne ou en Roumanie, ont déployé en un temps record des équipes aux postes frontières afin de réceptionner nos compatriotes qui la franchissaient, leur apporter assistance et les rapatrier gratuitement vers la France, parfois en vol militaire. Pour ce que j'en ai su, ce réconfort, une fois la frontière franchie, a été fort apprécié par nos compatriotes. Ceux-ci quittaient un pays en guerre, soumis dans sa totalité à des bombardements, et aspiraient à retrouver au plus vite leur patrie.

Une des questions qui se pose très vite est de savoir si nous devons réserver ces transports aux seuls Français. Ma position, en accord d'ailleurs avec le Quai d'Orsay, est bien sûr de les élargir à toutes les catégories de population qui nous sont proches. Il en va ainsi en particulier des agentes de recrutement local de l'Ambassade, de l'Institut français, de nos différentes alliances françaises ou du lycée français Anne-de-Kiev, à qui, tout naturellement et spontanément, nous faisons bénéficier de nos transports organisés. J'aurai le plaisir de saluer nombre d'entre elles au départ de Lviv avec beaucoup d'émotion. J'emploie à dessein le féminin car la législation ukrainienne de la Loi martiale interdit le départ des hommes de dix-huit à soixante ans du pays. Ceux-ci doivent se tenir à disposition en cas d'appel sous les drapeaux.

Nous avons à ce propos à traiter le cas délicat d'enfants ukrainiens de Français qui cherchent à profiter de nos transports pour tenter d'échapper à l'interdiction de sortie du territoire. Malgré les pressions exercées sur mes équipes, nous restons intraitables. Il ne nous appartient pas d'aider ou même d'être complices d'hommes ukrainiens ou franco-ukrainiens jeunes ou moins jeunes qui voudraient échapper à leurs obligations militaires. Au début de la guerre, j'ai fait valider cette position de principe par Paris qui m'a apporté un soutien sans faille. Nous avons ainsi résisté à des demandes tendant à faire venir en France un artiste ukrainien dont la demande de sortie avait été refusée par les autorités ukrainiennes. J'ai refusé d'intervenir. Alors que notre ligne politique est d'apporter un soutien plein et entier à la Nation ukrainienne en guerre, il n'est pas envisageable d'intervenir pour fragiliser, même de façon infinitésimale, ses efforts de guerre.

La cellule de crise croule sous les appels de détresse de nos compatriotes. Une répartition des rôles se met en place entre Paris qui reçoit le gros des appels et l'Ambassade à Lviv qui traite en direct les cas les plus délicats. Les échanges entre Paris et Lviv sont constants.

Du côté ukrainien, ma mission – et celle de mes collègues – est d'établir le contact avec la société Amarante et de régler ses prestations, toujours en liquide (après tout, nous sommes en guerre), mais toujours sur instruction écrite de Paris et après réception d'une facture. Notre travail est bien sûr également de communiquer sur ces départs de bus, tant de Kiev que de Lviv.

J'entends bien évidemment être présent au départ des bus que nous affrétons entre Lviv et la frontière. En compagnie d'Olivier, je m'y rends presque systématiquement. Les départs se font d'une des grandes places de Lviv. J'aime ces ambiances de départ, ces Français retardataires qui arrivent en courant par peur de rater leur autocar. Cette normalité dans ce monde en guerre. J'aime aussi les échanges avec eux. Je monte les saluer dans leur bus, leur demande d'où ils viennent, ce qu'ils ont traversé comme épreuve. On sent leur soulagement de parler leur langue avec moi, d'être enfin tout près de quitter ce pays en guerre et qui souffre. Ils sont aussi heureux de voir « leur » ambassadeur venir les saluer à leur départ. Leurs remerciements pour le travail effectué par nos équipes sont sincères et me touchent. Je suis au bout de la chaîne de solidarité qui leur permet d'être sur le départ. Je ne souhaite pas prendre plus que ma part des remerciements.

Les départs des agentes ukrainiennes ou de la famille des agents masculins de l'Ambassade sont également des moments de forte émotion. J'apprécie énormément le personnel local de l'Ambassade. Il le sait. C'est donc avec presque les larmes aux yeux que nous nous embrassons et que je leur souhaite bonne chance pour la suite.

Mais le moment le plus intense est sans aucun doute le départ de l'épouse et des deux fillettes du traducteur interprète Kyrill Douchko, mon tout proche collaborateur. Je les vois descendre du taxi pour rejoindre le bus. Elles ont seulement quelques petits sacs et une maigre valise. Je les salue et m'éloigne pour les laisser faire leurs adieux avec leur père et mari. Je les regarde de loin, le cœur serré, monter dans le bus et partir vers l'exil en le laissant derrière elles. Kyrill est à mes côtés, décomposé et triste. Je suis bouleversé par cette scène à la fois si banale et si cruelle. Pourquoi les Russes, et en dernier ressort Vladimir Poutine, poussent-ils, par leur politique insensée, des familles ordinaires à la séparation, à l'angoisse et au chagrin ? Dans ces micro-moments, je ressens l'insoutenable poids de la guerre sur la population ukrainienne. Ces scènes qui se sont répétées des millions de fois partout en Ukraine me font plus que toute autre chose toucher du doigt les malheurs de la guerre[1].

Le soutien de l'Ambassade réside aussi dans l'escorte procurée par le détachement du GIGN. Leur présence en voiture ouvreuse ainsi que les notes diplomatiques dont ils sont munis, à l'attention des garde-frontières ukrainiens, permettent à nos bus de passer devant la longue file de véhicules ou camions et de faire gagner de précieuses heures à nos compatriotes et aux passagers de nos bus. Enfin, le GIGN assure la coordination avec les équipes françaises de l'autre côté du poste frontière. Au fil des jours, nos gendarmes finissent par acquérir une connaissance fine des différents postes frontières et, en fonction de l'heure de départ du bus,

1. En France, à l'autre bout de la chaîne, la famille de Kyrill sera accueillie par mon épouse Caroline et des amis proches qui leur procureront logement et assistance. Les deux fillettes seront scolarisées dans un établissement parisien et auront même les honneurs de BFMTV pour leur excellente intégration et leurs brillants résultats en mathématiques.

recommandent le passage à tel poste plutôt que tel autre. Leur présence rassurante apportera une aide appréciée par tous.

Le maintien de l'Ambassade sur le sol ukrainien prend dans ces moments-là toute sa signification. C'est bien d'Ukraine que je salue ces compatriotes qui partent, Ukraine où je resterai alors qu'eux, la laisseront derrière eux dans quelques heures. Une fois de plus, je ne peux que me féliciter d'avoir obtenu gain de cause et d'être demeuré – non du « bon » – mais du « mauvais » côté de la frontière.

La presse française est évidemment présente en nombre et m'interroge systématiquement sur le nombre de Français encore présents. Question délicate car nous n'avons que des estimations et les Français ou les Franco-Ukrainiens semblent se multiplier. Au final, nous estimons que le nombre de Français présents au début du conflit était d'environ mille sept cents et que nous aurons réussi à en faire partir d'une façon ou d'une autre près de mille quatre cents. J'essaie de m'en sortir avec des chiffres globaux et relativement vagues : « Il en reste plusieurs centaines, certains ne voulant pas partir. » À chaque intervention médiatique, j'essaie de faire passer le message de quitter au plus vite l'Ukraine. Cela s'adresse en particulier à ceux vivant dans la région d'Odessa. Rassurés par la proximité relative de la frontière roumaine, environ cent kilomètres par la route, beaucoup ne se rendent pas véritablement compte du danger. Or, la marine russe croise à proximité et n'attend qu'une occasion – qui ne viendra d'ailleurs jamais – pour débarquer et mettre la région à feu et à sang, au sens propre malheureusement. J'appelle d'ailleurs directement certains Français que je connais dans la région, dont un sympathique et chaleureux vigneron implanté depuis des années, Christophe Lacarin, pour les inciter à partir. J'en suis entendu.

Nous avons aussi à traiter les cas les plus délicats, ceux des familles ou des compatriotes bloqués à Soumy, Tchernihiv ou Kherson. Souvent, nous ne pouvons rien faire pour eux dans l'immédiat et devons leur recommander de prendre leur mal en patience. Mais le seul fait de les appeler tous les jours, de sentir qu'ils ne sont pas oubliés, mais que, au contraire, on se préoccupe d'eux à Lviv comme à Paris les réconforte et leur permet de passer cette épreuve le moins mal possible. Dès qu'une fenêtre s'ouvre, nous dépêchons alors nos intermédiaires d'Amarante. Quelle joie de les accueillir à Lviv sur le chemin de leur patrie.

Un cas particulier et douloureux m'occupe beaucoup, celui du cuisinier de l'Ambassade, Kyrill Palatay. Outre le fait d'être un excellent cuisinier, toujours partant pour progresser dans son métier et apprendre de nouveaux plats, Kyrill est extrêmement sympathique et jovial. Originaire de Crimée, il y retournait chaque année l'été pour y retrouver ses parents, acceptant de faire un long périple en bus puis s'imposant un long temps d'attente sur la ligne de partage avant de pouvoir les embrasser.

Au cours des jours tragiques de l'assaut sur Kiev, je prends régulièrement de ses nouvelles. Il m'indique être à Boutcha en sécurité et souhaiter y rester. À ce moment-là, cette banlieue résidentielle du nord de Kiev n'évoque pas grand-chose pour grand monde. Aussitôt arrivé à Lviv, la situation s'étant encore détériorée, je me préoccupe de le faire sortir de Kiev et de nous rejoindre à Lviv. Il m'indique alors qu'il est bloqué à Boutcha, les soldats russes patrouillent dans les forêts et tirent sur les véhicules qui veulent rejoindre la capitale. Les explosions sont continues. Kyrill m'indique qu'il se terre dans un abri avec une quinzaine de voisins et membres de sa famille. Régulièrement, je prends de ses nouvelles par WhatsApp. Il se veut toujours rassurant, indiquant avoir assez de nourriture et d'eau. Lorsqu'une accalmie se fait jour, lui-même et ses compagnons d'infortune sortent se ravitailler dans les appartements ou les supermarchés.

Je me démène, bien sûr, pour le faire sortir au plus vite de cet enfer. Pas un jour sans que je prenne de ses nouvelles. Je mobilise la vice-Première ministre en charge des territoires occupés qui me transmet le contact du gouverneur militaire de l'oblast de Kiev en charge des évacuations. Au cours de ces jours cruciaux de début mars, j'attire régulièrement l'attention des plus hautes autorités françaises sur le sort de Kyrill, agent de l'Ambassade de France de plein exercice. Nous sommes tous d'accord pour l'aider. Son sort sera évoqué à chaque réunion interministérielle durant cette période. Pour économiser l'électricité, son téléphone est souvent coupé, ce qui ne manque pas de m'inquiéter. Mais je finis toujours par recevoir un message rassurant de sa part.

Enfin, le 9 mars, première tentative d'évacuation vers Kiev organisée par les Ukrainiens. Les véhicules sont toutefois réservés aux femmes et enfants, Kyrill ne peut monter à bord malgré nos efforts. Mais le 10 mars en fin de journée, je reçois le message tant attendu *« I am in Kyiv »*. Immédiatement, nous mettons en place un transport pour lui-même et ses compagnons d'infortune pour rejoindre Lviv. Et le moment tant attendu se produit. Nous nous sommes donné rendez-vous dans une pâtisserie autrichienne près de la grand-place de Lviv. Impatient, j'y suis bien en avance. Et, enfin, je le vois arriver avec sa haute taille et son grand sourire. Nous tombons dans les bras l'un de l'autre. Comme il se doit dans ce monde ultra-connecté, nous prenons des photos et des *selfies*. Toujours réservé, il me décrit au cours du déjeuner, avec distance, les jours d'angoisse passés dans son abri, le temps qui ne s'écoule pas, l'inquiétude d'être coupé des réseaux téléphoniques, la peur d'être mitraillé lors de l'évacuation sur Kiev et, enfin, le bonheur d'y être. Je le regarde et le trouve étonnamment calme et serein par rapport à ce qu'il a vécu. Il faut presque que je le force à prendre des jours de repos auprès de son frère dans les Carpates. Il voulait reprendre son travail dans notre base vie. Il n'aura de cesse, lorsque nous serons revenus à Kiev, de nous y rejoindre puis de reprendre ses fonctions. Quel bel exemple de résilience et de courage.

Au fil des jours de mars, les départs de bus de Lviv vers la frontière se font moins nombreux. Certains peinent à être remplis. Plus les jours passent, plus les Français ont des possibilités de partir. Notre appel à quitter le territoire ukrainien date du 19 février, donc un délai raisonnable a désormais été donné à nos compatriotes. Il subsiste quelques cas difficiles, notamment des personnes longtemps bloquées à Kherson. Mais même ces cas douloureux finissent par trouver une issue satisfaisante. Au final, nous aurons collectivement réussi à faire partir tous les Français qui le souhaitaient. Nous n'aurons fort heureusement à déplorer aucune victime ou blessé, ni parmi notre communauté ni parmi nos collègues ukrainiens ou leur famille. Nous n'aurons laissé personne derrière nous. Et si, comme toujours dans ce type de situation, nous avons eu à faire face à quelques critiques, celles-ci restent extrêmement minoritaires. L'immense majorité de nos compatriotes salue notre travail, tant à Lviv qu'à Paris ou Varsovie, de suivi et d'assistance, réalisé dans les circonstances exceptionnelles d'une guerre de haute intensité sur le continent européen. Nous avons collectivement réussi à faire évoluer nos modes d'action initialement fondés sur une évacuation par voie aérienne pour tenir compte de la réalité du terrain. Agilité et réactivité ont été les maîtres mots de notre succès collectif.

11
Diplomatie du premier et dernier kilomètre

La tâche essentielle de faire sortir les Français d'Ukraine étant en bonne voie ou, plus exactement, sur les rails avec des départs réguliers par voie routière ou ferroviaire en direction de l'Union européenne, il me faut maintenant m'attaquer à ma seconde mission qui est, conformément aux instructions du président de la République, d'apporter par tous les moyens assistance au peuple et à la Nation ukrainienne.

Et pour cela, ma présence et celle de mon équipe rapprochée sur le sol même de l'Ukraine sont un atout absolument déterminant. Je souhaite en effet démontrer que mon insistance à demeurer en Ukraine n'est pas seulement une posture de vaine gloriole, mais bien un facteur d'efficacité en faveur de la cause que nous défendons : celle d'une Ukraine indépendante et libre, résistant à l'agression russe.

Quelques jours seulement après notre arrivée à Lviv, l'occasion m'est donnée d'en faire la démonstration.

Le 7 mars, en effet, nous sommes invités par la vice-ministre de l'Intérieur en charge de la protection civile à une remise d'équipement et d'aide humanitaire qui viennent de traverser la frontière et d'arriver à Lviv. Il s'agit, de surcroît, de Meri Akopyan, une jeune femme extrêmement brillante qui nous a aidés lors du « grand convoi ». Tout au long de ces longs mois de guerre, le fait d'avoir été en poste depuis près de trois ans et d'avoir noué des contacts fructueux et variés avec les élites gouvernementales ukrainiennes est un atout décisif dans la bonne conduite de ma mission. Le cas de notre aide dans le domaine de la protection civile est à cet égard révélateur.

Donc, le 7 mars en début d'après-midi, nous nous rendons, sous bonne escorte, dans un entrepôt éloigné où l'on nous présente un lot de tentes et autres matériels de première nécessité. Comme toujours en Ukraine, même en plein cœur de la guerre, je suis favorablement impressionné par la bonne organisation de ce type de cérémonie protocolaire. Mais le plus intéressant se passe immédiatement à l'issue de cette brève cérémonie. Mon interlocutrice nous entraîne, mon équipe et moi, dans une salle de réunion où nous nous réchauffons autour d'un café brûlant et de pâtisseries appétissantes. Et là, durant près d'une heure, la vice-ministre nous présente une liste extrêmement précise des besoins ukrainiens dans le domaine de la sécurité civile et de la lutte contre l'incendie. Elle nous demande de lui fournir un type bien précis de matériel, notamment en matière de désincarcération, et des camions de pompier. Elle souhaite en recevoir avec des échelles de plus de trente mètres car les Ukrainiens ont hérité de l'Union soviétique de vieux camions qui ne peuvent aller au-delà de vingt mètres, hauteur jusque-là suffisante pour atteindre les immeubles de quatre étages de la période communiste, mais aujourd'hui insuffisante pour les immeubles modernes plus élevés.

Nous sortons donc de la réunion avec une « liste de courses » extrêmement détaillée. Je demande seulement à mon interlocutrice de me la confirmer par écrit le lendemain, ce qui sera fait sans difficulté. Nous la transmettons immédiatement à nos collègues parisiens. Dans le partage des tâches, il leur revient, sur la base des dons reçus des collectivités locales, de l'État comme des entreprises, de préparer les convois correspondants. Cette première phase, celle de la définition des besoins ukrainiens, est celle que j'ai appelée « la diplomatie du premier kilomètre ». Elle se pratique au plus près des interlocuteurs ukrainiens et par un dialogue continu, mené à la fois à mon niveau et à celui du colonel Dordhain, remarquable attaché de sécurité intérieure.

Du côté des Ukrainiens, la problématique est simple. Dans ces premiers jours du conflit, ils sont littéralement submergés par une aide occidentale considérable qui se déverse à leurs frontières, tout particulièrement en Pologne ou en Roumanie. Or, les chauffeurs occidentaux ne les traversent pas pour des impératifs de sécurité. Il revient donc à des conducteurs ukrainiens d'aller la chercher dans les dépôts logistiques qui s'installent très vite à quelques kilomètres du côté polonais. Et chacun comprendra qu'en temps de guerre, la ressource des chauffeurs routiers est contrainte. Les Ukrainiens ne vont donc chercher que ce qui les intéresse et dont ils ont absolument besoin. Si vous ne faites pas ce travail d'identification et d'écoute au plus près des interlocuteurs et des décideurs, vous courez le risque que l'assistance que vous apportez reste immobilisée dans des entrepôts en Pologne ou ailleurs. D'où l'importance clé de cette « diplomatie du premier kilomètre ». Notre maintien sur le sol ukrainien nous donne les moyens de la pratiquer de la façon la plus efficace, au contact direct des responsables.

Le rôle de cette ambassade en temps de guerre se situe aux deux bouts de la chaîne : au début et à la fin. Là aussi, la fourniture des équipements dans le domaine de la sécurité civile en fournit un bon exemple.

Moins de quinze jours après cette rencontre avec la vice-ministre, grâce à l'efficacité des équipes du centre de crise du Quai d'Orsay auxquelles je veux rendre hommage, me voici, toujours en compagnie de mon fidèle Olivier et du colonel Dordhain, en route pour la ville de Tchernivtsi. Celle-ci est la capitale de la Bucovine et, pendant des siècles, a fait l'objet de rivalités incessantes entre la Roumanie, l'empire austro-hongrois et l'empire russe. Je suis heureux de me « dégourdir les jambes » en quittant Lviv et en découvrant cette magnifique région relativement préservée des malheurs de la guerre. Pour la première fois également, je dors à l'extérieur de Lviv. Les distances sont trop importantes pour faire l'aller et retour dans la journée. Nous arrivons en fin de journée.

Mon premier rendez-vous est pour aller dîner avec mon collègue turc qui, pour des raisons qui m'échappent, a été redéployé non pas à Lviv mais à Tchernivtsi donc. Cela me vaut alors un sympathique moment dans un hôtel absolument désert où nous évoquons très librement la situation politique et militaire, mais également les moyens de coordonner nos efforts pour tenter d'évacuer les habitants de Marioupol dont le martyre vient malheureusement de commencer.

Ce type de dialogue en tête à tête entre diplomates est le cœur même de notre métier car nous pouvons nous parler en toute franchise et en toute confiance. Bien évidemment, à peine la dernière bouchée avalée, je rentre dans la pension de famille qui nous héberge pour rendre compte de notre discussion à la cellule diplomatique de l'Élysée comme à mes collègues d'Ankara.

Le lendemain, par un beau soleil, après une rapide rencontre avec le maire surpris de me savoir toujours en Ukraine, nous nous présentons sur une des places principales de la ville à la magnifique architecture austro-hongroise. Nous y attendent, alignés comme à la parade, les camions de pompiers qui ont franchi le matin même la frontière roumaine. Lors de leur passage, une émouvante cérémonie s'est déroulée. Les pompiers français qui ont traversé tout le continent au volant de leur véhicule, ont formé une haie d'honneur et applaudi leurs camarades ukrainiens qui retournaient dans leur pays en guerre. On sent dans l'atmosphère du petit film qui en a été tiré l'émotion des pompiers français qui saluent leurs collègues qui « montent au front ». Au sens d'ailleurs littéral du terme puisque les pertes des soldats du feu ukrainiens depuis le début du conflit s'élèvent à plusieurs dizaines d'entre eux. Une fois encore, je ne peux que m'incliner devant le courage du peuple ukrainien. Il me revient donc sur cette grande place, au milieu d'une foule attentive et d'une presse nombreuse, de formellement remettre aux autorités ukrainiennes les clés de ces matériels de lutte contre l'incendie qui leur font si cruellement défaut.

Lors de ce type de cérémonie, j'ai indéniablement le sentiment du devoir accompli et de l'efficacité de notre mission. Je crois pouvoir dire que, dans le domaine considéré, aucun pays n'a réagi aussi vite et de façon aussi précise aux besoins exprimés par la partie ukrainienne. Quelques heures plus tard, nous renouvelons une autre cérémonie de remise, cette fois juste du côté ukrainien de la frontière, lors de laquelle je livre à mon interlocutrice habituelle, la vice-ministre Akopyan, un lot d'une vingtaine d'ambulances, issues là aussi de la générosité de toute la France. C'est toujours une immense fierté pour moi et pour mon équipe que de représenter la France dans de tels moments, de nous tenir solidement sur le sol ukrainien aux côtés des Ukrainiens dans l'épreuve.

La diplomatie est aussi un art de la communication. Il nous faut sans cesse expliquer notre métier et répondre à la question : « À quoi vous servez ? »

Dans ces phases d'explication pour nos compatriotes, il faut aussi savoir faire preuve de pédagogie. Celle-ci prend souvent la forme d'une formule ou d'une expression qui résume le concept tout entier. Dans le cas d'espèce et après y avoir réfléchi, je me suis arrêté sur l'expression « diplomatie du premier kilomètre » pour l'identification des besoins et « diplomatie du dernier kilomètre » pour décrire la phase de réception et de remise aux autorités ukrainiennes. Elles me paraissent bien traduire notre travail aux deux bouts de la chaîne.

Les visites protocolaires terminées, en particulier au maire et au gouverneur, il nous reste un peu de temps pour parcourir la ville et nous changer les idées. Avec Olivier à mes côtés, je n'allais pas laisser passer une telle occasion. Nous partons donc à la découverte de cette très belle ville où les vestiges de l'empire austro-hongrois sont partout, comme si l'empereur François-Joseph allait revenir d'un jour à l'autre inaugurer le théâtre où l'opéra. Cette parenthèse terminée, nous reprenons le chemin de Lviv. Une longue route nous attend.

12
Procrastination et difficulté d'écrire

Le repas du soir pris en commun dans la salle de vie de l'Alliance française vient de se terminer. Il est près de 20 heures. La grande télévision diffuse, sans le son, BFM TV. On voit défiler les images de l'Ukraine. Les barquettes en polystyrène blanc sont dans le grand sac poubelle. Il en reste encore quelques-unes que les retardataires viendront chercher plus tard.

Pour ma part, je diffère tant que je peux le moment de remonter dans la salle de classe qui me sert de pièce à vivre. Je sais qu'une épreuve redoutée m'y attend. Il me faut écrire une note diplomatique (NDI) pour rendre compte de la situation et développer mon analyse. Les NDI étaient, lorsque je suis entré au Quai d'Orsay il y a plus de trente ans, appelées des « télégrammes » pour rappeler l'époque où elles étaient acheminées de cette façon. Parfois, l'ancienne dénomination me revient aux lèvres tant elle a marqué des générations de diplomates. Toujours est-il que les NDI sont l'instrument ordinaire de la communication diplomatique. Elles sont transmises par un réseau protégé *ad hoc* et peuvent atteindre, en fonction des destinataires qu'on y indique, les plus hauts responsables de l'État, les différents ministères comme les postes les plus lointains. Le réseau a gagné en efficacité et ergonomie au fil des réformes successives. Avec les outils de connectivité dont je dispose, avec un bon réseau wifi ou une bonne connexion 3G ou 4G, je peux faire partir une NDI seul, d'à peu près partout.

Reste à l'écrire, ce qui est une autre paire de manches. Je redoute toujours de me mettre à ma table de travail et d'écrire. Je ne sais comment réagissent mes autres collègues diplomates car je n'ai jamais évoqué cette question avec eux. Pour ma part, je procrastine et remets à plus tard la rédaction. Je cherche souvent à me donner une bonne raison pour repousser cette épreuve. Telle information n'est pas encore confirmée, tel article ne m'est pas encore parvenu, etc.

Et pourtant, je sais bien en conscience que la partie rédaction du travail de diplomate est absolument indispensable. Je crois fondamentalement que ce qui n'est pas écrit, non pas n'existe pas, mais a moins d'impact. Et notamment lorsque l'on traverse une période comme celle-ci, d'histoire du continent européen. Il est essentiel de rendre compte et d'écrire.

J'imagine que chacun a sa propre maturation. Pour moi, en réalité, cet exercice est loin de commencer lorsque j'allume mon ordinateur. Il a débuté bien avant que je m'assoie à ma table de travail et que je commence à frapper les touches de mon clavier. Dès que j'ai un moment de calme, par exemple, à Lviv, en allant de la base vie au Consulat honoraire, des réflexions ou des phrases me viennent en tête. Au cours des différents événements de la journée, au fur et à mesure, se forge le cadre de ce qui sera une note diplomatique. J'articule les raisonnements. J'organise dans ma tête les différents paragraphes.

Mais, entre ce qui est dans ma tête et ce qui se retrouve sur le papier, il y a une marge et une difficile rivière à franchir, celle de l'écriture. Or, tout aujourd'hui nous pousse à retarder ce moment. Le regard glissé sur les tweets ou les mails qui tombent. Les moments réservés à l'écriture doivent être gagnés sur l'activité journalière. Or, au cours de la journée, il est presque impossible de trouver le moment propice pour se concentrer sur l'écriture. Ce sont des réunions qui se montent au dernier moment, des visiteurs à recevoir, des coups de fil à passer. C'est pourquoi, même avant le début de la guerre, j'ai pris l'habitude de m'y mettre tard le soir ou le week-end.

Mais dans ces moments-là, la fatigue guette et de nouveau la tentation est grande de remettre à plus tard ce que l'on s'est promis de faire. Je crois que c'est fondamentalement humain.

Il arrive heureusement un moment où je sens que cette fois je ne peux plus reculer. Il faut que je m'y mette. Je m'installe donc dans ma chambre/ bureau de l'Institut technique avec une ardeur renouvelée. Chacun a ses propres habitudes. Pour moi, cette phase se traduit souvent par la mise en route de l'enceinte portative et la diffusion de musique de jazz *via* une application. *Moon River*, Nina Simone ou Franck Sinatra bercent mes premières heures de travail. Mais il vient toujours un moment où le « mix jazz » de cette application finit par me taper sur les nerfs. J'en reviens alors à mes chanteuses françaises du moment : Pomme, Carla Bruni, Camélia Jordana, Clara Luciani, Joyce Jonathan, etc. Je prépare aussi une tisane dans la bouilloire.

Après toutes ces manœuvres préparatoires, et souvent dilatoires à dessein, le moment est enfin venu d'écrire. Les premières phrases sont difficiles et puis, progressivement, comme un diesel qui se mettrait en route, les mots jaillissent. Je cherche toujours à m'adresser au lecteur en évitant les abréviations et en essayant de trouver le bon équilibre dans le niveau des connaissances du sujet. Ainsi, pour l'Ukraine, si j'évoque le tout-puissant chef de l'administration présidentielle, le presque *alter ego* du Président Zelensky, Andriy Yermak, je rappelle systématiquement qui il est et son poids dans le système politique ukrainien.

Sûrement influencé par les grands anciens, je cherche aussi toujours à mettre une touche humaine à mes récits, une description, un souvenir quelquefois, une anecdote qui, j'espère, feront mouche et donneront à voir la situation.

Je m'efforce ainsi de rendre l'analyse politique plus digeste et plus vivante. La matière que nous traitons est avant tout humaine. Je souhaite que mes lecteurs, à travers le réseau, c'est-à-dire les diplomates dans les autres postes, mais également les plus hauts responsables de l'État ou des différents ministères, puissent se rendre compte de la vie que nous menons, des épreuves que traverse l'Ukraine, et percevoir à travers la lecture de la NDI une touche humaine et non pas simplement un dossier parmi d'autres.

Bien sûr, le plus important reste l'analyse qui est un redoutable exercice de synthèse. Il faut tenter de distinguer, parmi les multiples informations qui me parviennent, celles qui sont déterminantes, les points de bascule ou les grandes tendances. C'est une tâche redoutable car les évolutions journalières apparaissent au premier abord limitées. Elles méritent d'être confortées, voire infirmées les jours suivants. Le travail du (bon) diplomate est de savoir identifier les points d'inflexion, les points de rupture. La difficulté principale est, bien sûr, celle du brouillard de la guerre et du risque de se tromper. Il m'est sûrement arrivé de le faire. Je pense cependant qu'il faut aussi prendre des risques, que cela fait partie du travail de diplomate. Lorsqu'on a une conviction, portée par une analyse, il faut avoir le courage de la défendre et de la faire prévaloir, même si ce n'est pas une certitude, et même si elle peut être démentie les jours suivants. Je n'aime pas les notes qui se contentent de décrire les deux ou trois scénarios qui peuvent survenir dans les prochains jours. À la fin d'une telle lecture, j'ai toujours envie de dire : « *So what?* Quel est celui qui vous paraît le plus vraisemblable ? Quelle bifurcation pensez-vous que le conflit va prendre ? »

Et je pense, tout au long de cette crise internationale, puis de cette guerre, y être plutôt parvenu. Il reviendra bien évidemment aux historiens et aux analystes, dans quelques années, de confirmer ou pas ce jugement. Mais il me semble globalement ne pas avoir fait trop d'erreurs et avoir su identifier les points de bascule lorsqu'ils ont pu intervenir.

L'art de la correspondance diplomatique vient, sinon du fond des âges, au moins du XVIIIe siècle. Pour l'exercer avec un minimum de talent, il convient de le nourrir de ses connaissances historiques. S'il va de soi que si chaque situation est différente, on ne peut comprendre la réalité du présent si on n'a pas une connaissance fine du passé. J'ai toujours aimé l'histoire et je pense connaître bien celle du continent européen. Pour des raisons difficiles à expliquer, j'ai beaucoup approfondi mes connaissances sur les deux totalitarismes du XXe siècle, le nazisme et le totalitarisme communiste. Ces frères jumeaux maléfiques, à l'origine du malheur et des pires horreurs du XXe siècle, hantent mes réflexions en cette période de guerre en Ukraine. Vladimir Poutine ne cesse d'ailleurs de faire référence à cette période.

En cette soirée du 9 mars, je me dois de rendre compte d'abord du « redéploiement » de l'Ambassade de Kiev à Lviv et de conforter nos autorités dans le choix qu'elles ont fait de maintenir une ambassade sur le sol ukrainien. Ce choix correspond entièrement à mon souhait et à ma demande expresse faite au président de la République. Il est important de le faire savoir en l'écrivant noir sur blanc dans la NDI. Je m'efforce donc de synthétiser, dans cette première partie, les avantages à en attendre et de décrire les missions qui sont les nôtres à Lviv.

Dans une deuxième partie, je m'attache à décrire avec lucidité et objectivité l'état des forces en présence après plus de trois semaines de combats intenses. Dès le 26 février, j'ai écrit que l'écrasement ukrainien et surtout l'occupation de Kiev par la puissance russe non seulement n'étaient pas inéducables mais étaient très probablement voués à échouer.

J'ai également très vite discerné les ressorts de la résistance ukrainienne. Je cherche là aussi à mettre en avant les succès défensifs ukrainiens en perspective et, surtout, à en trouver une rationalité. Pourquoi l'Ukraine qui, selon les meilleurs experts anglo-saxons notamment, devait disparaître en quelques jours, tient-elle encore ? Quels sont les ressorts de sa résistance ? Et quel constat peut-on faire pour la suite ? C'est donc autour de ces questions que j'oriente ma note.

Les heures passent et la nuit se fait plus sombre. Les lumières se sont éteintes une à une dans les chambres-bureaux donnant sur la cour de l'Institut que je peux voir de mes fenêtres. Je progresse péniblement, ligne après ligne, phrase après phrase, dans mon raisonnement. De temps en temps, j'incorpore quelques références historiques qui me viennent à l'esprit. J'arrive à placer les Marie-Louise, ces soldats inexpérimentés de Napoléon venus en 1813 combler les trous creusés par la retraite de Russie et appelés du nom de l'Impératrice autrichienne par l'Empereur.

J'atteins enfin les rives de la dernière étape, la plus sensible, celle du commentaire, celle où le rédacteur résume l'essence de ce qu'il a indiqué précédemment.

Je veux y introduire le secret espoir qui m'anime, celui d'un possible retour de l'Ambassade à Kiev. Je souhaite prendre date même si je sais qu'en ce 9 mars, le plus probable demeure une défaite ukrainienne. Je pense qu'on ne peut désormais plus totalement exclure que l'action conjuguée des sanctions internationales et, plus encore, de la résistance acharnée et croissante des Ukrainiens, conduit l'armée russe à interrompre sa progression, voire à reculer. Si l'Ambassade de France en Ukraine devait de nouveau prendre la route et quitter Lviv, elle la prendrait sans doute en direction de la Pologne. Mais l'hypothèse selon laquelle elle se mettrait en chemin pour Kiev afin d'y hisser à nouveau le drapeau sur notre Chancellerie du 39, rue

Reitarska ne relève plus, selon moi, nécessairement du mirage.

Ce commentaire que je m'apprête à envoyer sera très probablement reçu avec une pointe d'ironie par certains de mes collègues, à Paris ou ailleurs.

Lorsque mon adjoint, Bruno, a été reçu à Paris et qu'il a émis le vœu de revenir à Kiev, il s'est entendu dire avec une pointe de commisération accompagnée d'une main posée sur son épaule : « Ne vous faites pas d'illusions, vous ne reviendrez très certainement pas à Kiev. L'Ambassade n'y sera pas réouverte avant des années et, bien évidemment, ce ne sera ni à vous ni à l'actuel ambassadeur de la rouvrir, cela sera la mission d'une nouvelle équipe. Tournez la page. » Je sais que c'est le sentiment dominant à Paris et dans les administrations. Mais je veux garder espoir. Pour vivre au milieu du peuple ukrainien et constater chaque jour son incroyable capacité de résistance, je pense sincèrement qu'un succès ukrainien ne doit pas être écarté. En tout cas, la perspective de revenir dans la capitale ukrainienne doit faire partie des hypothèses à conserver en tête.

Il est maintenant plus de minuit. Je termine ma note, la relis une dernière fois sur écran. Il ne me reste plus qu'à cliquer. Je le fais non sans une certaine appréhension. Le traditionnel courriel « Vous avez signé la NDI… » parvient dans ma boîte aux lettres professionnelle. Il est près de 1 h 30 du matin et il est temps de dormir.

Je ressens toujours dans ces moments-là un léger sentiment d'euphorie, « comme une poule qui a pondu un œuf », me disait avec humour un ancien collègue. Le sentiment du devoir accompli et d'avoir transcrit par écrit, le mieux possible, ce que je pense au moment précis où je le couche sur l'ordinateur. Mais également parce que je considère que cette note, modestement, contribuera à charpenter et influencer la position de ma hiérarchie, y compris du président de la République. Je connais sa boulimie de travail et son suivi journalier de la situation en Ukraine. Sa conseillère, Isabelle Dumont, ma prédécesseure dans le poste d'ambassadeur à Kiev, a la gentillesse, lorsque c'est le cas, de m'adresser un petit courriel ou SMS « le PR[1] a lu ta note et l'a annotée », ce qui, naturellement, me fait plaisir.

Certaines idées vont percoler, surtout si elles sont originales par rapport à ce qui se lit ou se dit par ailleurs. Elles vont poursuivre leur vie de façon autonome. Encore une fois, l'idée dominante à Paris, comme ailleurs en ce 9 mars, est que l'Ukraine a, malgré son courage, bien peu de chance d'échapper à son triste sort qui est d'être vaincue par la puissance militaire russe. Pour les experts rationnels, le rapport de forces est trop inégal. Ils comptent le nombre de chars, de canons et d'avions. L'écart est trop grand entre la petite Ukraine et le terrible ours

1. PR, abréviation courante pour Président de la République.

russe, deuxième armée du monde. Le courage et la détermination ukrainiens ne peuvent que retarder l'inéluctable, pas l'empêcher. La chèvre de Monsieur Seguin finira par succomber. C'est juste une question de temps.

Pour ma part, depuis le début, je défends une lecture confiante et optimiste. Elle s'appuie sur des éléments non matériels mais ayant trait à la volonté et l'esprit de défense du peuple ukrainien. Combien de fois entendrai-je de la part de collègues parisiens ou de l'Ambassade : « Mais vous, vous êtes un indécrottable optimiste. » Certes, mais pourquoi les optimistes ne devraient-ils pas aussi avoir raison ?

Je crois sincèrement que la détermination unanime du peuple ukrainien, sa volonté de défendre sa terre, son indépendance, sa culture peuvent renverser les pronostics les plus pessimistes. Après tout, les Espagnols n'ont-ils pas fini par repousser l'envahisseur français en 1808, tandis que nous-mêmes n'avons-nous pas vaincu en 1918 les Empires centraux pourtant nettement plus puissants ?

Avec cette NDI, j'introduis au moins un peu d'incertitude. Il me plaît de penser que le ministre ou le Président la liront et que leur position en sera peut-être modifiée. C'est donc dans cet état d'esprit heureux que je rejoins, épuisé, mon lit picot.

Au matin, en me levant, c'est une autre histoire. Je m'inquiète aussitôt. Mon manque de confiance en moi me reprend. Je me dis que je n'aurais jamais dû écrire ce que j'ai écrit. À Paris, ils vont bien rire de ma naïveté, dire que je suis un éternel optimiste ou atteint du syndrome de Stockholm qui me fait surestimer les capacités ukrainiennes de résistance… « Revenir à Kiev, il a perdu le sens commun ce pauvre Étienne. »

Je me précipite pour allumer l'ordinateur, relire ma note. Je finis généralement par me dire : « Tant pis, le sort en est jeté, les mots sont partis, on verra bien. » Peut-être que l'avenir me donnera tort mais, au moins, il restera une trace de mon sentiment au moment précis où je l'écris. Et au final, l'angoisse finit par s'évanouir et c'est ragaillardi que je descends prendre le petit déjeuner avant de présider la réunion de service journalière.

Le système de correspondance diplomatique en place depuis quelques années permet de connaître le nombre de lecteurs de chaque correspondance, un peu comme sur les réseaux sociaux. La guerre en Ukraine a bien évidemment fait exploser tous les compteurs pour ce type de NDI, signe de la soif d'information et d'éléments de compréhension de la part de tout le réseau diplomatique ou interministériel. Alors qu'avant la guerre, la correspondance de l'Ambassade atteignait généralement les soixante-dix ou au maximum la centaine de lecteurs, ma NDI du 9 mars est lue par près de cinq cents lecteurs.

Note après note, courriel après courriel, je distille un certain optimisme auprès de mes autorités. La correspondance diplomatique donne également la possibilité d'introduire et de populariser certaines notions. Je pense à celle de la « Nation ukrainienne ». C'est un vocabulaire qui est venu très vite sous ma plume, que ce soit d'ailleurs dans les tweets, dans les interviews télévisées ou radio ou dans mes notes diplomatiques. Et je crois que c'était important pour qualifier la situation historique dans laquelle se trouvait l'Ukraine. Dès le premier jour, il m'est apparu avec force que ce n'était pas seulement l'armée ukrainienne qui se battait contre la puissante armée russe. Ce n'était pas seulement des professionnels de la guerre qui faisaient face à d'autres professionnels. Du côté ukrainien, toute la population, c'est-à-dire la Nation elle-même, se levait en masse contre l'agresseur et l'envahisseur russe. L'expression de « Nation en armes » renvoie dans notre imaginaire à la levée en masse des volontaires de 1792 et à leur mise en échec de l'envahisseur prussien à Valmy. Progressivement, cette réalité a été comprise et a prévalu dans les discours ou interventions officiels de nos autorités. Le ministre Jean-Yves Le Drian a repris à son compte, dans plusieurs interviews, les notions de « Nation ukrainienne » ou de « peuple en armes ».

Dans ces moments-là, je déplore ma lenteur à me mettre à écrire et regrette toujours de ne pas « écrire plus ». Je ne cesse d'ailleurs de pousser mes collaborateurs à prendre leur clavier. En 2022, un des piliers du travail diplomatique demeure encore et toujours la correspondance. Ce qui n'est pas écrit et transmis à

Paris peine à exister. La guerre actuelle n'a fait que me conforter dans cette conviction qui est la mienne depuis mon entrée au Ministère en 1990.

13
Sortir de Lviv et aller sur le terrain

Le maintien de notre présence à Lviv n'a de sens à mes yeux que si elle me permet de rayonner dans le pays et de témoigner de notre solidarité au plus près des Ukrainiens en guerre. Je souhaite donc reprendre mes déplacements hors de Lviv, sous réserve bien sûr que les conditions de sécurité soient réunies. Dans tous mes postes précédents, Bulgarie, Kenya, Somalie même, j'ai toujours eu la bougeotte, c'est-à-dire la volonté de sortir de mon bureau pour aller au contact de la réalité en province. Je trouve que l'on sent mieux la vie du pays hors de la capitale. Dans tous mes postes, j'ai veillé à aller encourager et saluer notre réseau des Alliances françaises en province qui sont des ambassades en miniature. En Bulgarie et au Kenya, mes deux postes précédents, j'ai sillonné de long en large ces deux pays : Varna, Veliko Tarnovo, Bourgas, Roussé pour l'une, Mombasa, Naivasha,

Nakuru, Kisumu pour l'autre. Ici, en Ukraine, j'ai fait de même durant les deux ans et demi qui ont précédé la guerre.

À mes yeux, les contacts avec la population hors de la capitale, comme avec les élus locaux et les forces économiques, sont toujours extrêmement instructifs.

Ici, à Lviv, je n'entends pas me cantonner à la grande métropole de l'Ouest ukrainien. Je veux notamment me rendre compte de la réalité de la guerre dans les petites villes ou les villes moyennes.

Le 20 mars, tôt le matin, nous quittons donc Lviv en direction du Sud-Est pour la ville de Drohobycht. Notre cortège est constitué de deux véhicules blindés dans lesquels ont pris place mon équipe de sécurité et tout l'équipement nécessaire. Sans surprise, Olivier Jacquot est de la partie ainsi qu'Helena Saina, qui joue le rôle de traductrice. Ils ont pris tous les contacts nécessaires et Helena assure l'interprétariat avec beaucoup de talent et d'engagement. Quel plaisir de sortir de Lviv et de pouvoir ainsi reprendre une activité ordinaire. Cela me rappelle l'avant-guerre. Après les épreuves traversées depuis le 24 février, nous avons tous un peu le sentiment de retrouver une certaine normalité. Si la sortie de Lviv se fait sans encombre, la plupart des *check-points* ayant été démantelés, le survol à très basse altitude d'un hélicoptère quelque vingt kilomètres au-delà vient nous rappeler, si besoin était, le contexte de guerre. Était-il russe ou ukrainien ? Nous ne le saurons jamais.

La ville de Drohobycht est un centre régional peuplé d'environ quatre-vingt mille habitants. Avant la Seconde Guerre mondiale, elle faisait partie, comme toute la région, de la Pologne. Et encore plus avant dans le temps de l'empire austro-hongrois. L'architecture garde tout entière les traces de ces différentes périodes. Nous arrivons juste à la sortie de la messe du dimanche. Les différentes Églises chrétiennes, catholique, gréco-latine ou orthodoxe, sont remplies et la foule des croyants déborde à l'extérieur. En Ukraine, à la différence de la Russie, la pratique religieuse demeure particulièrement élevée, proche de la Pologne. Les symboles chrétiens sont partout, une magnifique statue de la Vierge orne ainsi une des grandes places de Lviv. Les Ukrainiens, femmes et hommes, portent presque tous une croix en pendentif.

Nous sommes ici au cœur même du nationalisme ukrainien, dans ces territoires où l'identité ukrainienne a dû lutter tout au long du XXe siècle à la fois contre la Pologne et contre le communisme importé de Russie pour s'imposer et finalement l'emporter.

Le maire me reçoit avec beaucoup de chaleur et d'empressement dans son vaste bureau qui domine la place du marché, le *rynek*, tout heureux de constater que notre ambassade est toujours présente sur le sol ukrainien. Ancien militaire, colonel de réserve, il est bien évidemment en tenue militaire, avec treillis, sur le modèle du Président Zelensky. Il me présente avec beaucoup de transparence les efforts faits pour accueillir les déplacés du Donbass ou d'ailleurs. Ceux-ci se montent à près de seize mille personnes. Beaucoup ne font que passer avant de franchir la frontière polonaise, mais un certain nombre font étape pour une plus longue période. Il m'emmène ensuite visiter l'un des seize centres d'accueil que la ville a établis. Il s'agit d'une ancienne école transformée à cette fin.

Je suis immédiatement saisi par l'incroyable mobilisation de la population locale en faveur de leurs infortunés compatriotes qui ont dû quitter leur maison. Les habitants de la ville font preuve d'un dévouement remarquable. Ils assurent bénévolement, vingt-quatre heures sur vingt-quatre et sept jours sur sept, la préparation des repas, l'organisation matérielle des couchages et même l'animation culturelle pour les enfants afin de permettre à leurs parents de souffler quelque peu. Je m'attarde quelques instants à regarder ces jeunes enfants, tout juste sortis de l'enfer et qui renouent avec des activités de leur âge. Ils font preuve d'une remarquable résilience et de sérénité.

Dans les salles de classe transformées en dortoirs de fortune, j'engage la discussion avec les déplacés. Tous me relatent la même histoire : la volonté de rester jusqu'au bout, les nuits dans les abris, les voisins morts ou blessés et enfin la décision de partir pour l'Ouest, souvent en train. Les maigres balluchons réunis, les clés confiées à un voisin disposé à rester encore, puis le départ et l'arrivée ici à l'Ouest, à la fois si loin et si proche. On l'oublie souvent, mais s'il y a eu, dans un exode sans précédent depuis la Seconde Guerre mondiale, plus de cinq millions de réfugiés ukrainiens hors des frontières (dont cent mille accueillis en France), près de six millions d'Ukrainiens sont des déplacés internes, c'est-à-dire qu'ils n'ont pas quitté leur pays, mais sont passés de l'Est à l'Ouest.

Cet élan de solidarité renforce ma conviction dans l'unité de la Nation ukrainienne tout entière. Celle-ci était loin d'être acquise puisque l'on disait les populations de l'Est de l'Ukraine, pro-russes et russophones, et celles de l'Ouest, nationalistes et ukrainophones, sinon séparées du moins distantes. Il n'en est rien, même si les deux composantes parlent chacune une langue différente, le russe pour l'une, l'ukrainien pour l'autre.

J'engage la conversation avec les réfugiés de l'Est pour comprendre leur état d'esprit et percevoir leur degré de traumatisme. Celui-ci est évidemment très élevé après avoir subi les bombardements et les exactions russes. S'ils trouvent, à l'ouest du pays, un peu de calme et de repos, la guerre n'est jamais loin. Ainsi, il a suffi qu'ils voient distinctement passer au-dessus de la ville de Drohobycht, au petit matin, la veille de mon arrivée, les missiles russes qui allaient frapper un camp d'entraînement situé près de la frontière polonaise pour que beaucoup se mettent définitivement à l'abri en franchissant la frontière polono-ukrainienne.

Nous nous rendons dans plusieurs autres centres d'accueil. En les visitant, intérieurement je me demande si nous aurions en France le même élan de solidarité entre nous, si nous devions faire face à la même situation. Question évidemment sans réponse.

Je me rends ensuite à l'hôpital de la ville pour rencontrer certains d'entre eux. On ne me donne accès qu'aux blessés légers. Je comprends que les cas les plus sérieux sont traités dans les hôpitaux de Lviv ou de Kiev. J'admire leur courage et leur calme détermination. L'un devant se marier prochainement, je lui promets un petit présent de mariage.

Je suis aussi frappé par l'extraordinaire soutien apporté par la Pologne et les Polonais. Dans ces territoires qui étaient les leurs avant 1940, les colis en provenance de Pologne s'amoncellent dans les lieux de stockage comme dans les églises. Toute la documentation est en langue polonaise, de même que les produits. Mais la France n'est pas totalement absente puisque le maire fait état d'une aide venue de Sablé-sur-Sarthe. En allant sur le terrain, on touche du doigt ce que la solidarité entre pays européens veut dire. Clairement, les voisins, Pologne, Slovaquie, Roumanie, ont le pas sur les autres.

En fin de journée, nous nous rendons dans la ville de Trouskavets, station thermale et touristique des Carpates. Le maire m'indique accueillir plus de trente mille déplacés. Il est vrai que la station dispose d'un parc hôtelier important du fait de ses activités touristiques antérieures. Par ailleurs, elle est située au terminus des lignes de chemin de fer venant de Kiev, Dnipro et Kharkiv. Ce sont donc des centaines de déplacés qui y arrivent chaque jour et qui, là aussi, sont accueillis avec chaleur et empressement.

Les rencontres avec les élus locaux me permettent également de mieux comprendre le fonctionnement de la défense ukrainienne. Chacun des maires rencontrés me décrit le fonctionnement suivant : chaque ville a mis sur pied son bataillon territorial composé de volontaires.

Dès le 24 février, les engagements se sont spontanément multipliés avec, parfois, comme j'ai pu le voir à Lviv même, des queues qui se formaient devant les bureaux de recrutement. Une fois constitué, même partiellement, le bataillon de volontaires est lui-même déployé quelque part sur la ligne de front. Pour la ville de Drohobycht, le lieu de déploiement se situe dans les localités de Boutcha et d'Irpin (devenues si malheureusement célèbres par la suite). La municipalité-mère assure alors le ravitaillement régulier de « son » bataillon, y compris en matière d'équipement de protection, par l'envoi de convois de soutien. En retour, les camions ou véhicules de la ville redescendent du front les blessés légers qui sont soignés à l'hôpital. Toute une organisation informelle et spontanée se met en place, certes en lien avec les autorités gouvernementales, mais de façon extrêmement décentralisée et autonome.

Ce mode de fonctionnement est révélateur de l'Ukraine en guerre : chacun prend sa part à l'effort collectif au gré de ses réseaux et affinités.

Partout, le même schéma se répète, ville après ville, collectivité après collectivité. Il fait la force de la résistance ukrainienne. Ce schéma décentralisé, et qui peut apparaître brouillon à bien des égards, est solidement ancré dans la mentalité ukrainienne. Elle fait partie de l'héritage culturel cosaque et renvoie aux cosaques, dits « zaporogues » (pour « vivant au-delà des rapides du Dniepr »). Ces derniers, souvent des anciens serfs ayant fui leur triste condition, ont fondé au XVIe siècle une société d'hommes libres et un début d'État, dont le chef est appelé « Hetman ». Elle constitue l'embryon de l'État ukrainien. Les décisions étaient prises selon un processus démocratique dans leur forteresse de la Sitch, sur l'île qui leur servait d'ultime repaire sur le Dniepr. Cette culture de liberté est au cœur de l'identité ukrainienne, très différente de ce point de vue de la passivité russe face à l'autocratie et au centralisme autoritaire, qu'il vienne des tsars, de Staline ou, aujourd'hui, de Vladimir Poutine.

La guerre russo-ukrainienne met aussi aux prises deux conceptions et modèles du pouvoir politique. Clairement, la référence en vigueur côté ukrainien reste celle des cosaques dont la légendaire combativité, alliée à la volonté d'autonomie, est portée au pinacle. Le « modèle ukrainien » de combat apparaît déroutant et insolite pour de nombreux experts de la chose militaire qui le jugent peu conventionnel. Ils sont habitués à observer et à comptabiliser des armées et forces conventionnelles constituées. Le « désordre voire parfois le chaos ukrainiens » ne rentrent pas dans cette logique.

Mais, malgré son côté baroque et peu conventionnel, ce schéma qui s'appuie sur une très large décentralisation et le pouvoir des maires se révèle redoutablement efficace. On l'oublie parfois, ce n'est pas d'abord l'armée ukrainienne, même si bien sûr elle a joué un rôle important, qui a fait échouer les offensives russes initiales sur Kiev et Kharkiv, mais bien ces forces souvent spontanées de citoyens, ces policiers et anciens combattants du Donbass. Elles ont surgi de nulle part dans les premières heures de l'offensive russe, ont saisi un fusil ou une kalachnikov. Constituées en petites équipes, sous l'autorité du maire de la ville à défendre, elles ont mis en déroute l'envahisseur.

Pour conforter ou récuser une analyse politique qui sera ensuite reprise dans la correspondance adressée à Paris, rien ne vaut les visites sur place. C'est en me rendant à Drohobycht ou ailleurs que je ressens vraiment l'âme de la défense ukrainienne. L'on en comprend les ressorts profonds en parlant à ceux qui sont directement au contact des combattants.

Cette journée hors de Lviv fut suivie d'une nouvelle, toujours dans le même esprit de comprendre les ressorts de la solidarité et de la défense ukrainiennes, le 1er avril, cette fois dans la ville de Stryï.

À Stryï, agglomération de soixante mille habitants, je me suis rendu dans un centre de distribution d'aide alimentaire ou autre. L'organisation en était parfaite, avec répartition des produits, là aussi très largement originaires de Pologne ou des pays limitrophes, dans un vaste hangar, puis expédition dans les zones plus directement affectées par la guerre. Sur les murs, au milieu des amoncellements de carton, des dessins et mots d'enfants accrochés au mur. Je commence à les regarder sans vraiment y faire attention lorsque l'un me fait sursauter. Il est rédigé en français : « Hello, nous sommes informés par la télévision de votre triste situation. Nous essayons de la comprendre. On pense toujours à vous et on vous demande de continuer à vous battre pour votre liberté. Nous essayons de vous aider le plus possible et nous espérons que ce cauchemar se termine très vite. Une fois la guerre terminée, vous pourrez vivre en paix. Bonne chance. » Suivent de charmants dessins accompagnés de drapeaux ukrainiens et de signatures enfantines.

J'aimerais tant pouvoir informer l'école et l'institutrice que ce dessin est bien parvenu à destination, là au fin fond de l'Ukraine. J'imagine les enfants le rédigeant, concentrés et tristes à l'idée du malheur qui s'abat sur l'Ukraine. Malheureusement, je ne trouve pas l'adresse de l'école signataire.

L'émotion me gagne. La guerre réserve ces moments forts où brutalement le réel, le meilleur comme le pire, vous prend à la gorge. Cette fois-ci, je me contenterais d'une photo du dessin que je conserve précieusement, témoignage inestimable de l'élan de solidarité qui s'est levé en France en faveur de l'Ukraine envahie.

J'aime toujours, dans ces déplacements, essayer d'aller un peu au-delà de ce qu'on veut me montrer pour, par des petits détails significatifs, tenter de mieux comprendre le contexte et la situation. Parfois, il suffit de faire quelques pas de côté pour appréhender une autre facette de la réalité.

Ce fut le cas à Stryï. Le maire nous emmène voir un centre d'accueil pour déplacés situé dans une aile du bâtiment même de la mairie. Tout y est, comme à Drohobycht d'ailleurs, parfaitement organisé avec des bureaux bien équipés et un personnel d'accueil prévenant. Chaque famille de déplacés se voit proposer un logement temporaire et une aide d'urgence. Toujours animé de mon caractère fureteur, peut-être une déformation professionnelle identique à celle des journalistes, j'avise un panneau A4 placardé au mur, rédigé en ukrainien : « Chers compatriotes ukrainiens, ici nous sommes en Ukraine, et nous parlons exclusivement ukrainien, si vous ne le savez pas, apprenez-le parce que pour nous il y a une différence [sous-entendu avec la langue russe] ; c'est la langue de la résistance. » Cela dénote des tensions qui peuvent exister parfois entre les populations de l'Est et de l'Ouest, unies malgré tout par leur opposition à l'agression russe. Un petit détail, un simple panneau dans le coin d'un bureau qui aurait sans doute échappé à beaucoup, mais que j'ai toutefois relevé.

Une rencontre, toujours à Stryï, m'a également fait toucher du doigt une autre réalité, celle de la lutte acharnée entre les deux sœurs ennemies : les Églises orthodoxes d'Ukraine et de Russie. Toutes deux se disputent les croyants. Je suis invité à l'inauguration d'un centre d'accueil de déplacés internes. Comme toujours en Ukraine, la cérémonie implique non seulement le maire mais également un ecclésiastique. Un imposant évêque orthodoxe nous asperge à grands coups d'eau bénite sans lésiner sur la quantité, ce qui me laisse presque trempé. Lorsqu'il a fini son œuvre sainte, je le prends à part et lui demande si de nombreuses paroisses ont quitté le giron de Moscou pour rejoindre celui de Kiev. Un grand sourire illumine son visage et, tout fier, il m'indique que cinq d'entre elles ont franchi le pas et l'ont rejoint. Il se réjouit de ce premier résultat qui marque un progrès cependant modeste puisque le diocèse compte plus de cinq cents paroisses. Néanmoins, c'est un signe que la rupture entre les peuples russe et ukrainien s'approfondit chaque jour. Les propos du Patriarche Kyrill de Moscou bénissant les troupes russes « pour leur importante mission en Ukraine » y ont évidemment beaucoup contribué.

Un des atouts majeurs d'être resté sur place, en Ukraine, est justement cette capacité à continuer à aller sur le terrain et à dialoguer avec d'autres interlocuteurs que les responsables des autorités centrales. Ces déplacements à Drohobycht, Trouskavets ou Stryï, ne font que me conforter dans le bien-fondé de ce choix.

Sur la route du retour, alors que nous somnolons, fatigués par une intense journée comme par les émotions ressenties, nous apercevons, dans un virage, un puissant feu, à quelques mètres de la route, dans un petit bosquet. Je m'étonne auprès d'Olivier d'un feu agricole de branchage en cette saison de fin d'hiver alors que les semis n'ont pas encore commencé. Ce dernier suggère que c'est peut-être un missile abattu qui serait tombé là. Cela me paraît très improbable et nous en plaisantons ensemble. Par acquit de conscience, je demande toutefois le lendemain matin à notre mission militaire de vérifier si ce ne pourrait pas être le cas. Et effectivement, nous apprenons qu'un missile est bien tombé quelques minutes avant nous, là où nous sommes passés bien innocemment. Le danger reste bien présent partout à travers toute l'Ukraine. Notre recommandation, déconseillant aux Français de pénétrer sur la totalité des territoires ukrainiens, pour quelque raison que ce soit, est donc bien fondée.

14

La musique comme réconfort

Notre diplomatie s'enorgueillit de couvrir l'ensemble du spectre d'influence allant du politique à la culture et à la promotion de la langue française. Notre réseau en Ukraine ne déroge pas à la règle. Le volet culturel s'appuie sur un Institut français d'Ukraine (IFU) actif et bien situé dans le centre historique de la ville et également sur six Alliances françaises réparties à travers tout le pays : Odessa, Kharkiv, Lviv bien sûr, Rivne, Dnipro et Zaporijia. Au cours de mes trois premières années de mandat, je n'ai pas manqué de soutenir et d'appuyer ce réseau exceptionnel, notamment en me rendant régulièrement dans les villes qui abritent nos alliances.

Au fil des années, nous avons imposé dans le paysage culturel ukrainien une signature reconnue avec ce qu'on appelle le « Printemps français » qui, durant un laps de temps limité et dans les principales villes d'Ukraine, propose au public une grande variété d'activités culturelles dans les domaines des arts de la rue ou des arts graphiques.

Le maire de Lviv, Andriy Sadovy, lors de notre première rencontre dès le lendemain de mon arrivée, me met en quelque sorte la puce à l'oreille sur l'importance des questions culturelles, même en temps de guerre. Il me rappelle l'impact qu'a chaque année le Printemps français dans sa ville et me demande de but en blanc si je compte organiser quelque chose cette année. J'avoue être étonné par cette demande et je réserve ma réponse. Sur le chemin du retour, suivi et accompagné par mon cortège protecteur du GIGN, en traversant les superbes vastes places de Lviv, je me mets à songer plus avant à cette étonnante proposition. Le maire de Lviv a raison : la culture et la guerre ne font pas nécessairement mauvais ménage, au contraire. Que l'on se souvienne des tournées de Mistinguett durant la Première Guerre mondiale ou de Joséphine Baker durant la Seconde Guerre mondiale.

Une idée un peu folle me traverse alors l'esprit : faire venir à Lviv, pour un concert exceptionnel, le grand violoncelliste Gautier Capuçon. Dans le cadre justement du Printemps français, je l'avais fait venir à Kharkiv l'an passé, où il avait donné une magnifique prestation. Je l'avais trouvé fort accessible malgré son statut de célébrité internationale. Nous avions sympathisé et sommes restés de loin en loin en contact par WhatsApp. Le 19 février, soit quelques jours avant l'invasion russe, il m'avait adressé un message de soutien et encouragé à rester à Kiev. Fidèle au bon sens populaire selon lequel qui ne tente rien n'a rien, je lui adresse le 20 mars un court message pour lui demander de but en blanc s'il accepterait de venir jouer à Lviv.

Dès le lendemain, il me répond, toujours par WhatsApp, qu'il est d'accord et même enthousiaste sur le principe. Il est même prêt à venir de Vienne où il se produit ce jour-là. Sa réponse positive me comble de joie et m'encourage. Nous sommes sur la bonne voie. Il reste toutefois beaucoup de chemin à parcourir avant que ce rêve de voir Gautier Capuçon à Lviv se réalise. Il nous faut tout d'abord, avec le conseiller culturel Olivier Jacquot, trouver un lieu. Nous entrons dès le 23 mars en négociation avec la Philharmonie de Lviv. Il faut également trouver, dans l'agenda incroyablement chargé du violoncelliste, un moment propice à sa venue en Ukraine. Je découvre à cette occasion les programmes montés presque un an à l'avance et jonglant avec les fuseaux horaires et les continents. Mais, un à un, nous franchissons les obstacles grâce à l'extraordinaire bonne volonté de Gautier. Nous finissons par trouver un créneau le 12 avril où, entre New York et Tokyo, il trouvera le moyen de venir à Cracovie avec son pianiste et son attachée de presse, Danuta Pieter. Je l'ai d'ailleurs connue lorsqu'elle était stagiaire à l'Ambassade de France en Pologne au tournant des années 2000. Le monde est vraiment petit. De Cracovie, il se rendra à Rzeszów, décidément point d'entrée incontournable, où Olivier l'accueillera avant de le conduire à Lviv. Lorsque nous convenons de la date du 12 avril, nous sommes en mars et l'hypothèse d'un retour sur Kiev est encore lointaine. Nous en plaisantons même en disant que ce serait à Kiev que ce concert aurait le plus de sens.

Mais à l'approche du 12 avril, la victoire ukrainienne autour de Kiev est bien engagée. C'est effectivement autour de cette date-là que nous songeons à retourner dans la capitale ukrainienne. D'une certaine façon, le concert de Gautier a peut-être retardé d'un jour ou deux notre départ de Lviv.

Quoi qu'il en soit, c'est avec un plaisir immense que je retrouve Gautier et son pianiste, Franck Braley, pour le petit déjeuner le 12 avril. Quelle joie de se retrouver tous ensemble à Lviv dans ces circonstances si particulières. C'est un vrai miracle. Toujours très professionnel, Gautier passe la matinée à répéter avec les deux musiciens ukrainiens qui l'accompagnent en sus de Franck.

Il se produit pour deux concerts successifs, retransmis en direct sur une chaîne de télévision ukrainienne et sur les réseaux sociaux. La salle de la Philharmonie a été réquisitionnée pour entreposer des médicaments. La plupart des travées sont donc encombrées de cartons et de boîtes de médicaments, de même que les couloirs. Mes efforts de conviction auprès du directeur pour qu'il les écarte afin de dégager le maximum de sièges ont été partiellement vains. Gautier, qui joue bien évidemment bénévolement, a souhaité être entouré sur scène de jeunes musiciens ukrainiens. Ceux-ci sont extraordinairement émus de rencontrer leur idole. La foule est au rendez-vous pour les deux concerts successifs. Les personnalités de la ville, de la municipalité ou du gouvernorat, sont présentes ou représentées. Beaucoup sont en uniforme. La plupart de mes collègues ambassadeurs, présents à Lviv, sont également là.

Nous avons tous le sentiment de vivre une trêve salutaire, un moment unique de respiration, dans la fureur de cet affrontement qui n'en finit pas de semer son cortège de souffrances et de malheur. La salle de la Philharmonie fleure bon l'Empire austro-hongrois. Il est vrai qu'elle a été inaugurée du temps de l'Empereur François-Joseph lorsque Lviv s'appelait Lemberg et était un avant-poste de la double monarchie dans ces territoires de l'Est considérés comme hostiles. Le parterre encombré de cartons rappelle à qui voudrait l'oublier l'état de guerre du pays. La configuration de la salle me fait penser au film de François Truffaut, *Le Dernier Métro*. Tout ceci nous plonge dans un état d'émotion incroyable.

Nous commençons par respecter une poignante minute de silence pour les morts ukrainiens de la guerre. Lorsque Gautier Capuçon entame ensuite l'hymne ukrainien, la salle se lève tout entière pour le chanter. Impossible de réfréner les larmes qui me montent aux yeux. Le grand violoncelliste débute alors son récital dans un silence de cathédrale. Nous avons tous le sentiment de vivre un moment d'exception. Nous en goûtons chaque instant.

Le deuxième concert s'achève. Les rappels sont interminables. Il est toutefois temps pour Gautier et son équipe de quitter Lviv s'il veut passer, avant le couvre-feu, la frontière puis prendre l'avion pour Paris et ensuite Tokyo.

C'est avec une incroyable émotion que nous nous quittons devant le Consulat honoraire, lui, l'artiste qui porte au plus haut la virtuosité artistique française à travers le monde et moi le diplomate qui représente notre pays dans ce pays meurtri par la guerre et les souffrances. Nous nous promettons que son prochain concert en Ukraine sera cette fois à Kiev et en présence du Président Zelensky.

En voyant son véhicule s'éloigner dans les petites rues de Lviv, je me félicite une nouvelle fois de la variété incroyable du métier de diplomate qui me permet d'entrer en relation professionnelle et d'amitié avec des personnalités aussi talentueuses que celle de Gautier. Quelle satisfaction également que d'avoir mené à bien ce projet un peu fou de faire venir à Lviv, en pleine guerre, un artiste de cette trempe. Le succès voire l'enthousiasme rencontrés par ces deux concerts me confortent dans le sentiment de l'importance à accorder à la culture, vecteur clé de notre influence. La France rayonne aussi et peut-être avant tout par sa culture.

15
Revenir à Kiev

Depuis le premier soir, dans les conditions que l'on connaît de notre arrivée à Lviv, je n'ai qu'un seul rêve, qu'un seul souhait : celui de ramener notre Ambassade dans ses locaux de la rue Reitarska. Cette ambition ne me quitte pas un seul instant. Les premiers jours, bien évidemment, je la garde pour moi, sachant pertinemment que si je l'exprimais en réunion interministérielle, mes collègues, sans doute avec raison, me riraient au nez. Le directeur de Cabinet du ministre me donne même instruction de préparer un éventuel transfert en Pologne. Je rechigne à la mettre en œuvre, mais je dois bien m'exécuter.

Ma recommandation est de privilégier Varsovie sur tout autre lieu éventuel pour une délocalisation hors d'Ukraine. Je vois en effet mes collègues du G7 ou de l'Union européenne « galérer » à trouver des locaux et à tenter de poursuivre leur travail à Rzeszów ou Przemyśl, villes polonaises à proximité de la frontière. Je les plains sincèrement. Je trouve surtout leur communication sur les réseaux sociaux totalement décalée et inaudible à partir du moment où ils ne sont plus sur le territoire ukrainien. J'ai en tête la vidéo d'un collègue européen assurant, la main sur le cœur, le plein soutien de son institution au « combat héroïque » conduit par le peuple ukrainien face à l'invasion russe. La vidéo était tournée dans une rue de Rzeszów avec, en arrière-plan, des passants heureux et des cafés bondés dans une ville respirant la paix et la prospérité.

Je suis convaincu qu'en matière de communication, la localisation est essentielle. D'où l'on parle est déjà la moitié du message. Je suis intimement persuadé que ma crédibilité sur les réseaux sociaux ne vaut que par ma présence sur le sol ukrainien, à Lviv. Si je devais quitter, contraint et forcé, le territoire ukrainien, je me promets intérieurement de mettre immédiatement en veille mon compte Twitter, voire de le fermer tout simplement.

En tout cas, si nouveau transfert il doit y avoir, je plaide pour que ce soit pour Varsovie et aucun autre lieu en Pologne. Au moins, à Varsovie, nous pourrions bénéficier du soutien matériel et politique de nos collègues de l'Ambassade de France en Pologne. Mais cette hypothèse de travail me rebute tellement que je laisse les équipes du GIGN y travailler et la planifier sans m'intéresser plus avant aux détails.

La frontière n'est qu'à soixante kilomètres et son franchissement ne devrait pas poser de problème.

Nos experts envisagent néanmoins toutes les hypothèses. La plus extrême est celle où une attaque électromagnétique russe rendrait inopérants tous les équipements mécaniques, y compris donc les moteurs de nos véhicules. Je comprends qu'il faudrait, dans ce cas précis, envisager de faire le trajet à pied ! Cela me rappelle mon service militaire – car je suis encore de cette génération masculine qui l'a fait – et les marches de nuit effectuées autour de la base aérienne 105 d'Évreux dans le cadre de ma formation d'aspirant. Un retour trente-cinq ans en arrière.

Nous recevons d'ailleurs des sacs à dos aux multiples poches afin de pouvoir, notamment, y glisser des combinaisons de protection nucléaire et bactériologique. Nous sommes formés sommairement à leur utilisation dans la grande salle de l'Alliance française. Le seul fait que de telles hypothèses soient envisagées jette un sérieux froid parmi les équipes et encore plus au sein de nos employés ukrainiens. L'ambiance est lourde et anxiogène malgré les efforts de nos instructeurs pour expliquer qu'il ne s'agit que d'une hypothèse extrême et peu vraisemblable.

Mon ambition, on l'a compris, n'est toutefois pas de me préparer à partir à pied dans la nuit pour atteindre la Pologne mais bien de pouvoir, dès que possible, revenir par la route à Kiev. Chaque matin, lors de nos réunions de service, je guette anxieusement les possibles bonnes nouvelles.

Or, progressivement, à partir de la mi-mars, je crois discerner quelques ténus indices d'un possible échec russe devant Kiev et devant Kharkiv. Je pressens déjà que l'encerclement de Kiev est un échec. Les combats sont également féroces à Brovary, dans la banlieue de Kiev, à Tchernihiv et Nyjyn, mais visiblement, ces nœuds routiers et ferroviaires tiennent toujours grâce à la mise en défense réussie par leur maire et au courage admirable des combattants. Les images des destructions de colonnes de chars russes qui circulent sur les réseaux sociaux sont impressionnantes. Helena, toujours bien informée, les partage avec une joie non dissimulée.

Je n'ose les prendre pour argent comptant, mais elles font naître en moi un secret espoir. Puis nos experts annoncent que les forces russes amorcent un léger recul d'une vingtaine de kilomètres au Nord et à l'Est de la capitale. Ils estiment tout d'abord qu'il s'agit d'un simple recul tactique pour se « régénérer » avant un nouvel assaut. Reculer pour mieux sauter en quelque sorte. Les Russes s'enterreraient sur des positions défensives et, surtout, maintiendraient sous le feu de leurs canons la capitale. Or, il va de soi que tout retour, tant que la capitale est battue par l'artillerie adverse, est inenvisageable. Si l'armée russe s'enterre en effet, c'en est fini de mon secret espoir. On parle même d'une nouvelle offensive. Lors d'une de leurs nombreuses conversations, le ministre des Affaires étrangères, Dmytro Kouleba, l'évoque comme imminente à Jean-Yves Le Drian.

Un jour, les nouvelles sont plutôt pessimistes avant que celles du lendemain ne fassent renaître l'espoir. Mon cœur joue les montagnes... russes. Je m'ouvre de mon fol espoir de revenir à Kiev à mon confident Olivier Jacquot lors de nos sympathiques promenades dans la ville de Lviv. Nous échangeons très librement sur l'interprétation à donner à ces mouvements de troupes russes. Je crains surtout de prendre mes désirs pour des réalités. Cependant, jour après jour, comme une photographie dont le négatif s'éclaircirait progressivement, on sent cette fois que les Russes non seulement ne prendront pas Kiev, mais qu'ils sont en passe de reculer et de franchir en sens inverse la frontière biélorusse. Les premiers mouvements méritent d'être confirmés, mais ils sont de plus en plus avérés au cours des derniers jours de mars et des premiers jours d'avril. Cette fois-ci, je sens que les choses évoluent dans le bon sens. Les réseaux sociaux ukrainiens sont remplis d'informations sur le départ des Russes de la périphérie de Kiev.

Des premières personnalités étrangères, notamment des pays Baltes, prennent le chemin de Kiev. Mon collègue lituanien nous indique, lors d'une de nos réunions de coordination dans les locaux de notre consul honoraire, passer la moitié de la semaine à Kiev. Je ne peux m'empêcher de l'envier, de même d'ailleurs que mon collègue polonais qui n'a jamais quitté Kiev. Cette fois-ci, selon moi, il est temps de rentrer. De même que j'avais initié le départ de Kiev, c'est à moi qu'il revient d'engager le retour.

Je passe de longues heures le dimanche 3 avril à tourner et retourner dans ma tête les éléments du problème, le pour et le contre. Le contre est encore puissant : aucun grand État n'a annoncé son retour, la situation reste militairement très volatile. Les Russes n'ont quitté le secteur que depuis quelques jours à peine, je ne dois faire courir aucun risque à mon équipe. Mais, progressivement, le pour l'emporte à mes yeux : le Président Zelensky a demandé à l'administration de rentrer, la Rada tient désormais des sessions relativement régulières à Kiev. Notre Ambassade doit revenir auprès des autorités. Beaucoup de ministères avaient été délocalisés à Lviv ou dans les Carpates. À partir du moment où ils rentrent à Kiev, je dois les suivre pour pouvoir continuer mon travail de contact et d'information de Paris. Les abominables crimes et atrocités de Boutcha qu'on vient de mettre au jour – j'y reviendrai plus tard – achèvent de me convaincre. Je dois être aux côtés des Ukrainiens dans ces nouveaux moments d'épreuve et de douleur, au plus près des victimes. Ma place est à Kiev le plus vite possible. En fin de journée, le 3, ma conviction est faite.

J'adresse donc le lundi 4 avril au matin un bref courriel sobrement intitulé « Retour à Kiev ? » à une petite dizaine de responsables de haut niveau du Quai d'Orsay et de la cellule diplomatique de l'Élysée. Je veux ainsi lancer le débat. Je me heurte tout d'abord à une incrédulité bien compréhensible.

Mon adjoint Bruno Caussanel, revenu à Paris avec le « grand convoi », m'apporte depuis Paris une aide précieuse, à la fois morale et professionnelle. Il me rend compte des réactions très dubitatives que reçoit mon courriel : « Étienne veut déjà revenir à Kiev ? Encore beaucoup trop dangereux. En tout cas, pas avant encore plusieurs semaines, voire des mois. » Je les comprends parfaitement. Les responsables parisiens ne sont pas sur place. Ils sont donc moins à même de juger la situation. Ils préfèrent le *statu quo* et ne se rendent pas compte de l'évolution rapide sur le terrain qui entraîne des retournements de situations rapides en faveur des Ukrainiens. Le mythe de la puissante armée russe, la deuxième du monde, imprègne encore les esprits.

Lorsque, par exemple, j'emploie à dessein, et pour la première fois, lors d'une de nos réunions en visioconférence, le mot « victoire ukrainienne » pour évoquer le succès ukrainien ayant conduit à la déroute russe devant Kiev, un de mes interlocuteurs me rétorque : « Ce n'est pas une victoire, les forces ukrainiennes ne font que combler les vides laissés par le retrait russe. » Je me retiens de répliquer que lorsque Koutouzov faisait entrer en novembre 1812 ses troupes à Smolensk que Napoléon venait de quitter lors de la retraite de Russie, il comblait certes un vide, mais qu'il s'agissait bel et bien d'une victoire russe.

Quoi qu'il en soit, je sais qu'il va me falloir convaincre. L'important, comme pour le départ de Kiev, est d'engager le débat, de semer la graine, sachant que je vais l'arroser et qu'elle finira par sortir de terre et grandir. Je multiplie donc les contacts téléphoniques ou par courriel avec les uns et les autres. L'idée d'un retour de l'Ambassade à Kiev percole doucement dans les esprits, de réunion en réunion. De mes contacts réguliers avec la cellule diplomatique de l'Élysée et ma prédécesseure Isabelle Dumont, je comprends que le président de la République lui-même a été saisi et qu'il n'y est pas hostile. Bingo.

Nous obtenons dans la foulée l'autorisation de commencer les préparatifs en ce sens. La principale question qui se pose est de savoir dans quel état nous allons retrouver notre chancellerie à Kiev et quelles seront les conditions de sécurité dans la capitale. Le retour ne peut pas être immédiat car j'ai un certain nombre d'obligations à accomplir à Lviv. Nous fixons donc finalement la date du retour au 15 avril, Vendredi Saint, ce qui me permettrait d'être à Kiev pour la Pâques catholique. Je trouve beau le symbole d'être de retour pour la Résurrection du Christ. Comme pour le départ de Kiev le 28 février, la décision finale relève du président de la République, prise elle-même dans le cadre d'un conseil de défense.

Lorsque le feu vert m'est définitivement donné, une grande joie m'envahit. Un nouveau moment fort qui s'ajoute à tant d'autres. Enfin me dis-je, j'ai eu raison de rester confiant et de croire au succès ukrainien. Quel extraordinaire retournement de circonstances. Lorsque, interrogé par Alba Ventura sur RTL, le 7 mars au matin, je lui fais part de mes doutes quant à la prise de Kiev par les Russes, je redoutais, en retirant mon casque et en lâchant le micro, de m'être montré trop optimiste et, peut-être, d'être démenti dans les jours ou heures qui suivent.

Mais ma confiance et, surtout, l'analyse lucide et objective sur laquelle elle s'appuyait, se révèlent fondées.

Je vais donc être l'ambassadeur de France qui non seulement n'est pas parti et a quitté Kiev dans des circonstances dramatiques et sous le coup de la menace russe, mais également celui qui, moins de deux mois plus tard, a réouvert le poste et a repris ses fonctions dans la capitale ukrainienne. Pour faire tomber l'excitation que je ressens, j'entraîne dans une énième longue promenade dans Lviv mon cher Olivier pour échanger sur les circonstances extraordinaires que nous vivons. Une dernière fois, nous enchaînons les rues et les différents quartiers de la ville jusqu'à épuisement. Une dernière fois, il ressuscite pour moi cet Empire austro-hongrois qui a laissé tant d'empreintes et de souvenirs dans cette ville, successivement appelée Lemberg, Lwow et désormais Lviv.

Nous passons également saluer et prendre un dernier dîner avec le consul, Vitaly Yarema, et son assistante, Marta, qui ont été tous les deux d'un secours et d'une aide absolument inestimables. Une forte nostalgie nous étreint en pensant aux sept semaines que nous avons passées ensemble dans l'angoisse d'une possible victoire russe, voire d'un assaut ou d'un bombardement de Lviv.

Maintenant que la décision de principe a été prise, je laisse bien sûr les équipes préparer ce retour tant attendu sur le plan technique et matériel. Initialement, il est envisagé de faire une étape pour la nuit dans une ville à proximité de la capitale, par exemple Vinnytsia. Une mission de reconnaissance part donc repérer la route et établir la programmation. Les précurseurs reviennent en indiquant privilégier finalement la voie directe avec un départ tôt le matin. Le passage le plus délicat est celui de l'entrée dans la capitale et notamment la traversée d'Irpin dont le pont est détruit.

C'est avec enthousiasme et plein d'entrain, presque en sifflotant, que je prépare mes valises, le 14 au soir, et que je remballe mes affaires qui m'ont accompagné durant ces semaines passées à Lviv. J'entasse le tout dans plusieurs sacs, car j'ai également fait des emplettes au cours de ce séjour à Lviv, notamment dans les surplus militaires de la ville, des équipements et treillis militaires. Le modèle du T-shirt vert de Zelensky, devenu iconique, a clairement déteint sur moi. Je connais les meilleures adresses de la ville où les trouver. J'entame également une collection de badges à scratches avec nom d'unités ou messages politiques. Le meilleur magasin, situé dans une ruelle proche de notre « base vie », ne paye pas de mine mais la longue file qui s'agglutine devant la devanture en attendant d'entrer, essentiellement des hommes à la recherche d'équipements militaires, est le signe de son succès. Les hommes du GIGN sont également friands de souvenirs de cette sorte. Y passer est donc devenu une de nos activités favorites au retour de tel ou tel rendez-vous. Je dispose désormais de toute une panoplie qu'il me faut bien serrer et rapporter à Kiev.

Le 15 au matin, après une très courte dernière nuit, l'excitation est à son comble. Je prends des photos de notre convoi sur le départ et m'amuse une dernière fois des piles de livres plaqués le long des fenêtres de l'Alliance. Tout un symbole que cette littérature française nous protégeant des attaques de missiles et des regards malveillants.

À environ dix kilomètres de Lviv, nous faisons la jonction sur le parking d'une station-service avec une équipe de renfort qui vient d'arriver de Paris par la route. Quelle joie de retrouver d'anciens collègues de Kiev qui viennent nous épauler ! Je retrouve avec plaisir « l'autre Olivier », c'est-à-dire Olivier Boudes, agent exceptionnel et remarquable d'engagement en charge des questions administratives, ainsi que notre excellent agent ressources, Fabrice Scherer, à qui incombe la responsabilité de rétablir nos communications. Nous nous sentons comme des assiégés qui voient arriver au loin des secours tant attendus. Nos retrouvailles sont chaleureuses. Nous échangeons les nouvelles, heureux de partager nos expériences respectives.

Le trajet vers Kiev se déroule sans incident majeur. Les différents points de contrôle sont franchis aisément. L'atmosphère au sein du convoi est joyeuse, rien à voir avec celle de notre départ de Kiev. Nous bénéficions en effet d'une voiture ouvreuse de la Garde nationale. Nos anges gardiens du GIGN ne peuvent toutefois réfréner une certaine frustration, pestant de temps à autre. Je finis par leur en demander la raison. Ils m'expliquent alors que le véhicule de tête ukrainien est bridé à 80 km/heure et que donc cette vitesse s'impose à tout le convoi. Les conducteurs GIGN expérimentés et adeptes d'un rythme nettement plus rapide sont contraints de ronger leur frein…

Je me concentre sur les modalités de la réouverture de notre ambassade. Je la souhaite à la fois sobre et digne. Je sais déjà qu'elle suscitera un très fort intérêt de la presse. J'insiste donc pour qu'un des gendarmes porte son uniforme, chemisette bleue et pantalon noir de service, lorsque nous hisserons nos couleurs. J'en fais la demande au chef de détachement. L'un d'entre eux, Guillaume, revêt donc en catastrophe sa tenue bleue dans une station-service lors d'une pause « technique ».

Comme souvent dans ce type de circonstances, on doit faire face à des incidents non prévus. Dans notre cas, c'est le système d'accrochage des drapeaux que nous avons avec nous qui ne semble pas compatible avec le mécanisme sur les mâts extérieurs devant notre ambassade. Les œillets ne paraissent pas convenir. Je vois le moment où nous nous trouverons au pied du mât, devant la presse rassemblée, dans l'incapacité de hisser nos couleurs vers le ciel. Heureusement, nos précurseurs, arrivés la veille sur place, font preuve d'ingéniosité. Ils se transforment illico en habiles couturières maniant le fil et l'aiguille. En attendant, je me ronge les sangs en regardant défiler le paysage. Je ne veux pas imaginer le pire, les drapeaux restant désespérément en bas du mât ou se décrochant à mi-hauteur. Cela créerait immédiatement un mauvais buzz, particulièrement dévastateur. Rien que d'y penser me donne des sueurs froides. Alors que nous approchons de Kiev arrive enfin le message m'indiquant que le problème est résolu. Un souci de moins. Je croise les doigts.

À Irpin, à trente kilomètres à l'ouest, nous rencontrons les premières traces visibles de la guerre : chars et véhicules blindés calcinés, centres commerciaux brûlés et détruits, ponts détruits. Le silence se fait. La guerre nous bondit de nouveau au visage à la vue de ces traces évidentes de combats. La voiture ouvreuse de la Garde nationale nous permet de franchir sans trop de difficultés l'important point de contrôle qui marque l'entrée dans la capitale. Nous doublons la longue file de voitures qui attend pour contourner le pont brisé. En entrant dans la banlieue de Kiev, je suis frappé de voir les rues désertes et vides. En pénétrant dans le centre historique, mon cœur se serre de reconnaître ces lieux si familiers et que je pensais ne jamais revoir. J'ai l'impression d'entrer dans une ville déserte, vidée de ses habitants, comme pouvait l'être Paris en juin 1940.

Une émotion difficilement contrôlable m'étreint lorsque ma voiture tourne le coin de la rue Reitarska. Enfin, voici le moment tant attendu, désiré, espéré depuis ce funeste 28 février.

Je réajuste ma cravate et défroisse ma veste. Je tiens en effet à revenir en « tenue d'ambassadeur », en quelque sorte, afin de montrer que nous sommes de nouveau dans une certaine normalité. Mais je n'ai pas le temps de m'appesantir que déjà mon véhicule s'arrête devant le numéro 39.

Je descends précautionneusement. Les moments forts ne doivent pas se vivre dans la précipitation. Le gendarme Guillaume me présente les drapeaux. Nous nous dirigeons lentement vers les mâts situés à droite du bâtiment. Il les accroche sans incident à la corde qui les hissera vers le ciel. Une nuée de caméras et de journalistes nous entoure.

Ça y est, nos couleurs et celles de l'Union européenne flottent à nouveau dans le ciel de la capitale ukrainienne. Je m'incline un instant. Les militaires saluent. Après avoir dit quelques mots sur la signification de ce retour aux différentes chaînes d'information, je m'attache, toujours accompagné du gendarme Guillaume, à réinstaller la plaque de cuivre sur laquelle sont inscrits en français et en ukrainien les mots « Ambassade de France en Ukraine ». Nous y arrivons péniblement. Je sais que cette image symbolique aura un fort impact. Une image vaut mille mots, dit-on. Une ambassade qui se réinstalle, c'est d'abord l'image d'une plaque qu'on appose devant un mur.

Toujours suivi par une nuée de caméras, j'entre enfin dans le bâtiment, salue l'équipe de précurseurs et de gendarmes arrivés quelques heures auparavant. Puis je monte les cinq étages de l'escalier pour atteindre l'étage de la chancellerie et mon bureau, toujours suivi par la presse. Je pousse la porte, le cœur battant. Rien n'a changé depuis mon départ le 28 février. Mon lit de camp est toujours là. Les effets que je n'avais pas emportés faute de place également. Il me reste donc un dernier geste à accomplir : remettre en place le portrait du président de la République derrière mon bureau. Comme on l'a vu durant le redéploiement de Kiev à Lviv, la vitre du cadre s'était brisée. Symboliquement, je ne souhaite pas en faire mettre une nouvelle. C'est donc sans sa vitre, marque des péripéties et des aléas de son transport, qu'il a repris sa place habituelle. Tout le temps de mon mandat, je souhaite qu'il en soit ainsi. Mon successeur ou ma successeure feront ce que bon leur semble.

Bien évidemment, je suis assailli par la presse et passe une bonne partie de la soirée à répondre aux sollicitations de tout ordre. Je m'efforce de faire passer un message simple : si nous sommes de retour, c'est que les conditions sont réunies, les Ukrainiens ont gagné la bataille de Kiev et la capitale n'est plus sous le feu de l'artillerie russe. Il va de soi que si ces conditions changeaient, nous repartirions sans hésitation. Être de retour à Kiev va nous permettre d'être plus efficaces dans l'aide et le soutien apportés aux autorités ukrainiennes face à l'agression russe.

Une fois la presse plus ou moins satisfaite et raccompagnée hors de l'Ambassade, me voici seul dans mon bureau. Je pars faire le tour des locaux de l'Ambassade où chacun, de nouveau, cherche un espace pour la nuit. Cette fois, nous ne sommes pas en surcharge et tous les agents sont volontaires. La différence est considérable.

Il me reste une dernière formalité à accomplir, très personnelle, celle-là : descendre au garage par un labyrinthe de couloirs, suivi par mon ange gardien du GIGN, pour m'assurer que mon dernier petit plaisir d'avant-guerre est toujours là. Je veux parler de l'acquisition d'une moto side-car soviétique de marque ukrainienne Dniepr de 1986 achetée sur le site Auto Ria tout début février 2022. Ces engins mythiques à la robustesse légendaire sont présents dans tout l'espace ex-soviétique. Un dicton les décrit parfaitement : « Rien n'arrête un Dniepr (ou Oural, sa marque sœur côté russe), pas même ses freins ! » Ces machines ont été popularisées en France par le livre de Sylvain Tesson, *Berezina*, qui relate le fantastique périple qu'il fit à bord de l'une d'entre elles sur les traces de la Grande Armée de 1812. Mon rêve, depuis mon arrivée en poste, était d'en acquérir une et de la rapporter pour sillonner, avec mon épouse Caroline, les routes de Haute-Marne. Pour l'instant, je me contente de vérifier qu'elle est toujours là où je l'avais laissée le 28 février. Et tel est bien le cas. Fidèle au poste, avec juste un peu de poussière sur sa belle couleur vert militaire, le side-car démarre après quelques rigoureux coups de kicks bien ajustés. Un bruit infernal et une puissante odeur d'essence envahissent le garage, ceux de la vie qui reprend au 39, rue Reitarska. Max, mon « épaule » du GIGN, me confie qu'il adorerait, si les conditions le permettaient, m'escorter en ville pour une petite virée, lui dans le panier, moi au guidon. Et essayer lui-même, j'imagine, cette machine de légende. On n'en est pas là. Mais, un jour, peut-être…

Après un repas pris en commun dans la grande salle du troisième, celle-là même qui abritait nos réunions et nous servait de base vie avant notre départ, je monte rapidement dans mon bureau appeler ma famille puis passer un long moment sur la terrasse à écouter la nuit. Le son lugubre des sirènes d'alerte aérienne vient seul troubler la quiétude. Bien peu de lumières sont allumées aux alentours. La ville est encore quasi vide et silencieuse. Il est temps de se coucher. Je retrouve mon lit, dans mon bureau, non sans un certain plaisir. Quel extraordinaire retournement de situation que d'y redormir à nouveau.

Au matin, après la réunion de service tenue dans la salle du cinquième, la première depuis celle du 28 février dans ses lieux habituels, je me propose de me rendre à la Résidence. Je prétexte avoir des affaires à y prendre et d'autres à y laisser. En réalité, il me tarde de voir l'état dans lequel elle se trouve depuis que je l'ai quittée en catastrophe après y avoir empilé des vêtements le 27 février. Y aller pose toutefois un problème car elle est située dans la partie la plus gardée de la capitale. En effet, la tour qui l'abrite se situe à quelques encablures de la Rada, de la Primature, lieu de travail du Premier ministre et des vice-Premiers ministres, et surtout de la Présidence, rue Bankova. La Résidence est à moins de deux cents mètres de là où est supposé résider Volodymyr Zelensky depuis les premiers jours de la guerre et de là, où depuis, il dirige le pays avec le talent et l'efficacité qu'on lui connaît. Une véritable « zone verte » avec une défense renforcée a été mise en place autour de ce quartier gouvernemental. Il nous faut donc des autorisations spéciales pour nous y rendre. Helena Saina, qui a repris le secrétariat, multiplie les notes verbales pour qu'on nous y donne accès. L'argumentation que nous développons est assez sommaire mais efficace : le Président Zelensky a appelé les missions diplomatiques à retourner à Kiev ; nous avons suivi sa recommandation ; dans ce contexte, il faut nous donner accès à l'ensemble de nos outils et locaux diplomatiques, y compris donc la résidence du chef de poste qui bénéficie du statut diplomatique.

Munis enfin des autorisations nécessaires, nous nous décidons à tenter le coup et nous nous présentons en voiture au premier point de contrôle situé juste en haut de la rue Institutska. Longue palabre. Les forces de défense sont impressionnantes, véhicules blindés et postes de tir armé. L'atmosphère est tendue.

Enfin, nous passons. Nouvel obstacle et nouvelle palabre devant l'impasse qui donne accès à la placette circulaire ouvrant elle-même sur notre immeuble de grande hauteur. Enfin, nous voici devant la tour qui abrite la Résidence. Sacs de sable devant l'entrée, hommes en armes partout. Tout a changé par rapport à ma dernière venue. Nouveau contrôle et nouvelle autorisation. Nous nous engouffrons dans l'ascenseur. Je retrouve mes marques et appuie avec soulagement avec ma clé – comme je le fais depuis l'époque du Covid – sur le bouton du dernier et vingt-deuxième étage.

Le couloir menant à l'appartement n'a pas changé. Avec précaution et émotion, je mets la clé dans la serrure de la première porte puis de la deuxième. Le *bip bip* familier de l'alarme me rappelle que celle-ci est enclenchée, signe que l'appartement est resté inviolé. J'ai deux minutes pour me souvenir du code et le composer. Voilà, j'y suis enfin. Je fais le tour. Tout est resté en l'état. Les vêtements non retenus jonchent le sol. Le réfrigérateur et le congélateur dégagent une mauvaise odeur. Il nous faut les vider. Mais c'est dans la salle à manger que vient ma plus grande surprise : tout y est resté tel que je l'avais laissé le 24 février vers 5 heures du matin, avant de me rendre à l'Ambassade. Le beurre est encore à côté de l'assiette dans laquelle se trouve une tranche de pain grillé, la tasse de café en contient encore un fond, le couteau est posé en travers de l'assiette. Je prends bien évidemment une photo pour garder en mémoire ce témoignage de mon départ précipité. Il me revient alors que, lorsque je suis retourné à la Résidence, les jours suivant l'invasion russe, je m'y suis rendu en coup de vent et me suis, à chaque fois, contenté d'aller dans ma chambre vider mes placards, jamais dans les pièces de réception. Les reliefs de ce petit déjeuner pris en un rien de temps, dans la nuit noire, en regardant au loin par la fenêtre les explosions des missiles russes sur la ville, sont donc restés tels quels, défiant le temps et portant témoignage de ce moment sans doute unique de ma vie.

Même si je ne peux y rester, ce passage à la Résidence marque véritablement à mes yeux l'achèvement de mon retour à Kiev. La boucle est bouclée. Je suis parti mais je suis revenu et j'espère cette fois pour longtemps. Après avoir rangé quelques affaires, je prépare un sac de vêtements et de livres – dont *L'Étrange Défaite* de Marc Bloch que je retrouve sur ma table de nuit, là où je l'avais laissé le 23 février. Il est temps de rentrer à l'Ambassade pour se remettre au travail.

Et du travail, il n'en manque pas. Dès le lendemain, je rencontre le ministre de la Défense, Oleksii Reznikov. Il me reçoit avec beaucoup de chaleur et d'amitié dans des locaux sécurisés, au cœur de Kiev. Nous tombons dans les bras l'un de l'autre, heureux de nous retrouver après ces semaines d'angoisse. Je n'en dirai pas plus sur cet entretien confidentiel, si ce n'est pour souligner l'avantage d'être revenu à Kiev et de pouvoir ainsi se parler directement. En effet, la conversation que nous avons ce jour-là prolongea une précédente discussion entre lui-même et la ministre des Armées, Florence Parly. La ligne téléphonique n'étant pas suffisamment sécurisée, certains points techniques n'avaient pu être évoqués comme ils l'auraient dû. Nous avons donc en quelque sorte prolongé et approfondi ce premier échange entre les ministres.

Parmi les premiers interlocuteurs que je suis heureux de retrouver à Kiev, figure en bonne place l'ancien ministre de l'Intérieur, Arsen Avakov. Il me reçoit très vite après mon arrivée, dans des locaux protégés et sécurisés. Cet échange nous permet d'aborder en toute confiance la situation militaire et politique de l'Ukraine. Décidément, rien ne remplace en diplomatie le contact direct et les échanges face à face.

Sur le plan personnel, après quelques jours d'euphorie liés à ce retour à Kiev si surprenant en réalité, les suivants sont nettement plus difficiles. Je traverse une brève phase de baisse de moral. En effet, je suis revenu dans la capitale, comme je le souhaitais ardemment, mais je ne peux malheureusement reprendre ma vie d'avant et, notamment, retrouver la liberté de mouvement à laquelle je suis tellement attaché. Revenir à la Résidence sans avoir le droit d'y loger me frustre tout particulièrement. Je dois continuer à camper dans mon bureau et à organiser ma vie entre ces deux espaces.

Le maintien d'un dispositif GIGN robuste pour chacun de mes déplacements constitue une autre contrainte lourde. Il implique au moins cinq agents en échelon. La guerre dure depuis près de trois mois, elle me pèse chaque jour davantage. Le fait d'avoir à indiquer précisément à quelle heure je souhaite sortir et la nécessité de me tenir aux horaires annoncés, quels que soient les imprévus de la journée, représente également une sérieuse limitation à ma liberté. Les longues promenades qui avaient fait ma joie lors du séjour de Lviv n'ont plus le même goût à cause de la lourdeur du dispositif GIGN. Certes, toujours accompagné d'Olivier, nous en faisons quelques-unes, notamment le dimanche de Pâques qui suit notre arrivée.

Quelle joie alors de pouvoir de nouveau arpenter de long en large cette ville que je connais si bien et de retrouver ces lieux si familiers ! Durant plusieurs heures, en devisant toujours aussi agréablement qu'à Lviv, je lui fais découvrir des lieux qu'il ne connaît pas encore. La ville encore largement déserte est éclairée par un timide soleil. Quelques signes de reprise sont néanmoins présents. En marchant au bord du Dniepr, je prends à la volée et en surplomb une photo d'un jeune couple assis, pique-niquant sur les marches un peu plus bas, tout près du fleuve. Deux canards sont à côté d'eux, paisibles et tranquilles. Le tout donne une image presque bucolique de cette scène qui serait ordinaire sur les quais de la Seine mais qui prend une dimension particulière dans un pays en guerre. La noirceur de l'eau est comme un rappel de la menace qui pèse sur ces jeunes amoureux. Je fais de cette photo, le soir même, la couverture de mon compte Twitter.

Nous faisons, quelques jours plus tard, une nouvelle promenade tout aussi sympathique et instructive. La contrainte sécuritaire me pèse néanmoins chaque jour davantage et je ne sens plus l'enthousiasme des premiers jours. J'hésite, pour cette seule raison désormais, à passer la tête dans le bureau d'Olivier et à lui dire : « Et si on allait prendre l'air et voir comment la ville évolue ? »

Mais ce sont surtout les désormais fameuses barquettes de polystyrène ou de plastique qui finissent littéralement par me sortir par les yeux. Non que la nourriture soit mauvaise. Nous veillons avec soin à alterner et varier les origines : des recettes libanaises aux spécialités géorgiennes en passant par les plats traditionnels ukrainiens. Pour autant, le principe même d'avoir un repas qui vous est imposé provoque chez moi presque un rejet. Je ne rêve que d'une chose, retrouver la liberté de choisir et de préparer ce que je souhaite manger, ce qui reviendrait à retrouver un semblant de normalité. Je ne peux sortir librement, je le conçois même si cela me pèse, mais qu'au moins je puisse manger librement. Me débarrasser de ce « carcan des barquettes » devient mon objectif non avoué. J'use alors d'un stratagème. Je me résous à faire passer un message d'inconfort indirect à mes anges gardiens du GIGN. Pour cela, entre deux portes, je me contente d'indiquer à quelques collègues que je n'en peux plus de ces repas pris au troisième étage et de ces fameuses barquettes. J'ajoute sur le ton de la plaisanterie que si cela continue, je vais faire une « grève de la faim » et ne plus sortir de mon bureau que pour les obligations professionnelles. Fini les sorties loisir.

Comme attendu, le résultat ne se fait pas attendre. Quelques jours plus tard, le jeune médecin de l'équipe du GIGN, celui-là même qui m'avait observé et scruté tout au long des « jours les plus longs » de février, frappe discrètement à ma porte et demande à me parler. Après les échanges de politesse d'usage, le gentil docteur, toujours en me fixant droit dans les yeux, en vient au fait progressivement et par circonvolutions. Il m'interroge longuement pour savoir si je n'aurais pas un traumatisme relatif aux conditions de notre départ de Kiev : « Dormez-vous bien ? Avez-vous des réminiscences ou des angoisses la nuit à propos des conditions de votre départ pour Lviv ? Vous avez vécu des moments difficiles, bombardements, missiles, etc., à Kiev et lors du convoi. Quelquefois les traumatismes surgissent plusieurs semaines après l'événement. »

Je m'efforce de nouveau de le convaincre que je dors bien, que je ne pense que rarement au « grand convoi », ce qui est parfaitement exact. Je lui indique que, en revanche, je ressens en effet tout simplement une grande lassitude après plusieurs semaines d'un régime sécuritaire et alimentaire contraint et rigoureux. Je ne sais s'il me croit, mais en tout cas, le message est passé.

J'ignore la teneur du rapport que le médecin fit lorsqu'il rendit compte de son entretien. Toujours est-il que dès le lendemain, le régime alimentaire est miraculeusement assoupli. Ceux qui le veulent sont autorisés à se procurer eux-mêmes leur nourriture et à s'organiser comme ils le souhaitent. Je saute sur l'occasion et me précipite bénéficier, bien sûr sous bonne escorte, de cette liberté nouvelle en retrouvant avec plaisir le chemin du supermarché Novus – sorte de Monoprix local – le plus proche. Quel plaisir que de pouvoir enfin décider de ce que l'on va mettre dans son assiette. Ce sont les bras chargés que je remonte dans mon bureau. Il me servait déjà de chambre à coucher. Il va désormais pouvoir faire office de salle à manger lorsque je préférerais retrouver un peu d'intimité et renoncer aux repas pris en collectivité dans la salle du troisième.

Mais les améliorations ne s'arrêtent pas là. La posture sécuritaire s'allège également légèrement pour moi, mais surtout pour les agents. Me concernant, on passe à un dispositif qui demeure certes conséquent, mais moins contraignant qu'à Lviv, notamment pour les déplacements à pied. Pour les agents expatriés, en revanche, la différence est de taille. Répondant à leur revendication de longue date, ceux-ci sont enfin autorisés à rentrer et à dormir chez eux librement dans un périmètre autour de l'Ambassade. Comme tous habitent à proximité de la rue Reitarska, c'est un pas considérable. D'un coup, le moral de l'équipe s'en trouve revigoré, tandis que l'atmosphère devient moins pesante. L'Ambassade, la nuit, n'est plus occupée que par moi-même et les gendarmes du GIGN. Le retour des agents chez eux rend plus aisé l'accès aux rares douches du bâtiment. Ce relâchement bienvenu des contraintes marque une nouvelle étape vers la normalisation de notre situation.

16
Boutcha et les crimes de l'armée russe

Nous sommes dans les premiers jours d'avril et mon attention est tout entière mobilisée par l'analyse des reculs russes autour de Kiev. Ils conditionnent notre possible retour dans la capitale. Mais si, jour après jour, la défaite russe autour de Kiev se précise, c'est bien en réalité une autre dimension du conflit qui nous arrive en pleine face autour du 2 avril, celle des crimes russes commis dans la périphérie de la capitale. L'hypothèse d'un comportement massivement criminel de l'armée russe ne s'était pas réellement présentée à mon esprit. Sans doute par méconnaissance du comportement de cette même armée en Syrie, mais également parce que, pour moi, les forces russes faisaient partie d'une armée constituée, encadrée d'officiers expérimentés, d'un pays membre du Conseil de sécurité et ayant ratifié l'ensemble des conventions internationales censées prévenir ce type d'exactions. Mon logiciel personnel ne me préparait pas à être confronté à une telle situation. De plus, les troupes déployées autour de Kiev étaient supposées être des unités d'élite. Or, ce qui apparaît sur les réseaux sociaux à compter du 2 avril est véritablement sidérant et révoltant. On y voit une soldatesque russe massacrant des civils sans défense dans les villes ou villages occupés et récemment libérés. Les images sont insoutenables.

Comment réagir, notamment en matière de communication, face à cette nouvelle réalité ? Dans un premier temps et sous réserve de confirmation, notamment par nos services spécialisés, je retweete le message de l'ancien Premier ministre suédois, Carl Bildt, qui reprend la photo des victimes allongées face contre terre, les mains nouées derrière le dos avec des chiffons blancs. Le lendemain, le Président Macron réagit à son tour, avec un message sobre mais explicite : « Les images qui nous parviennent de Boutcha, cité résidentielle libérée près de Kiev, sont insoutenables. Dans les rues, des centaines de civils sont lâchement assassinés. Ma compassion pour les victimes, ma solidarité avec les Ukrainiens. Les autorités russes devront répondre de ces crimes. » Je le transfère à mon tour en ajoutant un bref commentaire : « Il n'y a pas de mots pour décrire l'horreur des crimes commis par les Russes à Boutcha ou ailleurs. Chacun est en état de choc. L'Europe replonge dans les pires moments de son histoire. Et de nouveau l'Ukraine en est la victime. Compassion et communion avec la Nation ukrainienne martyrisée. »

L'horreur de ces crimes ne cesse de me hanter à travers les reportages des journalistes. Après avoir été le témoin du plus important conflit militaire sur le continent européen depuis la Seconde Guerre mondiale, me voici confronté à une autre facette de la Seconde Guerre mondiale, celle des crimes de guerre, peut-être même d'un génocide. Il convient bien sûr, tout d'abord, de s'assurer qu'il ne s'agit pas, comme l'affirment les Russes, d'une mise en scène, d'une « *fake news* », comme on le dit aujourd'hui. Mais en se renseignant, en regardant les images, très vite les doutes s'évanouissent. Il serait techniquement impossible de mettre en place une telle machination. Il faudrait des dizaines de faux témoins qui garderaient le secret. Tout ceci est absurde et d'ailleurs la polémique créée par les Russes finira par s'éteindre d'elle-même. Les réseaux sociaux ukrainiens regorgent de témoignages, pour la plupart terribles par leur apparent détachement. Les internautes ukrainiens retrouvent d'ailleurs rapidement certains des soldats des crimes qui ne s'en cachent pas, voire s'en vantent. L'abjection à l'état brut. Une nouvelle fois, nous aurons ainsi la preuve que les dénégations russes n'ont strictement aucune valeur. La crédibilité de Moscou est définitivement atteinte.

Je suis encore à Lviv lorsque la découverte de ces crimes abominables intervient. Il me faut bien sûr les dénoncer. Je garde en tête l'aphorisme prêté à Staline : « Un crime seul suscite l'indignation, un millier de morts devient une statistique. » Il faut donc éviter d'entrer dans des chiffrages, bien évidemment contestables, mais se focaliser sur des cas individuels, seuls à même de refléter l'horreur. Lesquelles rapporter parmi toutes ces histoires affreuses de familles martyrisées.

Je prends le parti de laisser parler mes émotions et de tout simplement relayer celles qui me touchent personnellement le plus. L'une, de la journaliste ukrainienne, Anastasiia Lapatina, me bouleverse par son caractère minimaliste. Elle a diffusé une photo où l'on voit un petit garçon, la tête baissée, les mains dans les poches, engoncé dans un anorak bleu, la capuche sur la tête. Il tourne le dos à une tombe de fortune au pied d'un immeuble, type HLM, comme il y en a tant dans l'ex-URSS. La délimitation de la tombe est faite de parpaings clairs. Le cliché est pris légèrement de haut, donc nécessairement par un adulte, ce qui ajoute à sa signification. On comprend que ce sont les adultes qui imposent cette souffrance à l'enfant. Le texte est également court et précis : « Un garçon de six ans se tient près de la tombe de sa mère qui a été enterrée dans leur cour dans l'oblast de Kiev. » Comment est-elle morte ? Le tweet ne le dit pas. Peut-être après avoir été violée par les soudards russes. C'est une simple supposition.

Cette photo dit tout des souffrances endurées par le peuple ukrainien et, en la voyant, on ne peut que se demander ce que va devenir ce petit garçon. Quel est son avenir ? Pourquoi tant de souffrances gratuites ? Sa mère n'était évidemment pas une « nazie » à éliminer. En scrutant ce simple cliché, le cœur se serre. Je me contente donc de le retweeter à mon tour avec ce simple commentaire : « Affreux – Douleur indicible ». Que dire de plus en effet.

Mais exprimer sa compassion ne suffit évidemment pas. Il faut agir pour lutter contre l'impunité. J'engage immédiatement, avec l'appui du très efficace colonel, Sébastien Dordhain, un dialogue avec le procureur adjoint en charge des relations internationales, Dmytro Litkevych. Je lui fais immédiatement part de notre disponibilité à relayer une demande d'aide en matière d'enquête. Justement, il se trouve que les services de la Procurature générale ont été délocalisés à Lviv. Encore un des multiples exemples de l'avantage considérable d'être resté en Ukraine et d'avoir été relocalisé à Lviv (plutôt que d'être parti à l'étranger). J'engage donc sans tarder un nouvel exemple de cette diplomatie du « premier kilomètre ».

Nous nous retrouvons pour déjeuner dans un bon restaurant de viande de la ville. Je suis pour ma part peu friand de ce type de cuisine. Mais ce n'est visiblement pas le cas de mes anges gardien du GIGN qui, en sortant, ne tariront pas d'éloges sur la qualité et la quantité des portions servies. Sans doute afin que j'y retourne dès que possible.

Le contraste entre l'horreur du thème que nous avons à traiter et l'atmosphère paisible, presque de normalité, que respire ce chaleureux déjeuner dans un bon restaurant de Lviv, me marque particulièrement. La guerre c'est aussi cela, une opposition permanente entre vie ordinaire et situations de détresse extraordinaires. Mais ce n'est évidemment pas la qualité des plats qui me mobilise ce jour-là. J'interroge mon interlocuteur sur la façon dont on peut aider concrètement l'Ukraine dans cette nouvelle épreuve. J'ai précédemment interrogé Paris et suis donc en mesure de lui proposer la venue très prochaine d'une équipe de spécialistes de gendarmes légistes de l'Institut de recherche criminelle de la Gendarmerie nationale, plus connu sous son sigle IRCGN. Dmytro acquiesce avec enthousiasme tout en entamant avec vigueur son entrecôte saignante.

Nous sommes les premiers à proposer une aide aussi directe et précise. Le principe acquis, nous abordons les multiples points techniques à traiter : cadre juridique de la venue du IRCGN, sécurité, logement, conditions d'exercice, mission, etc. Ces gendarmes légistes sont parmi les meilleurs au monde. Ils peuvent être projetés dans des délais brefs. Ce sera le cas en Ukraine. Nous bousculons pour cela toutes les procédures. Nous avons notamment besoin d'une invitation formelle de la part de la Procurature générale. Nous ne l'aurons que quelques heures avant le départ de Paris de l'équipe. Sans même l'attendre, ceux-ci ont déjà pris la route afin de traverser le continent européen.

Et voici comment, dès le 11 avril, je suis en mesure d'accueillir à Lviv, sur leur chemin vers Kiev, la mission de l'IRCGN. Pour ne pas retarder leur arrivée sur le terrain et notamment éviter à leur lourd camion laboratoire mobile ADN d'entrer dans les petites rues de Lviv, nous avons choisi de nous retrouver à l'extérieur de la ville, pour un café, dans le garage et concession de notre consul honoraire. Je suis heureux de rencontrer ces spécialistes qui sont les premiers fonctionnaires français que je reçois depuis le début de la guerre. Leur équipe me fait forte impression. Ils ont conscience de la dureté de la tâche qui les attend mais paraissent y être prêts. Nous prenons, toujours en compagnie du Procureur adjoint, Dmytro Lytkevych, une photo de groupe devant le camion laboratoire. Le commentaire l'accompagnant est sobre : « Fier d'accueillir à Lviv le détachement des gendarmes techniques et scientifiques en route pour Kiev, venus assister leurs camarades ukrainiens dans les investigations des crimes de guerre commis autour de Kiev. La France est la première à apporter une telle aide. Ils seront à pied d'œuvre dès demain. » Ce tweet connaît une forte diffusion, avec près d'un million d'impressions.

Effectivement, c'est bien de la fierté que je ressens. Fier de la compétence de nos équipes, fier de notre capacité à répondre dans des délais courts aux demandes ukrainiennes, fier de la réactivité de mon équipe à mettre en place cette mission délicate, fier d'avoir obtenu immédiatement le soutien de mes autorités, y compris du président de la République lui-même, pour envoyer cette mission.

Les crimes ont été dévoilés début avril. Dès mi-avril, nous serons aux côtés des Ukrainiens pour les aider dans leurs enquêtes. Tous nos partenaires européens, comme anglo-saxons, seront estomaqués par notre vitesse de réaction. Dans les jours qui suivent, nous serons littéralement assaillis de toutes parts par des demandes de nos collègues sur le thème : « Nous aussi nous voulons envoyer une mission d'experts, comment avez-vous fait ? Qui faut-il contacter ? », etc. Nous finirons même par organiser une réunion d'information générale pour éviter d'avoir à redire cent fois la même chose.

Ce début du mois d'avril, je n'ai qu'une hâte, celle de me rendre sur place pour recueillir moi-même les premiers témoignages sur les crimes de Boutcha et tenter de comprendre. Ce n'est que sur place que je pourrai réellement me rendre compte de la réalité et de l'ampleur de ces crimes. Cette motivation me pousse à accélérer encore notre retour sur Kiev. Dès le 15 avril, je demande donc au GIGN et à mon équipe de commencer à préparer ce déplacement. Je sais déjà qu'il sera douloureux pour moi, mais encore plus pour ma fidèle traductrice et secrétaire, Helena

Saina. Très impliquée et sensible, elle est bouleversée par les récits des crimes russes.

Nous quittons tôt, le 25 avril, la capitale, toujours avec notre cortège renforcé. À une vingtaine de kilomètres, les premières traces impressionnantes des combats apparaissent, notamment aux ronds-points : stations-service détruites, carcasses de véhicules brûlées sur le côté. Nous traversons ensuite de vastes zones boisées où l'on aperçoit les tranchées, les postes de combat, les éléments défensifs creusés dans la terre sablonneuse de cette région.

Me voici directement confronté aux horreurs de la guerre. Le silence nous gagne. Nous traversons des quartiers résidentiels modernes en plein développement. De nombreux immeubles sont tout juste construits ou en voie d'achèvement, signe du plein développement de cette partie de Kiev promise aux classes moyennes. Les espaces résidentiels sont espacés par des zones pavillonnaires ou par des parcs et jardins. On se croirait à Rambouillet, à Viroflay ou à Chantilly.

Nous arrivons à la mairie de Boutcha où m'attendent, à la descente de voiture, le maire et ses adjoints ainsi qu'une nombreuse presse. Nous nous installons dans une grande salle au rez-de-chaussée où, vestige de l'avant-guerre, figure, le long du mur de la mairie, un vaste panneau d'information vantant le potentiel de développement de la ville. Le maire m'explique, sur un ton calme et posé, être resté tout le temps auprès de ses administrés pour tenter de les protéger. Sa description glace le sang. Il raconte un double phénomène d'oppression vis-à-vis des populations civiles: d'une part, des sbires russes, très vraisemblablement des officiers du FSB, arrêtaient dans la rue ou perquisitionnaient les abris à la recherche des hommes anciens combattants du Donbass, pour eux de « parfaits nazis ». Ils disposaient également de listes préparées à l'avance et arrêtaient tous ceux qui y figuraient. La fouille des téléphones était également systématique. Les réfugiés dans les abris les cachaient ou les éloignaient d'eux, éteints. La découverte d'un simple message patriotique pouvait conduire à l'arrestation ou à la mort d'une balle dans la nuque.

À cette première catégorie de crimes, s'ajoutent les actes purement gratuits de soldats livrés à eux-mêmes et fortement alcoolisés: combien de fois les témoins me décriront ces voitures remplies de familles et mitraillées sans raison apparente. Les avis « *dety* » (« enfant ») scotchés sur les portières ou le capot ne seront d'aucune protection. On me dira que les véhicules blancs avaient plus de risques d'être victimes de ces tirs assassins. Pourquoi ? Nul ne le sait.

Toujours sur le même ton mesuré, le maire de Boutcha m'explique qu'il a échappé à plusieurs reprises à l'arrestation, notamment parce que son nom était mal orthographié sur les listes dont disposaient les occupants. L'atmosphère est une nouvelle fois irréelle entre cette rencontre en apparence tellement ordinaire dans mon métier – quoi de plus courant qu'un Ambassadeur qui échange avec un édile – et le caractère insoutenable des propos, pour des actes qui se sont tenus moins d'un mois auparavant.

La capacité ukrainienne, sans doute culturelle, à marquer la distance ne cessera de m'impressionner. L'erreur serait toutefois de la prendre pour de la passivité, de la résignation ou du fatalisme devant la douleur et l'horreur infligées par le soi-disant « grand frère russe ». Depuis trois ans, j'ai appris à connaître les Ukrainiens, leur mentalité, leur imaginaire. Je sais que derrière cette façade, bouillonnent au contraire une haine, une colère contenue qui, elles-mêmes, alimentent une soif de vengeance.

En sortant, je vais à la rencontre d'un petit groupe qui attend patiemment devant la mairie et échange brièvement avec eux. Il s'agit d'habitants qui viennent aux nouvelles pour connaître le sort de leur maison ou de leur appartement et s'informer sur les aides. Là aussi, chacun est calme et attend son tour. Certains tombent dans les bras l'un de l'autre, heureux de se retrouver en vie, sains et saufs.

Nous nous dirigeons vers l'église au pied de laquelle le curé a fait creuser la fosse commune qui a accueilli les premières victimes des massacres. Le jeune ecclésiastique de l'Église orthodoxe d'Ukraine est impressionnant par sa haute taille et son allure soignée dans sa soutane noire. Il nous conduit d'un pas rapide derrière son église en construction où se situe un vaste espace sablonneux récemment terrassé. C'est là, m'explique-t-il sur ce même ton tranquille qui ne cesse de me frapper, qu'il a de sa propre autorité fait creuser, aux jours les plus sombres de l'occupation, plusieurs fosses. Il y a enterré tout à la fois les défunts de mort naturelle – l'accès au cimetière étant interdit par les Russes – et, bien sûr, les victimes des exactions russes. Nous nous recueillons quelques instants avant de visiter rapidement son église en voie d'achèvement, signe d'un quartier en plein développement.

Nous poursuivons ensuite par le désormais célèbre pont d'Irpin et les quartiers détruits de Borodianka. Là, ce sont majoritairement les effets des bombardements aériens ou les tirs d'artillerie qui impressionnent. Les immeubles éventrés par les bombes ou noircis par les flammes parsèment les artères de cette ville-dortoir, nettement plus pauvre et moins moderne que Boutcha. Le maire de Borodianka nous accueille à l'entrée d'un bloc d'immeubles typique de la fin de la période communiste, avec ses jeux d'enfants métalliques à ses pieds. Je suis surpris par l'activité qui y règne. Dans un profond silence, les habitants s'affairent en tous sens afin de déblayer les gravats et les vestiges des bombardements qui jonchent le sol de ce qui fut un jardin d'enfants.

Le maire engage la discussion avec ses administrés. Toujours sur le même ton détaché, il nous indique que dans tel immeuble, seize personnes sont mortes sous les décombres, n'ayant pu s'extraire à temps de leur abri. Je vais à la rencontre des habitants. Une jeune femme, avec son fils dans les bras, nous montre son appartement détruit au rez-de-chaussée dans un immeuble visiblement récemment achevé. Elle y revient pour la première fois, les larmes aux yeux devant les dégâts. On sent que toute sa vie était dans l'achat de cet appartement. Son rêve s'est brisé.

Enfin, nos hôtes nous mènent dans des locaux – un bâtiment administratif quelconque, peut-être une annexe de la mairie – qui servirent de cantonnement aux agresseurs. Les traces du vandalisme russe sont partout, avec ces murs criblés de balles et ces lettres « Z » ou « V » apposées sur les murs rendus crasseux. Le désordre et les détritus laissés par les envahisseurs jonchent le sol. Ici ont donc vécu dans la crasse les occupants et les tueurs. Ils étaient, il y a moins de trois semaines, dans ces lieux, faisant régner l'arbitraire et l'horreur. Je les imagine sortant éméchés vider leurs chargeurs sur les passants ou rentrant les bras chargés de butin. L'antre du mal et de l'arbitraire.

Nous nous arrêtons sur un vaste parking où ont été regroupées à des fins d'enquêtes ou de preuves les carcasses de tous les véhicules mitraillés. L'amoncellement est impressionnant. Partout, des véhicules détruits, mitraillés.

Enfin, sur le chemin du retour, nous faisons une dernière halte, cette fois pour examiner de près les carcasses de chars et de véhicules blindés russes. Avec nos accompagnateurs de la Garde nationale, nous sacrifions à la tradition du *selfie* puis de la photo pouce levé devant la carcasse brûlée d'un impressionnant blindé.

Après la tension des témoignages recueillis, l'atmosphère est à la détente et à la gaieté sous un frais soleil. Chacun escalade les chars afin de chercher le meilleur angle pour immortaliser ce moment. On rit, on se bouscule.

En voyant ces tourelles explosées, ces blindés brûlés, un certain malaise me saisit tout à coup. Ici aussi, d'autres hommes ont dû trembler de peur en descendant dans les entrailles de leur blindé, ont guetté les moindres signes d'attaque, ont prié peut-être, ont souffert et sont probablement morts dans d'affreuses souffrances. Très vraisemblablement ils ne savaient pas ce qu'ils venaient faire dans ce pays qu'on leur avait indiqué comme « pays frère ». Ils croyaient peut-être de bonne foi débarrasser l'Ukraine des « Nazis » et n'y ont trouvé que des hommes et des femmes comme eux, se battant pour leur terre et leur liberté et, qui, de surcroît, parlaient leur langue tout en leur tirant dessus. La plupart, très jeunes, sont ravagés par l'alcool, la convoitise et la peur. Je ne peux me retenir d'une compassion à leur égard. Quelle horreur que la guerre, ne puis-je m'empêcher de penser, quel que soit le camp pour lequel on lutte.

Sur le chemin du retour, au-delà de l'émotion ressentie, je me concentre sur la mise en perspective et l'interprétation de ce que j'ai vu et appris. Je m'efforce à un regard clinique, laissant de côté l'émotion.

Boutcha est sans aucun doute un de ces points d'inflexion que je m'efforce d'identifier pour me conduire sur le chemin, sinon de la vérité, du moins de l'analyse juste, comme le petit Poucet cherchait ses cailloux. Clairement, dans cette guerre, il y aura un avant et un après Boutcha. Pour l'Ukraine, les choses sont claires, les crimes commis par la soldatesque dressent une rivière de sang presque infranchissable entre les deux peuples. Ils contribuent sans doute définitivement à l'éloignement entre Russes et Ukrainiens. Et ce, d'autant plus que les crimes ont été commis aux alentours de la capitale, c'est-à-dire que tout le monde y connaît quelqu'un qui, soit en a été victime, soit y a échappé de peu.

Je garde en tête ce déjeuner avec une jeune et brillante parlementaire de retour de Paris. Elle me racontait, les larmes aux yeux, comment ses voisins de sa maison de campagne, aux alentours d'Irpin, avaient trouvé la mort avec leurs enfants en tentant de fuir. Leur voiture avait été mitraillée sur la grand-route de Lviv, celle-là même que j'ai empruntée au retour. Au sein de l'Ambassade, nous avons au moins deux agents qui ont souffert dans leur chair de l'occupation : le cuisinier Kyrill déjà évoqué et une autre agente de la Résidence, Galina Timochenko, qui, pendant trois semaines, a dû vivre chez elle, cloîtrée et terrorisée avec sa famille, des chars russes au bas de son immeuble.

Ajoutées au martyre subi par le port de Marioupol dans la même période, ces atrocités poussent les Ukrainiens à une radicalisation et ne font que renforcer leur détermination dans un esprit de vengeance. Difficile de leur en faire reproche. Les crimes de Boutcha dessinent une détermination à aller jusqu'au bout, quel qu'en soit le prix.

Sans surprise, dans les jours qui suivent, les Ukrainiens rompent les négociations avec les Russes qui se poursuivaient, malgré la guerre en Biélorussie d'abord, à Istanbul ensuite. On apprendra plus tard que les deux parties étaient sans doute proches d'un accord. Mais après Boutcha, pour les Ukrainiens, la guerre se fera jusqu'à la victoire de l'un ou de l'autre des protagonistes.

Du côté des Russes également, ces crimes révèle une armée russe qui se situe dans la droite ligne de l'armée rouge de 1941-1945. La guerre d'agression russe nous replonge une nouvelle fois dans ces années sombres de la Seconde Guerre mondiale. Les comportements de la soldatesque russe n'ont pas fondamentalement changé par rapport à leurs grands-parents, combattants de la « grande guerre patriotique ». Comme si rien n'avait changé dans les mentalités depuis près de quatre-vingts ans. Lorsque l'Armée rouge était entrée sur le territoire de l'Allemagne nazie en 1944, d'abord dans ce qui était la Prusse orientale, tous les témoignages concordent sur l'effet de sidération qu'a produit sur eux la découverte de la prospérité de la population allemande, même après quatre ans de guerre totale. Les troupes soviétiques qui n'étaient jamais sorties de leur pays découvraient des routes asphaltées, l'eau courante, l'électrification des villages et le confort des habitations. Elles se livrèrent immédiatement au pillage et au viol quasi systématique des femmes allemandes.

On retrouve, malheureusement, en 2022, les mêmes comportements. Selon les conversations interceptées par les services ukrainiens, les soldats russes ne cessent de faire part à leurs proches de leur ébahissement devant le niveau de vie des Ukrainiens qu'ils sont censés venir « libérer ». Les toilettes ne sont pas au fond du jardin, l'adduction d'eau est partout, comme le raccordement à l'électricité. La présence de lave-linge et de matériel informatique en grand nombre stupéfie les envahisseurs. Le pillage est aussitôt général et ces appareils finiront par encombrer les petites annonces des sites de revente russes.

Comme l'échec de l'offensive russe sur Kiev le confirme, l'armée russe, malgré sa puissance quantitative, souffre d'une faiblesse bien identifiée, celle de l'absence d'un corps constitué et efficace de sous-officiers. Ceux-ci, dans les armées modernes, sont la colonne vertébrale d'une force militaire. Ils prennent notamment soin du matériel et sont capables d'amener au feu une équipe d'une dizaine de soldats hors du regard des officiers. Dans l'armée française, le niveau des sous-officiers n'a cessé de progresser à partir d'un niveau déjà élevé, comme en témoigne le corps des sous-officiers en 1914. Rien de tel dans l'armée russe où il n'existe pas véritablement d'intermédiaire entre les officiers et la troupe.

Dans toutes les armées du monde, on veille par-dessus tout à ramener le corps de ses camarades morts. Ne laisser personne derrière soi est un principe éthique qui souffre peu d'exceptions culturelles. Or, les témoignages rapportent que la soldatesque russe a préféré retraiter du Nord de Kiev ses camions remplis de butin improbable, de machines à laver et autres réfrigérateurs plutôt que de prendre le corps de leurs camarades morts. Elle a également abandonné caisses de munitions et équipements en nombre.

Même esprit de pillage, même stupeur devant la supposée richesse des populations et des territoires conquis, même jalousie devant la prospérité de l'autre, même alcoolisme largement diffusé, même mélange de terreur organisée et d'improvisation criminelle, la Russie est bien « éternelle », au moins dans ses démons. Ce que l'on appelait au XIXe siècle les comportements barbares de la Russie ressurgissent comme une source qui émerge à nouveau de la terre de sang qu'est l'Ukraine. Là comme ailleurs, le diplomate doit raisonner au-delà de l'émotion et même des considérations morales.

Ma conviction est alors faite : une armée qui agit ainsi ne peut être victorieuse. Elle manque du minimum de cohésion interne et de valeurs morales qui conditionnent le succès. Après Boutcha, à titre personnel et sans prendre en compte les éléments purement militaires, il m'apparaît de plus en plus clairement que la victoire ne peut pas être du côté russe. Et c'est dans cet esprit que je rentre aussitôt rédiger mon compte rendu pour Paris. J'y souligne bien sûr l'horreur et le caractère indéniable des crimes commis, mais aussi le point de bascule qu'ils constituent dans le cours du conflit pour les deux protagonistes : durcissement du côté ukrainien, faiblesse à vaincre mise en lumière du côté russe. Il y a bien un avant et un après Boutcha.

17

L'aéroport de Hostomel, symbole de la résistance ukrainienne

Cela fait désormais plus d'un mois que je suis revenu à Kiev. Je souhaite mieux comprendre les ressorts de la résistance et de la défense ukrainiennes. Or, il y a à environ vingt kilomètres au nord de Kiev un symbole fort de cet esprit de résistance. Il s'agit de l'aéroport de Hostomel qui abrite à la fois un aéroport de fret et, à proximité immédiate, la base opérationnelle de l'entreprise Antonov. Y était entreposé le plus grand avion du monde et la fierté de tout un peuple, l'Antonov An-225, *Mriya*, « le rêve ». Dans les plans d'invasion de Kiev, la prise de l'aéroport de Hostomel par les forces spéciales russes, dans les premiers temps de l'invasion, revêtait une importance capitale.

Je souhaite donc aller sur place pour y rencontrer les acteurs de cette résistance admirable qui a mis en échec le plan russe. Je m'y rends un jour de mai à l'invitation du commandant de la Garde nationale avec laquelle nous avons développé depuis plusieurs années une étroite coopération. Sur le modèle de notre Gendarmerie, la Garde nationale est une force militaire hybride, c'est-à-dire qu'elle assure à la fois des missions de sécurité publique et de défense nationale.

L'accueil est chaleureux parmi les officiers et les hommes du rang rencontrés, heureux que nous nous intéressions à leur sort et les interrogions sur leurs exploits. Nous nous rendons sur les lieux mêmes des combats où s'amoncellent chars et véhicules blindés détruits. On y perçoit immédiatement la fureur des combats et le caractère acharné de la défense.

De nombreux bâtiments sont éventrés. Mais au-delà des pertes matérielles, ce qui m'intéresse le plus, c'est le récit des circonstances de l'assaut du 24 février. Je veux comprendre quels sont les ressorts qui conduisent un soldat à prendre les armes et à s'opposer à l'invasion surprise. Le cas de l'aéroport de Hostomel est significatif. En effet, m'explique-t-on, ce 24 février au matin, l'essentiel des forces de la brigade de la Garde nationale, habituellement stationnée sur place, était déployé dans le Donbass afin d'y renforcer la ligne de front. Chacun y attendait le choc russe. Les Ukrainiens ne pensaient pas crédible l'hypothèse d'un assaut brutal sur la capitale elle-même.

Ne restent donc ce matin-là, dans les cantonnements autour de l'aéroport, que le personnel administratif et quelques jeunes recrues en cours de formation. Ce sont donc ces forces disparates et peu aguerries qui vont devoir faire face, seules, à un assaut d'une brutalité inouïe.

En fin de nuit, commence par s'abattre sur les casernes et les recrues endormies une pluie de missiles. Certainement apeurés, ils voient surgir comme dans un cauchemar, dans les petites lueurs du 24 février, les hélicoptères de combat et les forces spéciales russes surentraînées. Quelle dut être la réaction de ces tout jeunes soldats, hommes et femmes ? On ne le saura sans doute jamais, mais quoi qu'il en soit, ils prirent immédiatement les armes et engagèrent le combat. Dès les premiers instants, plusieurs hélicoptères russes furent mis hors de combat tandis que l'assaut au sol se poursuivit pendant plusieurs jours. Lorsque les forces ukrainiennes durent finalement abandonner le terrain, la piste était suffisamment endommagée pour rendre impossible son utilisation par les gros-porteurs russes qui devaient y déverser les troupes d'assaut sur Kiev.

La lutte de ces premiers combattants anonymes ukrainiens a largement contribué à préserver la capitale. Je touche ainsi du doigt la résilience et l'esprit de défense du peuple ukrainien dans toutes ses composantes. La partie russe comptait très certainement sur un délitement de ces jeunes recrues qui étaient censées s'enfuir ou se cacher à la seule vue de l'arrivée des hélicoptères d'attaque. Si cette résistance m'était connue, le simple fait d'y aller et de rencontrer les intervenants permet à la fois de conforter mon admiration pour la défense de la Nation ukrainienne et de valider mon intuition qu'un peuple qui prend les armes, alors même qu'il est surpris par l'ampleur de l'attaque, peut difficilement être vaincu.

Le passage sur le site de l'entreprise Antonov est également digne d'intérêt et extrêmement productif en termes d'enseignement. La société Antonov partage la piste d'aviation située à quelques encablures des casernements de la Garde nationale. Les dégâts consécutifs au combat sont encore plus impressionnants que dans les bâtiments adjacents de la Garde nationale. Les carcasses d'avions ou d'hélicoptères gisent dans un chaos indescriptible. Le géant *Mryia*, frappé à mort, gît avec ses ailes brisées comme un immense cormoran échoué sur une grève hostile.

Mais, comme souvent, ce sont certains propos tenus en marge de la visite qui retiennent mon attention. Avant de sortir de l'usine, un membre de la Garde nationale qui nous accompagne me prend à part pour, sur le ton de la confidence, m'indiquer que « tout n'a pas été facile dans les relations avec la société Antonov ». Lorsque l'assaut russe sur l'aéroport a débuté, me chuchote-t-il à l'oreille, « les envahisseurs disposaient vraisemblablement de complicités sur place chez Antonov ». Certains ont volontairement saboté la défense. Cela a retardé d'autant l'entrée des troupes de la Garde nationale dans l'enceinte de la grande entreprise aéronautique. Au final toutefois, la défense a pu s'organiser et l'adversaire être repoussé. Mon interlocuteur me lève ainsi un coin du voile : oui, les Russes disposaient bien de complicités dans le pays et des défaillances ont eu lieu ; sans doute moins que les Russes ne l'escomptaient, néanmoins elles ont existé. Je m'en doutais, évidemment, mais j'en obtiens ainsi confirmation.

Ce déplacement sur les lieux du combat me confirme que rien ne remplace, pour un diplomate, les visites de terrain. C'est lorsqu'on fait l'effort d'aller là où se sont passées les actions de guerre que l'on comprend véritablement les ressorts de la défense ukrainienne.

En rentrant à l'Ambassade, je songe de nouveau à ces jeunes recrues anonymes qui ont eu le courage, malgré les bombardements tombés sur leur caserne, de prendre leurs armes et de descendre dans le froid lutter et repousser les redoutables Spetsnaz. Qu'ont-ils ressenti après les premières frappes ? Que se sont-ils dit entre eux pour se donner du courage ? Le sursaut de défense a-t-il été partagé par tous ou certains ont-ils failli ?

Une fois de plus, le sort de tous repose sur le courage et la détermination d'un très petit nombre. Ces défenseurs du premier jour de Hostomel me font penser à nos héros de Verdun en 1916. Eux aussi, après des bombardements continus, remontaient de leur trou d'obus boueux pour épauler leur fusil et ajuster les troupes allemandes qui pensaient trouver le terrain dégagé devant elles.

C'est ainsi que les guerres se gagnent. Avec quelques soldats déterminés à refuser le destin qui leur est promis par un adversaire supérieur en nombre et en puissance de feu. Si la résistance n'avait pas eu lieu dès les premières heures à Hostomel, Soumy, Tchernihiv ou ailleurs, c'en était sans doute fait de l'Ukraine indépendante et libre. Et j'aurais définitivement quitté Kiev début mars pour ne plus jamais y revenir.

18
Aparté à Bercy

Voilà déjà plusieurs jours que je suis revenu en France. Le retour de l'Ambassade à Kiev signifiait qu'une partie de la mission était accomplie. Il est temps de prendre un peu de repos et, surtout, de retrouver mon épouse Caroline, nos trois enfants et ma mère que je n'ai pas vus depuis janvier. Mes anges gardiens du GIGN m'ont donc raccompagné à Rzeszów où j'ai brièvement croisé mon adjoint, Bruno, qui prenait la relève. Avec lui, je sais que l'Ambassade est entre de bonnes mains. En sus, à l'époque de WhatsApp, le contact demeure constant.

Il fait beau sur Paris ce jour de mai 2022. Je goûte à pleins poumons ma joie d'être de retour en France, loin des sirènes anxyogènes. J'aime traverser Paris, si possible à pied, sinon en métro, afin d'en prendre le pouls. Entre deux rendez-vous, je flâne dans les librairies du VIIe arrondissement et finis toujours par en ressortir les bras chargés. Cet après-midi, mes pas me dirigent vers le ministère des Finances à Bercy pour y être reçu par Bruno Le Maire. Le ministre est un excellent connaisseur du dossier ukrainien sur lequel il s'est beaucoup investi dans le domaine économique en présidant la Commission mixte franco-ukrainienne. Le dossier de la vente de trois cent soixante-dix locomotives Alstom pour près d'un milliard d'euros l'a énormément mobilisé. BLM, comme on l'appelle, m'a également régulièrement appelé et soutenu durant les moments difficiles du début de la guerre. Il m'avait alors indiqué que je pouvais le contacter à ma convenance. Sans trop y croire, à peine arrivé en France, j'adresse un message WhatsApp à sa conseillère. À ma grande surprise, la réponse n'a pas tardé : « Le Ministre vous recevra avec plaisir… ».

Et c'est donc très tranquillement que je me rends en métro à Bercy par cette belle journée de printemps. À l'accueil, arrivé bien en avance, j'ai un petit pincement lorsque l'hôtesse me demande : « Avec qui avez-vous rendez-vous ? » Et que je me vois lui répondre : « Le Ministre, Monsieur Le Maire. »

Je suis déjà venu à de nombreuses reprises à Bercy. Même si j'ai toujours peiné à trouver mon chemin dans le dédale des couloirs, je sais que le bureau des Ministres est tout au fond de la grande allée ensoleillée. Je patiente quelques instants dans un vaste salon d'attente aux amples canapés de cuir beige qui respire les années 1990 mais qui a bien vieilli.

Bruno Le Maire arrive de sa haute silhouette élancée et de son pas rapide. Il m'introduit pour la première fois dans ce bureau à la vue stupéfiante dominant la Seine. Éclairé par une belle lumière du soir, le ruban sombre du fleuve scintille de mille feux. Vu d'en haut, on dirait une ceinture constellée de brillants.

Le ministre m'invite à m'asseoir près des fenêtres, sur des fauteuils de cuir qui se font face, séparés par une table basse. On nous apporte un soda frais pour moi et un café pour lui. Je le connais de longue date puisque nous sommes tous les deux diplomates. Je suis plus ancien que lui. Notre première rencontre, il ne s'en souvient sûrement pas, date du début des années 2000 lorsque j'étais Numéro 2 d'ambassade, premier conseiller, à Varsovie et, lui, un jeune rédacteur à la direction des Affaires stratégiques. Une réunion dont l'objet m'échappe aujourd'hui se tenait à Varsovie et j'avais accueilli ce jeune collègue plein d'avenir. J'avais été immédiatement frappé par le sentiment d'assurance et de confiance, sans être hautain pour autant, que ce grand jeune homme irradiait autour de lui. Il semblait déjà être certain de son destin.

Ultérieurement, nous nous sommes de nouveau croisés de loin en loin lorsqu'il était conseiller spécial du Premier ministre Dominique de Villepin, puis son directeur de Cabinet, et que moi-même j'étais le directeur de Catherine Colonna, alors ministre déléguée aux Affaires européennes. J'ai toujours eu avec BLM des relations cordiales et professionnelles. Nous

nous tutoyons depuis toujours. Mais la rencontre qui me l'a fait vraiment connaître et apprécier, c'est celle qui intervint lorsque j'étais ambassadeur au Kenya et lui ministre de l'Agriculture. Il y était venu à l'occasion de la famine qui sévissait alors en Somalie et dans le Nord du pays. Nous nous sommes rendus ensemble dans le plus grand camp de réfugiés du monde, le camp de Dadaab, situé à quatre-vingts kilomètres de la frontière somalienne et qui accueillait – et accueille sans doute toujours – de très nombreux réfugiés somaliens venus y trouver réconfort et soutien. J'ai alors pu voir en action ses qualités intellectuelles pour comprendre les mécanismes en œuvre pour expliquer la famine, mais également et surtout ses qualités humaines d'écoute et d'empathie, loin des clichés le concernant. Je garde un souvenir très fort de ce déplacement ensemble.

Dès ma prise de fonction en Ukraine à l'été 2019, nos chemins se sont de nouveau croisés. Le tropisme parisien était alors plutôt en faveur des relations économiques avec la Russie, l'Ukraine étant considérée comme un marché secondaire par rapport aux perspectives russes. J'ai alors proposé puis œuvré afin qu'un poids lourd politique, en l'occurrence le ministre de l'Économie, Bruno Le Maire, prenne la Présidence de la Commission économique mixte franco-ukrainienne. Il pourrait ainsi faire contrepoids au puissant et (alors) indéboulonnable ministre de l'Intérieur, Arsen Avakov, qui la présidait côté ukrainien.

Pari réussi. Bruno Le Maire a vu l'intérêt stratégique ne pas négliger le partenaire ukrainien, certes moins gros que le russe, mais plus prometteur et mieux disposé à notre égard. Sur ma proposition, il est venu à Kiev en mai 2020, tout de suite après le confinement. Sa visite a été un franc succès et dans une réunion restreinte mémorable, il a réussi à mettre sur les rails, si je puis m'exprimer ainsi, ce contrat majeur de trois cent soixante-dix locomotives Alstom pour lequel la concurrence chinoise était féroce. J'ai pu une nouvelle fois apprécier sa grande capacité de synthèse et de travail. Depuis, BLM, tout comme d'ailleurs le président de la République, est parfaitement au fait des dossiers et de la vie politique ukrainiens. Et cela bien avant le début de la guerre.

C'est donc avec un interlocuteur connaisseur de l'Ukraine, comme de mon travail et de celui de l'Ambassade, que la conversation s'engage. Le ministre m'interroge d'abord sur la situation militaire. Comme devant chacun de mes interlocuteurs durant ce séjour parisien de mai, je développe devant lui une analyse lucide, optimiste et confiante sur les capacités des forces ukrainiennes à résister à la pression russe, y compris dans le Donbass. Je mets en exergue les victoires ukrainiennes devant Kiev et Kharkiv. Je reprends mes analyses sur le caractère décentralisé de la défense ukrainienne et, par là même, son extraordinaire capacité d'adaptation et de résilience. En outre, les soldats ukrainiens défendent leur terre, l'indépendance de leur pays et leur culture bafouée et humiliée par le discours méprisant russe sur la « dénazification ». Leur détermination est une arme en soi.

Je souligne la grande confiance de la population dans ses dirigeants (83 % de soutien pour le Président Zelensky, 93 % pour le chef d'État-major), mais également dans la victoire finale de l'Ukraine (85 % des sondés pensent que l'Ukraine va gagner). Je sens qu'il m'écoute attentivement car les idées développées ne sont pas nécessairement celles qui lui remontent de ses services ou des Armées. Féru d'histoire comme moi, il paraît heureux d'avoir des informations de première main de la part de quelqu'un qui vit au milieu des Ukrainiens depuis le début de la guerre et d'entendre peut-être une analyse plus rassurante que de coutume.

Je le rends également attentif à la problématique qui n'est pas encore publique, mais que je sens monter : celle de l'exportation des céréales ukrainiennes. Vingt millions de tonnes sont bloquées dans les ports ukrainiens. La question de leur sortie est cruciale pour la sécurité alimentaire de la planète. L'ancien ministre de l'Agriculture est particulièrement sensible à ce dossier. Je suis heureux de voir qu'il m'interroge très précisément sur les moyens d'agir pour faire face à ce défi.

La conversation confiante se poursuit, aisée et fluide. Nous grignotons de temps en temps des amandes grillées et je ne peux m'empêcher de jeter un œil sur cette vue sublime de la Seine sous le soleil couchant. Lorsque l'entretien est terminé et que BLM me raccompagne avec bonhomie vers l'ascenseur, je tente une question plus personnelle et de pure curiosité sur ses aspirations politiques au moment même où tout Paris bruisse de la composition du nouveau gouvernement. Avec un sourire, il me glisse une réponse précise et complice.

En sortant de ce type d'entretien, par définition stressant, je ressens toujours une baisse de tension. Je repasse en accéléré les échanges, cherchant si je n'ai pas dit de bêtises, oublié quelque chose ou été trop loin dans ma lecture confiante de la guerre en cours.

Il me faut en quelque sorte un sas de décompression. Avant de quitter le bâtiment, au rez-de-chaussée, je passe donc en revue, le nez en l'air, la galerie des portraits ou photos des ministres des Finances qui se sont succédé depuis au moins la Libération. Beaucoup de sévères visages masculins, pour l'immense majorité devenus de parfaits inconnus, y compris pour moi pourtant croyant être bien au fait de l'histoire politique du XXe siècle. Je m'attache bien sûr à rechercher mon cher Valéry Giscard d'Estaing dont les années au ministère des Finances sous le général De Gaulle furent, selon ses propres dires, parmi les plus heureuses de sa vie. Comme Bruno Le Maire,

VGE n'aspirait qu'à prolonger son mandat et sa non-reconduction en 1966 fut sa première vraie blessure politique. Il sut la surmonter.

En empruntant en sens inverse la longue allée de Bercy, me revient en mémoire la proposition qui m'a été faite par les éditions XO, alors même que j'étais tout juste arrivé à Lviv, d'écrire un récit sur mon expérience depuis le début de la guerre. Je continue de l'examiner de temps à autre comme une poule regarderait un couteau, n'ayant pas encore la moindre idée de savoir si je vais l'accepter ou non.

Il me revient seulement alors avoir lu presque tous les livres de Bruno Le Maire. J'ai toujours apprécié leur caractère spontané et sincère. La description qu'il fait de l'exercice du pouvoir m'a toujours semblé vivante et réaliste, comme ce moment où il décrit la nappe à carreaux rouges d'un déjeuner dans le jardin de Matignon. Bruno Le Maire est un formidable « croqueur » d'instants.

J'y retrouve le même ton juste, les mêmes descriptions à hauteur d'homme qui m'avaient tant impressionné dans les différents tomes du *Pouvoir et la vie*, les mémoires de Valéry Giscard d'Estaing. Décidément, les points communs entre BLM et VGE ne se limitent pas à un acronyme de trois lettres.

Alors que je remets mon badge à l'hôtesse de l'accueil, il m'amuse de penser que si je donnais suite à la proposition de l'éditeur, il me serait alors donné à moi aussi de pouvoir au moins tenter de « croquer le croqueur ». Quel beau défi. Voici une raison peut-être d'y répondre positivement. Et c'est ainsi ragaillardi que je descends les marches de la station de métro Bercy.

19

Le diplomate et le journaliste

Je suis de retour à Kiev. La journée a été marquée par la préparation de la venue de la ministre Catherine Colonna. Programme, organisation, beaucoup de sujets à régler pour la première visite de ce niveau depuis le début de la guerre. Le point nodal est évidemment d'obtenir l'heure de l'entretien avec le Président Zelensky. Autour de lui tout s'organise. Je suis en contact avec son conseiller diplomatique avec qui j'ai une relation de confiance. L'équipe présidentielle gère le flux des rencontres avec beaucoup de professionnalisme et d'efficacité. Elle prend une visite après l'autre comme on surferait une vague. Cela conduit à ce que les réponses techniques (heure et lieu du rendez-vous avec le Président par exemple) ne nous sont données que vingt-quatre à quarante-huit heures avant le rendez-vous. Il faut donc gérer le stress des Cabinets parisiens qui s'inquiètent légitimement de ne pas recevoir plus tôt de réponses à leurs questions. En gardant son sang-froid, les choses finissent par s'arranger.

À l'issue de cette journée bien chargée, je me mets à la rédaction de la « note de cadrage » que l'on doit envoyer avant toute visite importante. Elle doit parachever la préparation avec une mise en perspective des enjeux, le contexte et les points à aborder. Il me revient en tant que chef de poste, le seul à l'intersection de toutes les problématiques (politiques, militaires, humanitaires), de rédiger cette « note de cadrage » qui donnera le ton de la rencontre. Comme pour toutes les correspondances du poste, je me donne à chaque fois le temps de la réflexion durant lequel les phrases mijotent longtemps dans ma tête. Puis il faut passer à l'écriture, ouvrir l'ordinateur et se lancer. J'attends souvent la tombée de la nuit pour cela. Il s'agit toujours de faire preuve d'un grand esprit de synthèse. Dans le cas de Catherine Colonna, il faut tout d'abord l'informer sur la personnalité de son homologue, Dmytro Kouleba, puisque ce sera leur première rencontre physique, mais également de donner le climat général et les attentes de la partie ukrainienne.

La note est partie tard dans la nuit précédant le départ de Paris de Catherine Colonna. J'en ai assuré une diffusion assez large car elle peut intéresser les collègues du monde entier qui sont aux aguets de toute information de contexte sur l'Ukraine. Je vois le compteur du nombre de lecteurs qui monte rapidement, signe de l'intérêt qu'elle suscite. Le Cabinet de la ministre me fait part de sa satisfaction. Le trajet en train lui donnera tout loisir de se plonger dans l'épais dossier qui lui a été préparé et dont cette note est le sommet de la pyramide.

Avant d'accueillir, le lendemain matin, la ministre, il me reste un peu de temps pour une dernière activité. Je me rends donc à l'invitation du grand reporter du *Figaro*, Renaud Girard, de prendre un verre au bar de l'hôtel Hyatt. Grand reporter et expert en géopolitique, Renaud Girard fut également le condisciple de Catherine Colonna à l'ENA. Je suis heureux qu'il ait demandé à me rencontrer et m'interroge sur ce que je peux lui apporter.

Nous nous retrouvons donc au bar du Grand Hôtel Hyatt qui vient juste de réouvrir. Situé juste en face de Sainte-Sophie, dans l'ultra centre historique et à cinq minutes à pied de l'Ambassade, le Hyatt est, avec l'Intercontinental tout proche, l'un des deux palaces de Kiev. Nous passons commande. Nous sommes les seuls clients. L'atmosphère est silencieuse et quelque peu irréelle, l'hôtel n'étant occupé que par de rares délégations et, surtout, leurs gardes du corps musclés. Nous entamons la discussion autour d'un club-sandwich et d'une bière pour moi, d'une assiette de charcuterie et d'un verre de vin blanc pour lui.

La conversation s'engage autour des intentions de Vladimir Poutine, éternel sujet de discussion et de supputations. Je sens bien évidemment de sa part un reste de fascination pour la puissance russe et l'hôte du Kremlin qu'il a rencontré, à ma différence, à plusieurs reprises, y compris pour des interviews. Renaud Girard connaît clairement moins bien l'Ukraine qui reste, à ses yeux comme à beaucoup de ses semblables, le « peuple frère un peu attardé, le cousin de province rustaud face à la grande Russie éternelle ». Pour ma part, je lui décris la capacité d'inventivité et de résistance ukrainienne telle que vécue de l'intérieur. Je partage ma confiance et mon intime conviction dans la capacité ukrainienne, non seulement à bloquer l'offensive russe, mais même à l'emporter au final si l'appui occidental se poursuit au même rythme.

Renaud Girard, d'une culture encyclopédique, multiplie les anecdotes à la fois amusantes et pertinentes sur les grands de ce monde qu'il a côtoyés au cours de ses années de grand reporter, avec une prédilection pour Jacques Chirac, le commandant Massoud, Roland Dumas et François Mitterrand. Le temps file et nous enchaînons sur du fromage avec un verre de blanc, chablis ou muscadet, je ne sais plus.

De temps en temps, le son lugubre des sirènes vient nous rappeler que la guerre est toujours présente. Je ressens un bien-être et une légère griserie auxquels nos agapes ne sont sans doute pas étrangères. Je crois que nous aurions bien continué à deviser ainsi, une bonne partie de la nuit, sur les affaires du monde si la serveuse qui nous observait désœuvrée derrière son comptoir n'était pas venue nous rappeler que l'heure du couvre-feu approchait.

Le profil d'intellectuel baroudeur de mon invité, comme l'atmosphère très particulière de ce bar de grand hôtel désert dans un pays en guerre, font remonter à ma mémoire des réminiscences d'adolescent que je croyais enfouies depuis longtemps. Âgé de onze ans en 1975, mes premiers souvenirs d'intérêt à la politique remontent à la chute de Saïgon. Ces images d'hélicoptères américains évacuant la foule massée depuis le toit de l'Ambassade sont restées à jamais gravées dans ma mémoire. C'est sans doute à cette période que j'ai commencé à lire *Le Figaro* auquel mes parents étaient abonnés, à y chercher en priorité les pages sur la politique internationale. Mon intérêt pour les affaires du monde, comme ma vocation de diplomate, se sont sans doute forgés autour de ces années-là. Plus tard, j'ai dévoré toute une littérature de pacotille ou de souvenirs mal digérés autour de ce conflit vietnamien ou cambodgien, avant que le film *Apocalypse now* et ses hélicoptères sur le Mékong ne me marquent à jamais.

Dans cette rencontre à bâtons rompus avec Renaud Girard, je vois resurgir, un peu comme la madeleine de Proust, toute l'atmosphère, si souvent décrite, du bar du Continental à Saïgon, faite d'alcool, de conversations tard dans la nuit, d'énigmatiques hôtesses, d'espions désargentés et de questionnement sans fin sur la suite des événements en cours. Seules manquent aujourd'hui la fumée du tabac ou l'odeur des substances psychotropes dont nos aînés étaient friands.

Le temps de la séparation est venu. Nous nous serrons la main dans le grand hall cathédral totalement désert. Alors que le célèbre journaliste s'apprête à rejoindre son hôtel à quelques dizaines de mètres, il se tourne à moitié vers moi pour une dernière remarque : « Ah j'oubliais, vous avez quand même une chance de cocu, vous avez vraiment le cul bordé de nouilles pour vous être retrouvé à ce poste-là, dans ces moments-là. » Je cherche une réponse mais ne trouve rien à dire d'autre que d'acquiescer en silence. Renaud Girard a raison. Sa réflexion rejoint la mienne, que je me fais depuis des semaines.

Quel est le destin qui m'a conduit, moi, le jeune garçon qui lisait couché par terre sur le parquet de ma chambre *Le Figaro* de mes parents relatant la chute de Saïgon, à me retrouver plus de quarante ans plus tard à vivre une situation sinon identique, du moins similaire ?

Quelle chance en effet ai-je de vivre au plus près ces moments tellement émouvants et forts au milieu d'un peuple courageux qui défend sa liberté et son indépendance ? Pourquoi ceci est tombé sur moi et pas sur un autre ? Je ne cesse de me poser la question. Depuis le 24 février, malgré la pression, le stress des responsabilités, l'éloignement de ma famille, le danger parfois aussi, pas un seul jour je n'ai regretté d'être là où je suis au moment où nous sommes. Pour rien au monde je ne laisserais ma place avant d'aller au bout de mon mandat. Oui, Renaud Girard a raison, j'ai de la chance d'être là où je suis.

C'est étonné et conforté par ce constat que mon cortège GIGN et moi-même nous engageons à pied dans les rues désormais sombres de Kiev pour rejoindre l'Ambassade et mon bureau en passant devant Sainte-Sophie.

20
Retrouvailles

Depuis le début de mon séjour en France début mai, j'enchaîne sur un rythme soutenu des journées denses à Paris, avec de multiples rendez-vous. Puis je poursuis sur des week-ends anticipés ou prolongés dans notre maison de Haute-Marne, située dans le bourg médiéval de Châteauvillain. Mais là aussi, l'Ukraine n'est jamais loin. Notre village, comme presque toutes les communes de France, est traversé par un formidable élan d'entraide en faveur de l'Ukraine meurtrie et martyrisée. La maire, Marie-Claude Lavocat, a publié un éditorial poignant dans le bulletin municipal, invitant à la générosité et à l'accueil. Depuis, je le conserve précieusement sur mon bureau à Kiev comme un témoignage de solidarité entre les deux peuples, venu des tréfonds du pays. Plusieurs familles chassées par la guerre y sont accueillies à bras ouverts : femmes et enfants seulement, les hommes de dix-huit à soixante ans étant, comme on le sait, interdits de sortie car susceptibles d'être appelés sous les drapeaux. Les enfants sont scolarisés à l'école du village. J'ai rencontré et salué ces familles ukrainiennes éprouvées venues de si loin trouver refuge chez nous.

Je me ressource dans notre maison de Châteauvillain, en famille, en fauchant le verger qui la jouxte entre les deux bras de la rivière Aujon. Le matin, je vais courir dans la magnifique forêt domaniale qui est au cœur du Parc national des forêts tout récemment créé.

Je parcours également à vélo ou sur ma vieille moto, une lourde mais puissante Yamaha 900 Diversion, les belles routes de ce département méconnu mais si attachant. Cela me fait penser à Édouard Daladier, l'homme politique d'avant-guerre qui – comme Frédéric Mitterrand le relate dans son brillant essai *1938 - L'œil du cyclone* – aimait parcourir Paris incognito sur sa moto Norton pour se détendre.

Je reprends aussi contact avec nos amis et voisins autour d'un café ou en devisant par-dessus les clôtures. Nous parlons passage des saisons, projets pour notre commune, éoliennes, changement climatique, dégâts des ragondins sur les berges. Dans ces moments de quiétude, je déconnecte plutôt bien, même si mes deux téléphones portables sont toujours à portée de main. La nomination et la composition du futur gouvernement qui font la une des journaux me préoccupent peu, l'important pour moi étant que le Président Macron ait été réélu et qu'il poursuive sa politique de soutien à l'Ukraine. Le nom du prochain ministre des Affaires étrangères est également loin de mes préoccupations.

C'est donc avec un mélange de surprise et de joie que j'apprends, par une amie bien informée, que la future ministre des Affaires étrangères pourrait être Catherine Colonna, ma collègue ambassadrice à Londres. Elle fut surtout ministre déléguée aux Affaires européennes de 2005 à 2007. J'étais à l'époque son directeur de Cabinet, c'est-à-dire son plus proche collaborateur. Nous avons alors noué au fil des mois une parfaite entente, nécessaire en particulier dans la période difficile que nous traversions après le référendum négatif sur le projet de Constitution européenne. Cette estime professionnelle ne s'est pas interrompue, comme c'est souvent le cas à l'issue d'un mandat ministériel, à l'été 2007, lorsque nos chemins se sont séparés. Bien au contraire, nous avons continué à rester en contact et gardé des liens, je dirais, d'amitié forte. Cette amitié s'est renforcée avec le déclenchement de la guerre. Catherine Colonna fut très certainement, parmi mes collègues, ambassadrices et ambassadeurs, l'une des plus fidèles et des plus promptes à exprimer son soutien. Elle l'a fait non seulement par des petits mots ou des messages sur les réseaux sociaux, mais également en illuminant son ambassade aux couleurs de l'Ukraine.

Pour ceux qui connaissent la vie des cabinets ministériels, le moment où le ministre que l'on sert n'est pas reconduit, et doit laisser la place, est toujours particulier et souvent triste, en tout cas empreint d'une forte nostalgie. Les cartons sont remplis, les archives sont versées au service compétent, le téléphone a cessé de sonner depuis longtemps. La petite équipe qui entoure le ou la ministre reste encore quelques heures, désœuvrée, en attendant les « successeurs ». Et puis, l'on se sépare pour de bon. Jamais, en nous quittant, en ce mois de juin 2007, devant les grilles du Quai d'Orsay, je n'aurais pu imaginer que nous retravaillerions ensemble, elle en tant que ministre des Affaires étrangères, moi en tant qu'ambassadeur, dans un pays européen où se déroule un conflit d'une ampleur, elle aussi, inimaginable.

Cette nomination-surprise est une excellente nouvelle sur le plan professionnel. J'ai le plus grand respect pour Catherine Colonna. Pour son intelligence des situations, son extraordinaire capacité de travail, son attention aux autres et, surtout, son sens de l'État.

Quand je l'appelle pour la féliciter, ses premiers mots sont pour me dire qu'elle souhaite venir le plus vite possible à Kiev après l'installation du gouvernement. Rien ne peut me faire plus plaisir.

Aussitôt rentré en Ukraine, après ce premier « break » printanier en France, je prépare avec mon équipe la venue de notre nouvelle ministre. La date est fixée au 30 mai. Catherine Colonna sera la première personnalité gouvernementale à se rendre à Kiev depuis le début de la guerre. J'ai bien sûr veillé à ce que le programme prévoie un passage dans nos locaux de la rue Reitarska. Elle souhaite saluer les équipes et reconnaître le travail et les épreuves que nous avons tous traversées collectivement.

De mon côté, je tiens à ce que notre nouvelle ministre puisse voir les agents en situation. Je compte lui montrer nos espaces de couchage, celui de nos gendarmes et, même si l'occasion se présente, mon bureau et le lit qui s'y trouve. Je voudrais aussi qu'elle partage notre « ordinaire », comme l'on disait autrefois, et en particulier nos repas servis dans les barquettes en polystyrène.

La veille de son arrivée, nous nettoyons, rangeons et réarrangeons la grande et sinistre salle du troisième pour lui donner une allure plus pimpante. Je m'attache à préparer le plan de table afin d'inciter les agents méritants, expatriés ou non, à entourer la ministre durant ce bref moment de détente afin qu'ils puissent l'aborder et surtout lui faire part de ce qu'ils ont vécu.

Comme souvent avant les grandes échéances, une fois que tout est préparé, je ressens le besoin de marcher jusqu'à plus soif dans cette ville que j'aime tant. Je me lance dans une de ces grandes balades sans but que j'affectionne. Quel changement par rapport à ma dernière déambulation. En moins de quinze jours, la transformation est totale. Bien sûr, les sacs de sable, les herses, les chevaux de frise et autres chevalets tchèques sont toujours là et coupent les principaux axes. Mais les Kiéviens, et surtout la jeunesse, ont repris le contrôle de leur ville. Des foules nombreuses se pressent dans les lieux emblématiques et les parcs. Comme à l'accoutumée, on s'agglutine sur l'esplanade dominant le Dniepr, fleuve majestueux au débit lent, qui paraît immobile vu d'en haut. Un instant, on pourrait croire que la situation est revenue à la normale. En fermant les yeux, je me croirais au temps béni de l'avant-guerre. Et pourtant, celle-ci n'est jamais loin.

Ce jour-là, j'ai pris une photo toute simple en apparence : un jeune soldat en uniforme et treillis vert enlace et embrasse sa fiancée. Les deux amants sont debout, seuls au monde, plongés dans leur amour, au centre d'une placette isolée. Ce simple cliché pris à la volée résume les horreurs de la guerre. Car ce tout jeune garçon arraché à sa vie calme d'étudiant part sûrement bientôt au front. On sent une inquiétude terrible dans le regard de son amie. Une fois de plus, malgré la belle lumière de cet après-midi de printemps, je suis pris par ce sentiment troublant que, d'un coup, la vie, ici, peut basculer dans l'horreur et le chagrin.

Le train, bleu et blanc, transportant Catherine Colonna, entre enfin en gare. Depuis tôt le matin, les véhicules blindés du GIGN sont en place sur le quai. Les soldats des forces spéciales ukrainiennes, lourdement armés, ont également investi les lieux. Dans un crissement de freins, le wagon ministériel s'immobilise juste devant moi : « Bienvenue à Kiev, Madame la Ministre », dis-je à Catherine Colonna en l'embrassant. Drôles de retrouvailles. Nous sommes à la fois dans l'amitié et la retenue. Tous deux sommes peu adeptes, je crois, de grandes effusions pour exprimer ce que nous ressentons. Nous n'en sommes pas moins heureux de nous retrouver dans ces circonstances si peu ordinaires.

Sous une pluie fine, nous prenons sans tarder la route qui nous mène à Boutcha, puis à Irpin. Depuis ma première visite, le prêtre qui m'avait reçu a eu le temps d'installer, au sein de son église en construction, une petite exposition sur les massacres et la découverte des corps dans la ville. La ministre est bouleversée par ce qu'elle voit et entend sur les souffrances infligées aux Ukrainiens.

Puis vient le temps de l'échange avec le ministre des Affaires étrangères, Dmytro Kouleba. Son ministère est un vaste bâtiment soviétique solidement planté en surplomb de la rive droite du Dniepr. Dominant le fleuve et la ville, il ferait une cible idéale pour un missile. Le ministre a donc délaissé les étages élevés au profit d'un bureau plus protégé au rez-de-chaussée. Les amoncellements de sacs de sable, comme la lumière tamisée, rappellent à chaque instant la guerre dans laquelle l'Ukraine est plongée. Les deux ministres font notamment le point sur les conditions de la venue prochaine du président de la République.

Les intentions de la Russie sont également au cœur des débats.

À la ministre qui s'étonne de l'extrême dureté des conditions imposées par les Russes pour reprendre les discussions, Dmytro Kouleba répond spontanément : *« But dear Catherine, they hate us ! »* (« Mais chère Catherine, ils nous haïssent ! »). Les sentiments s'invitent dans la politique internationale. Par tempérament, je suis plutôt enclin à envisager les relations internationales comme un rapport de forces objectif dans lequel les émotions, voire les considérations personnelles des dirigeants, n'ont pas leur place. La vie diplomatique met alors aux prises les monstres froids que sont les États qui n'ont que leurs intérêts économiques, politiques ou sociétaux, comme guides de leurs actions.

Sauf que la lecture rationnelle et objective des rapports de forces ne suffit pas toujours à expliquer le réel. Et le cri du cœur du ministre Kouleba transcrit bien une réalité. Les sentiments, comme la haine des dirigeants russes à l'encontre des Ukrainiens, expliquent en grande partie l'invasion par la Russie. La relation des deux peuples, soi-disant frères, est en réalité une cascade de mépris : du plus grand et du plus fort vers celui qu'il considère comme son cadet et son inférieur. Vus de Moscou, les Ukrainiens sont un peuple de paysans et « de cul-terreux » parlant une sorte de dialecte russe. À cette haine se mêle une hostilité jalouse. Non seulement le peuple ukrainien a osé s'émanciper de la tutelle culturelle russe, mais il est en passe de réussir son cheminement vers la prospérité et, plus généralement, vers les valeurs occidentales, en s'efforçant de rejoindre l'Union européenne.

Cette exclamation, comme un éclair dans la nuit, du ministre ukrainien m'a donné, je crois, un début de réponse à la question lancinante qui me taraude depuis le début de la crise : pourquoi diable les Russes, et Vladimir Poutine au premier chef, se sont-ils engagés dans cette aventure, aussi périlleuse qu'irrationnelle, consistant à envahir un pays voisin ? Pourquoi meurtrissent-ils ainsi un peuple qu'ils prétendent proche ? La haine et la jalousie expliquent sans doute les choses mieux que tous les arguments, dits rationnels, que l'on entend habituellement.

En nous rendant au rendez-vous suivant, et pas n'importe lequel – l'entretien avec le Président Zelensky –, nous en discutons longuement avec Catherine Colonna à l'arrière de la voiture. Échange profond et fécond dans lequel je m'adresse, certes, à ma nouvelle ministre, mais aussi, je le ressens intimement, à une collègue et amie chère pour laquelle j'ai toujours ressenti une vraie admiration.

En sortant du rendez-vous avec le Président Zelensky, et alors que nous sommes encore dans l'enceinte super-protégée de Bankova, avec ses dédales de couloirs volontairement non éclairés et ses fenêtres obstruées par des sacs de sable, j'apprends une terrible nouvelle : un journaliste français, Frédéric Leclerc-Imhoff, vient d'être frappé à mort par un éclat d'obus dans le bus qui le transportait. Au moment où l'on s'y attend le moins, les cruautés de la guerre se rappellent de nouveau à nous.

L'attaque a eu lieu dans une région qui n'est pas encore tombée aux mains des Russes dans l'oblast de Louhansk. Je joins donc immédiatement le gouverneur militaire de la région, Sergueï Gaïdaï, un homme énergique à la volonté de fer que je connais depuis longtemps. Avant-guerre, nous avions développé ensemble plusieurs projets dans le domaine de l'eau. Dans une courette de Bankova, entre deux voitures de notre escorte, je lui passe la ministre qui l'interroge sur les circonstances du décès de notre compatriote.

Sergueï Gaïdaï nous confirme que Frédéric a été atteint par un éclat d'obus qui a traversé le pare-brise de l'autocar pourtant supposé être blindé. Il nous assure qu'il va tout mettre en œuvre pour le rapatriement du corps.

Nous sommes sous le choc. De retour à l'Ambassade, la ministre fait une déclaration, digne et sobre, appelant à ce que toute la lumière soit faite sur ce crime de guerre. C'est le cœur gros que je la raccompagne à la gare. Dans la nuit kiévienne, à l'arrière de notre lourd véhicule, nous n'échangeons plus que de rares paroles. Nous pensons tous les deux à ce jeune homme mort dans l'accomplissement d'un des plus beaux métiers du monde : celui d'informer ses concitoyens de la réalité du monde et, dans le cas présent, de témoigner de l'agression inique subie par un peuple courageux de la part de son puissant voisin.

J'admire le courage et le professionnalisme des journalistes français. Je les rencontre souvent à Kiev, autour d'un café ou d'une bière, lorsqu'ils débarquent dans la capitale ou qu'ils en repartent après, généralement, trois semaines de mission. Les échanges que nous avons sont passionnants. La confrontation d'idées et d'analyses toujours enrichissante.

Dans les jours qui suivent, en lien permanent avec Marc-Olivier Fogiel, le directeur de BFM TV, je mets tout en œuvre pour faciliter le retour du corps de notre compatriote.

21
La guerre et le musée

J'ai lu dans la presse que les Ukrainiens avaient ouvert une exposition sur cette guerre en cours. Elle est organisée dans un ensemble de bâtiments qui correspond, en France, aux Invalides. Un vaste espace situé légèrement à l'écart de Kiev qui était historiquement consacré à la Grande Guerre patriotique (1941-1945), comme on appelle ici la Seconde Guerre mondiale.

Construit dans les années 1980, ce bâtiment et surmonté de la gigantesque statue de la « mère patrie », c'est-à-dire de l'Ukraine en majesté, tenant et levant haut dans le ciel, dans sa main droite, un glaive et, dans l'autre, un bouclier sur lequel figurent les symboles communistes, la faucille et le marteau. Cette Ukraine se dresse en direction de Moscou. Elle salue donc la mère patrie soviétique. Dans un décor architectural brejnévien, avec bas-reliefs de héros prenant les armes pour défendre la patrie du socialisme face à l'invasion nazie, se trouve un labyrinthe de musées exaltant la Grande Guerre patriotique, c'est-à-dire la victoire de l'URSS sur l'Allemagne nazie.

Intrigué par l'idée même qu'une exposition puisse être consacrée à une guerre en cours, je décide de m'y rendre un matin de la fin du mois de juin. Le conservateur m'y accueille avec empressement, très heureux de me faire les honneurs de son musée. Ma curiosité sera rapidement satisfaite. Cette exposition est absolument passionnante. Dans un style très léché et efficace, la première partie met en valeur les objets du quotidien pris ou laissés par les Russes lors de leur déroute devant Kiev. Ces objets de tous les jours, journaux en russe annonçant « l'opération spéciale », cartes d'État-major, rations de combat, chaussures de marche, cartes de crédit, permettent de pénétrer dans le quotidien de l'armée d'envahisseurs qui a tenté, il y a moins de quatre mois et pour la première fois depuis la Seconde Guerre mondiale, de prendre d'assaut une capitale européenne de cinq millions d'habitants.

Force est de constater que tout ceci ne donne pas une image particulièrement moderne et flatteuse de l'armée russe. L'informatique en est totalement absente et c'est sur des cahiers à la qualité médiocre que les officiers tiennent leur journal de bord. On remarque d'ailleurs que si les premières pages sont proprement écrites, très vite la situation se dégrade et les cahiers deviennent maculés de taches et tenus à la va-vite. On y lit toutefois les pertes importantes dans les unités déployées aux abords de Kiev et la liste des soldats morts avec brièvement les circonstances du décès. La vie quotidienne d'une armée, rapidement en déroute, surgit au détour des vitrines.

Je passe de longues minutes penché sur les cartes vieillies de Kiev sur lesquelles les officiers russes avaient entouré en rouge les points à occuper : postes de police, casernes, bâtiments publics, etc. Alors que l'équipe de l'Ambassade et moi-même étions terrés dans notre chancellerie de la rue Reitarska, me trouver face aux cartes et objectifs qu'avaient à la main les officiers russes pour prendre la ville me plonge dans une étrange sensation. J'imagine l'officier du FSB consulter sur le capot de son char cette carte vieillie datant de Mathusalem et sortie des stocks de l'ancienne Armée rouge. Je n'ai malheureusement pas pu savoir si l'Ambassade figurait ou non sur les objectifs entourés en rouge.

L'ordinaire du combattant russe apparaît bien tristounet. Les bocaux remplis de légumes de diverses couleurs sont peu ragoûtants ; les cornichons, également en bocaux de verre, le sont tout autant. Les rations de combat peu appétissantes ont, de surcroît, des dates périmées parfois de plusieurs années. À l'extérieur, des roquettes ou missiles russes non explosés sont alignés devant le bâtiment. Là aussi, l'impression qui s'en dégage est celle de matériels vétustes. Pas ou peu d'électronique mais de l'acier brut. Une technologie des années 1970 ou 1980, rarement des années 1990 en tout cas, pas des années 2020. On est loin des forfanteries de Vladimir Poutine sur les armes ultra-modernes russes. Peut-être existent-elles, mais ce ne sont pas celles qui sont exposées ici.

L'armée qui est ainsi exposée est celle directement héritée de la Seconde Guerre mondiale. On perçoit sans ambages que l'armée russe, dans ses méthodes, ses équipements comme dans sa gestion quotidienne, est restée celle de l'armée soviétique entrant à Berlin en 1945. Tout comme l'armée française était restée en mai 1940 très proche dans son fonctionnement, ses doctrines et ses méthodes, de celle qui avait vaincu en 1918, l'armée russe de 2022 apparaît clairement en retard d'une guerre.

Les matériels exposés montrent bien, même pour un non-spécialiste comme moi, l'obsolescence de l'armée russe. Une telle armée peut-elle gagner en ne comptant que sur sa seule supériorité quantitative, fondée elle-même sur la masse d'armement provenant des stocks de l'ancienne Union soviétique et du pacte de Varsovie ? C'est bien peu probable. Tout ceci me conforte dans l'idée que l'on surestime assez largement les capacités militaires russes. Les états-major occidentaux, notamment les Américains, pensaient que l'armée ukrainienne serait balayée dès les premiers jours des combats par la « grande et puissante armée russe ».

De mon point de vue, les observateurs et spécialistes militaires font exactement la même erreur d'analyse vis-à-vis de l'armée russe de 2022 que celle commise par leurs prédécesseurs qui voyaient dans l'armée française de 1940 la « première et la plus puissante armée du monde ». Nous ne devions faire qu'une bouchée de l'armée allemande construite à la va-vite par cet aventurier d'Adolf Hitler. Nous avons aujourd'hui oublié la stupeur qu'ont provoquée dans le monde entier, et en particulier aux États-Unis, notre défaite de mai-juin 1940, la débâcle et l'exode qui s'en sont suivis.

À la différence des nombreux « spécialistes » de la guerre en Ukraine, je n'ai pas un « long parcours russe ». Je n'ai jamais été en poste en Russie et n'ai visité qu'une seule fois Moscou, en 1990. Je suis donc moins sensible à une forme d'intoxication au regard de la supposée puissance militaire russe. La question que m'inspire la vue de cet équipement obsolète reste toujours la même : comment une armée faisant la guerre avec les armes et les méthodes du XXe siècle pourrait-elle vaincre une armée, même moins nombreuse, faisant, elle, la guerre avec les méthodes et les armes du XXIe siècle ? Pour moi, la réponse est claire : l'Ukraine ne pourra être vaincue. Reste bien sûr l'impensé de l'utilisation par la Russie de l'arme nucléaire. Mais là, nous entrons dans une autre dimension conceptuelle.

Le clou de l'exposition, si je puis dire, est la reconstitution dans les sous-sols mêmes du musée d'un abri dans la ville de Hostomel, aéroport situé à environ vingt kilomètres au nord de Kiev. Celui-là même où je me suis rendu et qui a fait l'objet de très durs combats. La reconstitution en est incroyablement réaliste. Tout a été remis en place à l'identique. Le mobilier et les objets ont été directement apportés de Hostomel et placés par ceux-là même qui y ont vécu plusieurs semaines sous les bombes. On perçoit ce qu'ont vécu ces malheureux et comment en quelques heures leur vie a basculé dans l'horreur. Deux des habitants de l'abri sont d'ailleurs morts durant les combats. Leurs corps ont été enterrés à la va-vite dans les jardins jouxtant l'immeuble. La mise en abîme est glaçante. Ce qui émeut particulièrement, c'est de savoir que ces malheurs ne sont pas arrivés il y a trente, quarante ou quatre-vingts ans, mais bien ici, sur le continent européen, il y a moins de quatre mois, à quelques kilomètres de moi. On ne peut que se sentir bouleversé que de telles tragédies interviennent sur notre continent sans qu'on ait pu les prévenir.

Tout ceci prend à la gorge. Le directeur m'indique que plus de mille Kiéviens se pressent chaque week-end pour voir son exposition. Le choc doit être encore plus fort pour ceux-là mêmes qui ont traversé ces épreuves. Je mets quelques mots sur le livre d'or puis rentre en silence à l'Ambassade en compagnie d'Olivier Jacquot dans notre lourd cortège d'escorte du GIGN. Que dire en effet.

22
Le volontaire

Comme on le sait, un certain nombre de Français et d'autres étrangers ont fait le choix de répondre à l'invitation du Président Zelensky et de rejoindre la Légion des volontaires. Cet appel a été lancé dès le 24 février. Dès les premiers jours de la guerre, nous avons arrêté une position d'extrême méfiance et de réticence vis-à-vis de cette initiative. La France n'est pas et n'entend pas devenir cobelligérante de ce conflit. Si nous appuyons et soutenons l'Ukraine face à l'agression russe avec tous nos moyens, y compris bien sûr militaires, nous tenons à éviter d'être perçus comme étant partie au conflit. Notre ligne constante depuis le 19 février est de « déconseiller formellement tout déplacement en Ukraine compte tenu des risques évidents et quel que soit le motif évoqué ».

Lorsque nous sommes interrogés par des compatriotes, nous leur rappelons les consignes et tentons de les décourager à venir s'ils sont encore en France ou les incitons à quitter l'Ukraine s'ils y sont déjà.

Cette ligne n'a jamais varié. Lorsque nous étions à Lviv, nous avons rencontré quelques Français qui venaient sonner au Consulat honoraire pour recueillir des informations sur la Légion des volontaires. Ils étaient systématiquement éconduits. Un panneau a même été placardé sur la porte pour leur indiquer que le Consulat n'était pas en mesure de leur assurer un soutien ou de leur fournir des renseignements.

Plusieurs intermédiaires ou recruteurs aux motivations floues tournent autour de l'Ambassade et de la petite communauté française encore présente à Kiev. Toute guerre fait émerger ce type de personnages louches, cauteleux et peu recommandables. Je m'efforce de tenir à bout de gaffe ces chiens de guerre aimant surtout parader, sanglés dans des uniformes impeccables, dans les diverses réceptions diplomatiques, bien loin de tout danger immédiat.

Nous n'avons des nouvelles des volontaires français que très indirectement, parfois par les journalistes qui les rencontrent. Souvent sur un mode plus anecdotique, en les retrouvant sur les plateaux de chaînes d'info en continu comme BFM TV, lors de leur retour en France. Ils tentent un temps de jouer les cadors avant de retomber rapidement dans l'anonymat.

C'est généralement lorsqu'ils sont blessés que nous savons qu'ils sont là. Certains cas sont tragi-comiques, comme ce Méditerranéen volubile à qui Olivier

Jacquot avait rendu visite sur son lit d'hôpital, à Lviv, pour lui apporter réconfort et soutien. Il lui avait expliqué avoir été blessé lors de l'attaque par missiles du camp d'entraînement de Iaroviv près de Lviv. Après quelques questions, il s'est avéré qu'il était tombé de frayeur de l'étage supérieur de sa paillasse où, par précaution ou pour éviter de se les faire voler, il dormait tout équipé, gilet pare-balles et casque inclus. Sa cheville n'avait pas supporté le choc. Pas la peine de préciser qu'à peine remis sur pied, il filait en France sans demander son reste.

Mais d'autres cas sont en revanche terriblement douloureux. Lors de la mort d'un volontaire français, il revient alors à l'Ambassade, une fois la famille prévenue, de favoriser le retour du corps en France après identification. Même s'ils sont formés à ce type de tâches, les agents du Consulat sont toujours douloureusement affectés lorsqu'ils ont à procéder à l'identification, surtout pour un jeune compatriote.

Ne venant pas nous voir, il est difficile d'estimer le nombre de volontaires français. Ils ne sont pas plus d'une cinquantaine réellement engagés et actifs. Une goutte d'eau dans les effectifs ukrainiens. Leurs motivations sont très variables. Certains viennent prendre les armes sous le coup de l'émotion, d'autres par soif d'aventure et d'autres, enfin, sans trop savoir pourquoi. Je comprends aussi que la grande majorité, une fois l'excitation de l'engagement et de l'arrivée en Ukraine retombée, renonce vite à ses illusions.

Du fait de cette politique restrictive, je me suis toujours interdit de les recevoir ou de les rencontrer. Mais l'un d'entre eux, François F., m'a adressé un courriel aimable m'indiquant qu'il était en permission à Kiev et qu'il souhaitait passer me voir. Je décide donc de faire une entorse à cette politique de défiance. Je refuse en revanche l'accès de l'Ambassade à l'un de ces intermédiaires louches que j'évoquais précédemment et qui tentait d'en franchir le seuil.

Le volontaire est conduit dans mon bureau. Eu égard au caractère un peu particulier de ce public, le GIGN m'informe qu'ils vont suivre une procédure de « sécurité renforcée ». Je ne comprends tout d'abord pas exactement en quoi elle retourne, car il me semble que ma sécurité est déjà en temps normal particulièrement bien assurée. Je découvre que le pas supplémentaire consiste à ce que mon « épaule » reste durant l'entretien à l'intérieur de mon bureau même – et non à l'extérieur –, debout et figé dans un coin, dans le dos du visiteur. Cette présence muette me fait ironiquement penser à ces films ou séries, type *Game of Thrones*, où un garde en armure veille sur son seigneur à côté de la cheminée. Je dois me retenir de ne pas sourire et m'efforce de ne pas croiser le regard de mon gentil protecteur, visiblement les muscles bandés et prêt à bondir s'il venait à l'idée de mon visiteur du jour de se jeter à ma gorge pour m'étrangler ou de me lancer la tasse de café que je viens de lui servir.

L'état d'esprit du jeune François paraît d'ailleurs à mille lieues de telles suppositions. J'ai en face de moi un jeune homme poli et posé, bien tenu, qui me regarde droit dans les yeux, sans agressivité. Ce jeune volontaire me fait une bonne impression. Il est pondéré dans ses propos. Je cherche à comprendre quelle est exactement sa motivation et pourquoi il s'est retrouvé ici, en Ukraine, sur le front du Donbass. Sur ce point, je reste clairement sur ma faim. J'ai de la peine à discerner ce qui l'a conduit ici, au-delà d'une claire sympathie pour l'Ukraine agressée. Il ne fait pas état d'éléments idéologiques.

En revanche, je l'interroge sur le fonctionnement de la Légion et comment se déroulent ses journées au front. Il me confirme une organisation ukrainienne désordonnée et décentralisée. La cellule de base est celle du groupe de combat sous l'autorité d'un *« team leader »* choisi, voire élu, au sein du groupe. Ses propos me confortent dans mon analyse d'une organisation relativement chaotique des forces armées ukrainiennes, ce qui fait à la fois sa force par sa grande capacité de réaction et sa faiblesse.

Lui-même a été frappé par le grand nombre de Sud-Américains, Colombiens notamment, engagés essentiellement pour des raisons pécuniaires dans cette légion.

Mon interlocuteur revient de Severodonetsk où il décrit une situation difficile, avec des bombardements incessants. Les forces russes refusent d'engager le combat de près pour se contenter d'avancer après des bombardements intensifs. La retraite s'est faite relativement en ordre bien que certains officiers ou chefs de groupe aient pu avoir une attitude déconcertante, voire de prévarication.

Sa description des scènes de combat auxquelles il a pu participer me touche le plus. Il me relate les patrouilles nocturnes où chacun s'efforce d'étouffer le bruit de ses pas. L'objectif est de mettre en place une embuscade. Les avancées se font prioritairement le long des bosquets d'arbres ou de buissons bordant les champs et les routes ukrainiennes. Le danger est alors partout, tout particulièrement dans ces pièges ou mines disséminés le long des sentiers. Il a lui-même été le témoin de la mort de deux de ses camarades lors d'une telle sortie. Il est également arrivé que sa petite section de combat entende, à quelques dizaines de mètres, le passage d'une patrouille russe. J'imagine la peur qui tenaille les uns et les autres. Mon imagination s'envole et me revient une scène identique du *Jour le plus long*, dans le bocage normand où les deux patrouilles, l'américaine et l'allemande, se croisent dans la nuit en s'ignorant sagement.

Comme dans tous les récits de guerre que j'ai pu lire, notamment relatifs à la Première Guerre mondiale, le volontaire français me décrit un fonctionnement très largement fondé sur la solidarité et l'amitié au sein d'un petit groupe de combattants. Leur survie dépend de ces liens de camaraderie.

Face à la puissance de feu russe, le manque d'équipements lourds du côté ukrainien est criant.

J'aborde enfin la raison pour laquelle j'avais accepté de le rencontrer, à savoir la suite. Je lui demande ce qu'il compte faire après sa permission. Je m'efforce par tous les moyens de le dissuader de poursuivre dans la Légion. Si la cause ukrainienne est évidemment noble et légitime et si nous la soutenons de toutes nos forces, elle n'est toutefois pas la nôtre, nous, Français. Nous ne sommes pas cobelligérants et ne souhaitons pas l'être. Ma recommandation, comme à tout compatriote qui me demande mon avis, est de rentrer chez lui.

Je le sens visiblement hésitant. Les conditions de la retraite, le manque d'armement lourd côté ukrainien et le sentiment qu'il croit discerner chez certains officiers ukrainiens – que les légionnaires étrangers sont de la « chair à canon » qu'on peut exposer au danger – le font clairement hésiter. À l'inverse, la solidarité d'armes qu'il ressent pour sa section le conduirait plutôt à accepter de se rendre avec ses camarades de combat dans sa prochaine zone de déploiement, la région de Kharkiv.

Je cherche à me montrer persuasif en le fixant droit dans ses yeux bleus et en soulignant qu'il en a déjà fait beaucoup et qu'il peut rentrer en France la tête haute. J'admire son courage alors que rien ne l'obligeait à faire ce choix de combattre aux côtés des Ukrainiens.

Je le raccompagne à la porte et le remets dans les mains de mon ange gardien qui n'a pas manifesté la moindre trace d'émotion durant tout l'entretien.

En retournant à mon bureau, je reste songeur. Comment réagirais-je moi-même si j'étais soumis à un feu roulant d'artillerie ou si je devais sortir patrouiller dans la nuit noire de l'hiver en territoire hostile ? Tout ceci nous renvoie au caractère insondable de la guerre et au fossé béant qui ne peut manquer d'exister entre ceux qui ont connu l'épreuve du feu et ceux qui, comme moi, malgré certains dangers encourus, sont néanmoins restés loin du front. J'ai d'ailleurs la même réaction d'admiration vis-à-vis des journalistes de retour de mission à proximité des combats.

Je comprends pourquoi on parle souvent d'incommunicabilité entre les combattants et les autres, ceux de l'arrière. Les récits sont pleins de soldats de retour du front ou de guerre qui refusent d'en dire le moindre mot. Dans ma famille, mon père m'a toujours raconté que mon grand-père ne parlait jamais de la Grande Guerre. Il s'était pourtant engagé volontaire à dix-sept ans en 1916, c'est-à-dire qu'il avait devancé l'appel alors même qu'il savait bien à quelles horreurs s'attendre. À l'issue du conflit, il avait passé le concours de Saint-Cyr et a fini colonel. Il est mort sans laisser une ligne racontant ce qu'il avait vécu. Seules doivent peut-être demeurer dans le grenier du manoir familial de Saint-Cyr-les-Vignes, dans le Forez, les lettres qu'il adressait à sa mère.

Sans me comparer le moins du monde à cet exemple familial, je ressens moi-même, lorsque je quitte l'Ukraine, des difficultés à parler de ma vie quotidienne à Kiev ou Lviv et à évoquer, notamment, l'angoisse diffuse que font régner le son sinistre des sirènes comme le danger permanent bien que limité. Tout à ma joie du retour à la vie normale, je fais abstraction de ces sensations pénibles.

Je m'interroge enfin sur le choix final que fera mon interlocuteur. Je l'ai senti ébranlé. Mais cela sera-t-il suffisant pour le faire tomber du bon côté et le faire revenir auprès des siens ?

Quelques jours plus tard, je reçois un mail de sa part m'indiquant qu'il a suivi mes conseils et est rentré en France. Un immense soulagement et une véritable joie me saisissent. Peut-être ai-je contribué à lui sauver la vie. Nous ne le saurons évidemment jamais. En tout cas, j'aurais été désespéré si, après l'avoir rencontré, j'avais appris sa mort au combat. Heureusement, cette douleur m'a jusqu'à présent été épargnée.

23
Courage et sang froid

Il est près de 21 heures ce 16 juin 2022. La visite présidentielle s'achève. Très attendue et effectuée conjointement avec le chancelier allemand Scholz, le Président du Conseil italien Draghi, et le Président roumain Iahannis, elle s'est parfaitement bien déroulée. L'accueil du Président Zelensky dans le palais Maryinsky a été des plus chaleureux. Les entretiens tout autant. Ses invités qui ont traversé le continent européen pour venir le voir ne sont, en effet, pas venus les mains vides. À l'initiative du président de la République, qui a notamment réussi à convaincre, lors du long voyage en train, son homologue allemand, les quatre dirigeants se sont engagés à soutenir l'octroi du statut de candidat à l'Union européenne pour l'Ukraine. Une des aspirations majeures du peuple ukrainien, se voir reconnaître le droit de rejoindre l'Union européenne, est en passe d'être satisfaite. Et le Président Emmanuel Macron, qui exerce la présidence de l'Union européenne, en est largement crédité.

En fin de journée, le chef de l'État a salué les équipes de l'Ambassade ainsi que les gendarmes légistes de l'IRCGN au cours d'une rencontre sympathique et détendue. J'ai été particulièrement heureux de lui présenter nos agents ukrainiens, en particulier le cuisinier Kyrill et l'agente de la Résidence, Galina, qui ont, tous les deux, souffert de l'occupation russe.

Le Président sort détendu du bâtiment de la rue Reitarska et me propose de faire une photo, ce que j'accepte évidemment bien volontiers.

Nous montons en voiture en direction de la gare afin de retrouver le chancelier allemand et le Président du Conseil italien. Ce dernier trajet, à l'issue d'une visite réussie, est généralement pour les ambassadeurs l'occasion d'évoquer leur situation personnelle, notamment s'ils sont en fin de mission. Pour ma part, rien de tel. Je n'ai d'autre ambition que celle de rester à mon poste le plus longtemps possible afin de continuer ma mission. Ce n'est en tout cas pas le moment de quitter le navire alors que les Ukrainiens sont encore plongés dans les affres de la guerre. Je n'ai donc rien de particulier à demander au président de la République.

La conversation confiante et bienveillante roule sur le second tour des élections législatives qui se tient dans quelques jours. Le Président évoque la situation à Amiens et en Picardie. Je fais état de la montée continue du Rassemblement national dans le département de la Haute-Marne qui m'est cher.

Le cortège s'approche de la gare centrale de Kiev et les véhicules s'engagent à faible allure le long du quai où est arrêté le train. C'est le moment que je choisis pour remercier le Président d'avoir accédé à ma demande de maintenir l'Ambassade sur le sol ukrainien. Je lui indique que j'aurais très mal vécu de devoir quitter l'Ukraine pour me relocaliser, par exemple, en Pologne. Le Président se tourne alors légèrement vers moi pour me dire qu'il a apprécié mon travail durant ces mois de guerre. Il termine par ces quelques mots : « Vous êtes courageux. » Ce compliment me va droit au cœur venant du chef de l'État. J'en reste silencieux.

Rien, au fond de moi, ne me dit que je suis courageux. Je ne sais qu'une seule chose : la situation de guerre et les épreuves que j'ai traversées à la tête de l'Ambassade agissent comme un formidable révélateur et accélérateur de perception vis-à-vis de soi-même. C'est un test à l'acide pour tout un chacun. Il vous force à vous interroger sur ce que vous êtes, les forces morales qui vous animent, les qualités et les faiblesses que vous ressentez intimement. Lorsqu'on parle de courage, me reviennent mes lectures d'enfance, dans la maison de Versailles de mon grand-père maternel. C'était dans les années 1970. Aussitôt après l'avoir embrassé, installé dans son vaste fauteuil de cuir sombre, près de la fenêtre, je me précipitais vers la grande bibliothèque tournante du salon. J'y saisissais alors, pour y lire des heures entières, assis en tailleur, selon la saison dans le jardin ou dans un coin retiré de la maison, les albums de *Tintin* de mes oncles. Je dévorais aussi les livres illustrés sur l'Histoire de France et ses héros. Je me souviens encore de l'héroïsme du chevalier d'Assas lors de la Guerre de Sept Ans sous Louis XV. Au mépris de sa propre vie (« À moi Auvergne, c'est l'ennemi ! »), il avait donné l'alerte et sauvé ainsi l'armée. L'enfant que j'étais se demandait comment lui-même réagirait en pareille situation.

Aujourd'hui, confronté à une situation d'extrême tension, je ne perçois nulle preuve de courage mais plutôt le sentiment d'accomplir ma mission le mieux possible dans des circonstances difficiles. Qu'est-ce d'ailleurs que le courage ? Est-ce de ne pas avoir peur ? Ou justement de dominer sa peur ? Y compris dans les moments les plus délicats, lors des « jours les plus longs », lorsque les missiles tombaient sur Kiev, que les détonations résonnaient à nos oreilles et que les menaces s'accumulaient, y compris de frappes nucléaires, ou lors des épisodes relatés plus haut du « grand convoi », je n'ai pas ressenti d'inquiétude particulière. J'étais tout entier occupé à « tenir la barre », à maintenir la cohésion de l'équipe, à la sortir de la mauvaise passe dans laquelle nous étions placés.

À Lviv comme à Kiev, jamais, je crois, je n'ai décidé de mener ou non une action à l'extérieur de l'Ambassade en fonction d'un potentiel risque sécuritaire. Seul entre en ligne de compte l'intérêt objectif de l'activité par rapport au travail de l'Ambassade. Je délègue les considérations sécuritaires aux experts, c'est-à-dire essentiellement au détachement du GIGN. C'est à eux de me dire s'il est raisonnable ou pas de sortir pour telle ou telle activité. Bien entendu, je ne vais jamais contre leur avis, même si je les trouve parfois trop précautionneux. Dans ce domaine, ce sont eux qui ont raison.

Plus que de courage, c'est de sang-froid dont j'essaie de faire preuve. C'est chez moi un effort de longue date de conserver calme et sérénité en toutes circonstances. Les responsabilités d'ambassadeur en pays en guerre m'y incitent d'autant plus que je sais très bien l'effet délétère que pourrait avoir, à l'inverse, un comportement fébrile ou anxieux vis-à-vis de mes collaborateurs et agents. Ils se demanderaient immédiatement si cette inquiétude affichée n'est pas le fruit d'informations confidentielles reçues et non partagées. Je me dois de donner l'exemple et d'afficher une équanimité de bon aloi.

On est toujours le fruit de son enfance et de son éducation. Me concernant, je pense avoir été profondément forgé par l'éducation bourgeoise et catholique de la France de ma jeunesse, celle des années 1970, en particulier par mes douze années passées dans un collège jésuite parisien, Saint-Louis de Gonzague, plus communément connu sous le nom de Franklin.

On nous y apprenait alors l'importance de certaines valeurs, à commencer par la notion de service et d'attention aux autres. Il fallait rendre un peu de ce qu'on avait reçu : la fameuse parabole des talents que ma mère, comme mes maîtres, ne manquait pas de me rappeler... Cette éducation avait le mérite de vous pousser à donner le meilleur de vous-même et à faire tous les efforts en ce sens.

Cette valeur du service des autres s'accompagnait aussi d'une exigence : la réserve et la discrétion en toute chose – « ne pas se faire remarquer... sous peine d'être ridicule », disait ma chère mère. À cette époque, il était bon, surtout pour les petits garçons, de cacher ou de retenir ses émotions et ses sentiments. Dans le milieu dans lequel j'ai grandi, comme, plus généralement, je crois, dans la France de ce temps, les marques d'amour, y compris dans le cercle familial, restaient contenues. Il y avait beaucoup de retenue et l'on évitait les effusions, ce qui n'empêchait d'ailleurs nullement la plus grande affection. Je n'en ai pour ma part nullement manqué. À l'extérieur, la politesse, surtout vis-à-vis des adultes, était érigée en vertu. De cette éducation, j'ai gardé longtemps une forme de timidité qu'il m'a fallu vaincre pour prendre la parole en public, pourtant à la base du métier diplomatique. Le caractère réservé m'est resté.

Ces valeurs n'étaient jamais synonymes d'abaissement. Au contraire, il s'agissait d'aller le plus loin possible dans la voie de l'effort et des études ; tant d'ailleurs pour ma sœur que pour moi-même, sans aucune différence d'exigence et d'ambition entre nous deux.

De ce point de vue, je suis un pur produit de la méritocratie républicaine. Je n'ai dû mon entrée dans la diplomatie qu'à ma réussite au concours de l'ENA puis à mon classement de sortie qui m'y a donné accès. C'est, pour moi, une vraie fierté.

C'est donc avec ce bagage mental, avec ses forces et ses faiblesses, que j'ai dû affronter la première guerre à haute intensité sur le continent européen depuis près de quatre-vingts ans.

En écrivant ces lignes, j'ai une pensée pour le père jésuite Patrick Langue qui, en 1981, fut mon professeur d'histoire-géographie, à Franklin, en terminale. Plus que tout autre, il nous inculquait ce sens du devoir et de la persévérance. Il fut aussi l'un des premiers à m'avoir parlé de l'Ukraine et de ses riches terres noires de tchernoziom dans ses cours sur l'URSS dont je me souviens encore aujourd'hui.

Toujours de ce monde, les messages d'amitié que le Père Langue n'a cessé de m'adresser, dès les premiers jours de la guerre, sont parmi ceux qui m'ont le plus touché.

24
L'ombre d'Holodomor

Dans la légère torpeur de la fin d'après-midi de cette belle journée de juin, je somnole légèrement, la tête appuyée sur la vitre du puissant 4 x 4 japonais blindé qui nous ramène, la présidente de la région d'Ile-de-France, Valérie Pécresse, et moi, d'une visite de travail dans la région de Tchernihiv. La journée a été rude, avec un départ tôt le matin et de nombreux entretiens et visites de terrain. Nous sommes tous les deux épuisés. Situés à environ cent cinquante kilomètres au nord-est de Kiev, la ville et l'oblast de Tchernihiv, ont opposé une formidable résistance à l'envahisseur russe dans les premières semaines du conflit. L'objectif des hordes russes était justement de prendre très vite la ville de Tchernihiv, important nœud routier et ferroviaire, afin de pouvoir l'utiliser pour acheminer par train les troupes devant conquérir Kiev. Ce plan a totalement échoué, la ville et ses habitants soutenant un siège de plus de trente-cinq jours sous un bombardement constant de l'artillerie russe. Les forces russes ont donc dû contourner ce point de résistance, ce qui les a ralenties avant qu'elles ne se fassent tailler en pièces à l'entrée de Kiev.

Elles ont alors, comme on le sait, reflué en désordre au-delà des frontières. La résistance héroïque de Tchernihiv mérite notre plein soutien. C'est à ce titre et pour répondre à une demande du Président Zelensky de parrainage d'une municipalité et d'une région par ses grands partenaires que, sur ma proposition, la France a pris la décision de faire converger une large part de son soutien à la reconstruction vers cette région.

Valérie Pécresse est venue annoncer que la Région Ile-de-France apporterait son appui à hauteur de cinq cent mille euros et a signé divers mémorandums. L'Académie française a également marqué son appui à cette région, sans doute sous la forme d'une aide à la reconstruction de la bibliothèque municipale détruite par une bombe russe. L'État lui-même prépare un paquet d'assistance varié et conséquent qui devrait bientôt être transmis au maire de la ville comme au gouverneur de l'oblast. Bref, la France est en train de planter son drapeau et de prendre sous son aile cette héroïque région d'Ukraine tellement marquée par la guerre.

Mais ce n'est pas à l'aide à apporter à Tchernihiv, ni même à une quelconque préoccupation de travail que je songe en regardant le paysage et les champs à perte de vue qui bordent la route secondaire que nous empruntons en tentant d'éviter ses nombreux nids-de-poule. La principale, une belle deux fois deux-voies que j'ai empruntée si souvent avant-guerre est, en effet, encore en cours de déminage. Une fois de plus, je reste sans voix devant l'extraordinaire richesse agricole de l'Ukraine. Quelle terre incroyablement fertile. Tout y pousse. La terre noire, le fameux tchernoziom de mes cours de géographie de terminale, est là sous mes yeux. Et une fois encore, mes pensées reviennent sur l'insoutenable paradoxe qui a voulu que, justement sur cette terre bénie des dieux, soit planifiée, organisée et mise en œuvre par le pouvoir totalitaire communiste, l'une des plus abominables tragédies du XXe siècle, la grande famine de 1932-1933.

Appelée Holodomor – la mort par la faim – par les Ukrainiens, décrétée par Staline et son clan moscovite contre l'avis même des membres du parti communiste d'Ukraine, dont cent cinquante mille membres furent d'ailleurs arrêtés, cette tragédie a fait entre 3,5 et 4 millions de victimes ukrainiennes sur une population totale estimée alors entre 35 et 40 millions d'habitants, soit un taux d'attrition de près de 10 à 12 %. Le régime communiste, sous l'impulsion directe de Staline, dans le cadre de sa politique de lutte contre les paysans riches, les « points fermés » ou *koulaks*, a décrété la confiscation quasi totale des denrées agricoles pour assurer le plan quinquennal, et l'industrialisation forcée du pays.

L'objectif affiché était d'inciter par la force les paysans ukrainiens à quitter leur lopin de terre et à rejoindre les fermes collectives. Des millions d'entre eux et leur famille ont été ainsi simplement condamnés à mourir de faim dans des conditions de cruauté qui dépassent l'entendement.

Pour avoir lu de nombreux ouvrages sur la question, notamment ceux de Nicolas Werth ou d'Anne Applebaum, je garde en mémoire les souffrances indicibles de ces malheureuses victimes du totalitarisme. Parmi celles-ci, je pense à ces paysans ukrainiens affamés, convoqués pour une séance d'endoctrinement par les activistes communistes venus des villes les endoctriner et leur retirer toutes la nourriture qu'ils pouvaient trouver. Avec des barres de fer, ils fouillaient les toits de chaume à la recherche de la moindre cachette. Les paysans ne pouvaient échapper à la convocation sous peine d'exécution. Le seul moyen qui leur restait pour marquer leur désapprobation face à leurs bourreaux était de conserver en toutes circonstances le plus complet silence, un silence littéralement de mort. Il leur permettait en outre d'économiser le peu de forces qui leur restait. Image poignante que ces assemblées auxquelles seul le silence répondait aux diatribes et injonctions totalitaires.

Ces scènes d'épouvante sont encore très présentes dans l'imaginaire ukrainien. Elles donnent lieu chaque année, en novembre, à une journée de commémoration.

Les Ukrainiens allument des bougies devant leur fenêtre ou au pied des monuments commémoratifs. C'est le début de l'hiver, la brume descend sur le pays et l'on voit ainsi scintiller dans la nuit ces petites lumières qui rappellent la souffrance de tout un peuple. Je garde en mémoire les propos du maire de Kiev, Vitali Klitschko. Il m'indiquait, un jour que je l'interrogeais, que sa grand-mère était la seule survivante d'une famille de dix enfants, tous les autres étaient morts de faim.

Près de quatre-vingts ans plus tard, c'est de nouveau le peuple russe qui inflige à l'Ukraine les souffrances que l'on connaît aujourd'hui. On ne comprend d'ailleurs pas les ressorts de la résistance ukrainienne actuelle à l'invasion russe si l'on ne prend pas en compte le négationnisme russe qui entoure Holodomor. En effet, non content d'infliger des tourments inimaginables aux paysans ukrainiens, Moscou a nié et caché ses crimes des décennies durant. Encore aujourd'hui, la propagande russe réfute toute volonté destructrice, voire génocidaire, en 1932-1933, pour, dans le meilleur des cas, admettre « quelques erreurs dans la planification et l'organisation de la collectivisation ». Ce négationnisme des millions de morts de la Grande Famine n'a fait que conforter la Nation ukrainienne dans sa volonté de s'émanciper de la tutelle russe et de se rapprocher de l'Union européenne. Il participe aussi de la farouche résistance ukrainienne à refuser de retomber sous le joug politique de Moscou.

Mais tandis que défile sous mes yeux la campagne riante et paisible du printemps ukrainien, je ne peux m'empêcher de revenir à une réflexion qui me hantait bien avant la guerre : qu'a vu et su ou que n'a pas vu et n'a pas su de la Grande Famine Édouard Herriot, lors de son voyage de l'été 1933 ? Pour beaucoup de nos compatriotes, sauf s'il habite Lyon, le nom même d'Édouard Herriot n'évoque sans doute plus grand-chose. Il fut pourtant une des personnalités politiques françaises majeures du milieu du XXe siècle. Chef du parti radical, Président du Conseil à plusieurs reprises, c'est-à-dire chef du gouvernement et détenteur du pouvoir exécutif, ministre un nombre incalculable de fois, président de l'Assemblée nationale sous le Front populaire puis de nouveau sous la IVe République et surtout maire de Lyon durant douze ans.

Édouard Herriot était très certainement, à son époque, un des deux ou trois personnages politiques les plus célèbres de son temps. Et pourtant, aujourd'hui, presque plus personne ne parle de lui, et s'il a des boulevards ou des rues dans un certain nombre de villes de France, bien peu sont ceux, tout particulièrement parmi les jeunes, qui connaissent son nom.

Le lien avec Holodomor, me direz-vous ? Alors, au sommet de sa gloire et de son influence, il a été invité par le pouvoir communiste à visiter l'URSS à l'été 1933. En tant que membre d'un parti de centre-gauche, mais non affilié au Parti communiste, sa venue en Ukraine et en Russie soviétique revêtait une importance capitale aux yeux du pouvoir soviétique et de Staline lui-même, afin justement qu'il puisse réfuter l'horrible famine qui y sévissait à l'époque. Malgré le blocus quasi complet des informations, la vérité commençait à filtrer, notamment par l'intermédiaire d'un courageux journaliste gallois, Gareth Jones. Véritable lanceur d'alertes avant l'heure, il a le premier dénoncé et documenté la famine en cours en Ukraine. Il était donc crucial pour le pouvoir soviétique de faire venir une personnalité ouest-européenne afin d'établir un contre-feu. Du haut de sa légitimité et de sa crédibilité internationale, Édouard Herriot était la personnalité idéale dans le rôle affectionné par le pouvoir totalitaire communiste de « l'idiot utile » afin de couper court à ce qu'il appelait des « rumeurs malveillantes ».

Et le moins que l'on puisse dire est que l'homme d'État français n'a pas déçu ses hôtes. Il n'a cessé de multiplier les déclarations dithyrambiques sur les *kolkhozes* (fermes d'État) admirablement irriguées et cultivées, allant jusqu'à déclarer : « Lorsque l'on soutient que l'Ukraine est dévastée par la famine, permettez-moi de hausser les épaules. » Cette cécité, calculée ou non, fait rétrospectivement froid dans le dos quand on sait aujourd'hui les scènes de dévastation qui se tenaient à quelques kilomètres du maire de Lyon.

De ce piteux voyage de M. Herriot, je trouve beaucoup d'enseignements et de matière à réflexion.

Le grand politicien français a-t-il été étonnamment naïf ou a-t-il voulu sciemment se laisser tromper ? N'a-t-il vraiment pas vu les preuves qui, pourtant, étaient à portée de main, malgré les efforts des propagandistes soviétiques, au demeurant bien maladroits ? Ou bien tout en étant parfaitement lucide sur la réalité de la famine, a-t-il préféré se taire au nom de l'intérêt supérieur de l'État, afin de préserver à tout prix les chances d'une alliance avec l'Union soviétique de Staline quelques mois seulement après l'arrivée au pouvoir d'Hitler en Allemagne ?

Près de quatre-vingts ans plus tard, aucune réponse totalement affirmative n'est possible, même si la balance penche en faveur d'une cécité voulue. Sa place aurait été grande dans l'Histoire, s'il avait tout simplement rejeté les œillères qu'il s'était mises volontairement, s'il avait simplement témoigné de ce qu'il avait vu ou pu aisément voir avec un peu d'effort et de courage.

Par son poids politique, par son aura internationale, s'il n'avait prononcé ne serait-ce qu'un mot, s'il avait dénoncé notamment dans les journaux ou devant la Société des Nations ce qui se passait vraiment, ses prises de position auraient pu provoquer un séisme. Elles auraient surtout, sans doute, permis de sauver des centaines de milliers de vies. L'Histoire est passée à côté de lui. Il n'a pas su la saisir.

Le métier de diplomate me place régulièrement en position d'observateur et, par les informations particulières qui me parviennent par divers canaux, en position de témoin privilégié. Ma hantise a toujours été justement d'être un Édouard Herriot en puissance, être celui qui ne voit pas ce qu'il devrait voir, qui ne comprend pas ce qu'il devrait comprendre.

Alors que le paysage du printemps ukrainien continue à défiler devant mes yeux avec les puissants tracteurs qui œuvrent dans les immenses champs, je me fais la promesse de toujours rester vigilant, de faire preuve de la plus grande lucidité possible et d'approcher la vérité derrière les rideaux de fumée qui souvent la cachent. Édouard Herriot est un contre-modèle absolu. Je perçois ma responsabilité particulière en étant placé là où je suis, aux premières loges de la cette guerre de haute intensité. Cette responsabilité me pousse à être encore plus scrupuleux dans mes analyses, plus précis dans mes observations et, surtout, de garder la hauteur de vue et le recul nécessaires pour ne pas passer à côté d'un événement majeur qui m'aurait échappé.

Un jour, peut-être, je m'essaierai réellement à l'exercice de la fiction – roman ou scénario – pour raconter cette histoire oubliée et ce rendez-vous raté d'Édouard Herriot avec la postérité. J'y pense depuis longtemps. À mes heures perdues, j'ai même écrit avant-guerre la trame d'un scénario et imaginé, si cela devenait un film, les têtes d'affiche. Pour le rôle principal, celui de Herriot, j'ai en tête un ami d'enfance, devenu un acteur et un réalisateur de talent. Nos deux mères sont aussi des amies de toujours. La ressemblance me paraît plausible et l'âge correspond. En fin d'année dernière, je lui ai même adressé un courriel en lui envoyant la trame de mon projet de fiction. Il m'a répondu aimablement mais n'a pas donné suite, jugeant, non sans raison, que « plus personne ne connaît Herriot ». Je me fais la promesse de le relancer dès que j'aurai un moment. Si Herriot est toujours aussi oublié, en revanche l'Ukraine est au centre de l'attention mondiale. Mon ami réalisateur pourrait me réserver une oreille plus attentive qu'il y a un an.

Je m'amuse aussi à imaginer un courrier que je pourrais adresser à Franck Ferrand pour son émission sur Radio Classique dont je suis un auditeur régulier. J'entends déjà ses premiers mots : « Il fait beau ce 26 août 1933. Le soleil illumine la radieuse baie d'Odessa, le grand port de la mer Noire fondé par Catherine II. La foule a revêtu ses plus beaux atours et se presse sur les quais, au pied de la statue du duc de Richelieu. C'est qu'un hôte d'honneur se trouve à bord. Le Français Édouard Herriot vient rendre visite à l'Union soviétique… Un petit homme aux cheveux drus et coiffés en brosse s'y engage précautionneusement. Au bas de la coupée, une jeune fille aux longues couettes blondes l'attend pour lui présenter le pain et le sel selon la tradition ukrainienne. »

Mais l'arrivée de notre convoi dans la banlieue de Kiev et le passage des derniers *check-points* me tirent de mes rêveries. La suite et la fin de la visite de Valérie Pécresse m'appellent.

Il me faut remiser ce projet d'écriture qui attendra sans doute des jours meilleurs. Je me promets cependant de continuer à y penser. Après tout, le médecin du GIGN ne nous a-t-il pas recommandé de consacrer au moins trente minutes par jour à penser à des questions sans lien direct avec l'état de crise et de guerre dans lequel nous sommes plongés ?

25
Qui est vraiment le Président Zelensky ?

Nous sommes le 8 juillet au petit matin. Entouré de mon impressionnant équipage GIGN, je me dirige de nouveau vers la gare centrale de Kiev pour y accueillir un visiteur d'importance. Décidément, Kiev en guerre est très courue. Le train bleu et blanc siglé UZ entre en gare dans un crissement de frein assourdissant puis s'immobilise. Le Président du Sénat, Gérard Larcher, en descend, suivi de plusieurs élus, dont la sénatrice Nadia Sollogoub, présidente du groupe d'amitié France-Ukraine. Je connais le Président Larcher depuis longtemps, au titre de mon parcours européen auprès de Valéry Giscard d'Estaing. Je l'avais notamment sollicité pour qu'il parraine la remise du Prix VGE qui récompense chaque année des étudiants en affaires européennes et dont j'assure le secrétariat. La remise de l'an passé s'est d'ailleurs tenue dans les magnifiques locaux du Sénat. Lors de mon passage à Paris en mai, le Président m'a reçu pour recueillir mon avis sur la guerre, mais également pour envisager son déplacement à Kiev à l'invitation du président de la Rada, Rouslan Stefantchouk. Depuis, avec son conseiller diplomatique, Hubert de Canson, nous préparons activement cette visite importante.

Nous voici donc heureux de nous retrouver à Kiev. Nous attend un programme chargé qui prévoit notamment une allocution de Gérard Larcher devant la Rada réunie en séance plénière. C'est un insigne honneur que lui fait son homologue de la Rada, jusque-là réservé à quelques rares personnalités, dont la présidente du Parlement européen. Ce geste à notre égard témoigne de la qualité de notre relation bilatérale et de l'appréciation du soutien politique, militaire, économique et humanitaire que nous avons apporté à l'Ukraine en guerre. Après un rendez-vous en tête à tête, les deux présidents entrent dans l'hémicycle où nous les attendons dans la tribune des invités. Comme tout un chacun, je m'amuse de les voir côte à côte. Car si Gérard Larcher, comme on le sait, présente une belle carrure, son semblable ukrainien est une masse qui doit faire deux fois son poids. Si l'on songe que le maire de Kiev, Vitaly Klitschko, ancien boxeur, catégorie poids-lourds, est également un « beau bestiau », on peut dire que l'Ukraine n'est pas avare en responsables politiques imposants.

Les députés ukrainiens réservent un accueil extrêmement chaleureux à leurs hôtes français, avec un mélange de spontanéité et de protocole habilement entremêlés. Des drapeaux français et ukrainiens surgissent des travées et l'ambiance est à la célébration festive de notre amitié.

Le Président Larcher est un formidable homme politique doublé d'un redoutable orateur. Il en maîtrise parfaitement les codes. Malgré l'obstacle de la langue, il galvanise son auditoire, il est vrai tout acquis, en saluant l'admirable courage de la Nation ukrainienne en lutte pour les valeurs universelles d'indépendance et de liberté.

Deux ovations debout des parlementaires survoltés viennent interrompre l'orateur : la première salue la sénatrice Nadia Sollogoub, adorée de ses interlocuteurs ukrainiens pour sa gentillesse et son écoute, la seconde s'adresse à ma modeste personne pour avoir maintenu l'Ambassade sur le sol ukrainien et être resté, y compris dans les heures les plus sombres, constamment, en relation avec beaucoup d'entre eux. C'est très ému que je remercie, également debout, en retour, la Rada pour cet hommage spontané. De tels moments vous font tout oublier, les épreuves traversées comme les moments de doute. Ils vous marquent pour toujours.

Après ce sommet de bravoure parlementaire parfaitement maîtrisé, nous nous dirigeons avec notre massif cortège sécurisé vers les bureaux présidentiels de Bankova pour y être reçu par le Président Zelensky. Le protocole pour ce type de rencontre est maintenant bien établi. Pour des raisons de sécurité, l'heure exacte de l'entretien est sujette à variation de dernière minute.

Les bureaux présidentiels sont en fait un bloc d'immeubles qui s'étalent sur plusieurs rues. Ils sont vraisemblablement doublés par un réseau de souterrains et d'abris impénétrables, eux-mêmes hérités de l'époque communiste où la confiance envers la population n'était pas une valeur partagée par les dirigeants totalitaires. L'entrée se fait par une rue détournée. Le trajet se poursuit à pied à travers un labyrinthe de cours et courettes avant d'accéder, par un couloir obscur, au bâtiment lui-même. Là, le visiteur est accueilli par des gardes surarmés, entourés de sacs de sable, qui vous prennent sans ménagement vos téléphones, voire vos montres si elles sont électroniques et connectées. Les fenêtres sont bouchées par ces mêmes sacs de sable qui montent jusqu'au plafond. On conduit alors le visiteur, toujours par de longs et sombres couloirs, jusqu'à un salon d'attente situé à l'étage.

Si je suis accoutumé depuis longtemps à ces précautions que je finis par ne même plus remarquer, tout entier concentré sur l'entretien à venir, les visiteurs français qui suivent ce cheminement pour la première fois en sont fortement impressionnés.

La suite est plus traditionnelle. Après quelques minutes d'attente où les visiteurs reprennent leurs esprits, heureux de retrouver la lumière, la porte s'ouvre. L'hôte d'honneur est prié de pénétrer le premier dans la grande salle de réunion, juste en face, où l'attend, seul, sur le pas de la porte, le Président Zelensky, invariablement vêtu de son désormais iconique T-shirt vert. Il salue chaleureusement son invité sous les flashs des photographes de la Présidence. Suivent les autres membres de la délégation, toujours sous le feu roulant des objectifs. Le cliché fera le bonheur du sujet photographié qui ne manquera pas de le diffuser sur les réseaux sociaux. Être pris aux côtés du Président ukrainien est un *must* en cette année 2022. Je ferme la marche et le Président me gratifie le plus souvent d'un mot aimable.

Nous prenons place d'un côté de l'immense table laquée blanche. Le Président est entouré de sa garde rapprochée. Avec, à sa droite, le plus souvent, son chef de l'administration présidentielle, Andrii Yermak, véritable Numéro 2 du pouvoir. Lorsque le Président reçoit des hôtes français, le ministre des Affaires étrangères, Dmytro Kouleba, s'il est dans le pays, est généralement présent. Les deux conseillers diplomatiques du Président, Ihor Zhovkva et Andrii Sybiha, avec lesquels je suis en contact permanent, également.

Je prends place à la droite du Président Larcher. Les discussions s'engagent d'abord en présence du service de presse de la Présidence puis sans lui. Les échanges sont classiques : l'assurance du soutien sans failles et unanime apporté par la France à l'Ukraine en guerre ; en retour, le Président ukrainien remercie, fait une brève présentation de la situation militaire et politique et sollicite une aide accrue dans tous les domaines, y compris militaires. La question des exportations agricoles est ce jour-là un thème majeur des discussions. Le Président Larcher la maîtrise parfaitement.

Pour ma part, je ne peux m'empêcher de fixer longuement le Président Volodymyr Zelensky. Sa mine est fatiguée, ses traits sont tirés, son teint est brouillé. Clairement, les semaines et les mois de cette guerre éprouvante ont prélevé leur dîme. Qu'il est loin le jeune Président fringant tout juste élu à une très large majorité (73 %), à qui j'ai présenté mes lettres de créances dans ce même complexe présidentiel de Bankova il y a près de trois ans ! Disparu aussi, le chef d'État encore insouciant qui nous avait entraînés, quelques mois plus tard, avec mes collègues ambassadeurs du G7, dans une longue virée dans l'Est qui s'était terminée autour d'un bon repas prolongé tard dans la nuit à Poltava. Nous avions ensuite déambulé tous ensemble dans les rues de cette belle ville où le Président s'était livré avec bonhomie au jeu des *selfies* avec ses concitoyens qui l'acclamaient.

En le scrutant ainsi de toutes mes forces, je tente désespérément de percer le mystère qui me hante, comme si mon regard pouvait transpercer, tel un rayon laser, la carapace et faire jaillir la vérité : mais qui est donc le Président Zelensky ? Si ce n'est ses vêtements militaires qu'il ne quitte plus depuis le 24 février et sa barbe noire qu'il a laissée pousser, en apparence rien n'a changé. Il est toujours égal à lui-même, avenant et chaleureux avec ses visiteurs. À force de le pratiquer avec ses hôtes étrangers, son anglais s'est même grandement amélioré. Il délaisse de plus en plus souvent l'interprète pour s'exprimer dans la langue vernaculaire de la mondialisation.

Il ne marque pas de signe particulier d'impatience ou de changement de statut par rapport à sa notoriété devenue planétaire. Mais qu'en est-il au fond de lui ? Comment vit-il le fait d'être devenu en quelques jours le héros de tout un peuple, lui dont la popularité a bondi de 30 % à 70 % ? Nul ne le sait vraiment. À jamais son destin a basculé le 24 février au matin. En quelques heures, le jeune Président de 44 ans est passé du statut de chef d'État d'un pays de taille moyenne, somme toute peu connu à l'échelle mondiale, à celui d'un État en guerre devant faire face à une invasion générale, non provoquée et sur tous les fronts, de la Russie de Vladimir Poutine, deuxième puissance militaire du monde et membre permanent du conseil de sécurité.

Comme allait-il réagir alors même qu'il était relativement novice en politique ? Le comédien et producteur de spectacles télévisuels à succès a surgi sur la scène politique en décembre 2018 pour emporter quelques mois plus tard une victoire sans appel face au président sortant, Petro Porochenko.

En le dévisageant, je m'interroge une nouvelle fois : comment a-t-il vécu les premières heures du conflit, sachant qu'il fut sans conteste l'un de ceux qui, jusqu'au dernier moment, ne croyaient pas à l'hypothèse d'une agression russe généralisée ? Qu'est-ce qui l'a conduit à réagir avec le courage incroyable qu'on lui connaît, alors que des commandos de tueurs des forces spéciales russes étaient lancés à ses trousses au cœur même de Kiev ? Dans ces heures cruciales, qui a-t-il écouté et qui a-t-il écarté ? La quasi-totalité des experts bien informés, tout comme Vladimir Poutine lui-même, pensaient qu'il s'enfuirait et abandonnerait le combat.

S'il l'avait fait, le pays se serait probablement effondré et Poutine aurait réussi un incroyable coup de poker en écrasant un pays de quarante millions d'habitants en quelques jours.

Or, en restant dans la capitale puis en diffusant sa vidéo, devenue instantanément mythique, dans laquelle, le 25 février, par une froide nuit d'hiver, au pied de ses bureaux rue Bankova, seulement entouré de quelques proches, il lançait un appel à la résistance, le Président Zelensky a changé le cours de l'Histoire. Rarement un seul homme aura ainsi réussi à inverser la roue du destin. Son intervention est comparable à celle du général De Gaulle ou de Winston Churchill en 1940.

Sans doute des générations d'historiens se pencheront sur ces premières heures cruciales où tout aurait pu basculer. Déjà, les biographies s'entassent dans les librairies du monde entier. Celles, passionnantes et documentées, de Stéphane Siohan ou de Gallagher

Fenwick, que j'ai dévorées, font déjà référence. Mais elles ne parviennent pas à répondre à ces questions, sans doute sans réponse actuellement.

En le regardant, je sais que l'homme que j'ai en face de moi conservera sans doute à jamais sa part de mystère. Déjà avant-guerre, il était bien plus complexe qu'on le disait parfois. Bien loin des clichés sur le comédien et l'humoriste, l'homme de communication Zelensky, apparemment ouvert et accessible, est en réalité d'un caractère secret et parfois impénétrable. Issu d'une famille juive intellectuelle appartenant à la classe moyenne d'une ville industrielle du Sud ukrainien, Kryvyï Rih, le Président d'Ukraine n'accorde sa confiance qu'à un petit groupe de fidèles et d'amis d'enfance. Ils ont pour la plupart participé à ses aventures professionnelles au sein de son groupe de média, Kvartal 95.

Pour l'avoir observé depuis trois ans, je connais bien son fonctionnement. Une dizaine de personnes, exclusivement des hommes, auxquelles s'ajoute son épouse Olena, très influente, forment le cercle décisionnaire principal du pouvoir ukrainien. Autour se situe un deuxième cercle composé de ministres influents et compétents, comme le ministre des Affaires étrangères, Dmytro Kouleba, ou la vice-Première ministre des Affaires européennes, Olga Stefanishyna.

La guerre n'a pas fondamentalement changé ce mode de fonctionnement. C'est toujours avec ce groupe de fidèles que le Président Zelensky mène le combat de toute une Nation pour préserver son indépendance, sa liberté et recouvrer son intégrité territoriale.

Avant de mettre fin à l'entretien, le Président Zelensky se lève, fait le tour de la grande table et vient saluer chaleureusement ses hôtes une dernière fois. Il échange quelques mots avec chacun d'entre nous et nous raccompagne à la porte. Au même moment, les larges battants de son bureau, qui jouxte la salle de réunion, s'ouvrent devant lui. Volodymyr Zelensky s'y dirige d'un pas rapide en nous faisant un dernier signe de la main. Dans ce lieu retranché, impossible à localiser, il enregistre, bien calé sur son fauteuil de cuir, ses vidéos journalières ; des prises de parole sans le moindre décor qui donnent le ton à la résistance ukrainienne et font le tour du monde. En le voyant s'éloigner, je me dis que la nature humaine reste impénétrable et l'Histoire imprévisible. Malgré les efforts des meilleurs spécialistes, une part de mystère demeurera toujours sur le chemin qui a mené cet homme à incarner et porter le combat de tout un peuple.

26
Six mois de guerre, et après ?

La soirée est déjà bien engagée en ce mardi 23 août 2022, à Châteauvillain, en Haute-Marne. Cela fait désormais près de quinze jours que je savoure un repos mérité en famille. Même au cœur des guerres, il faut savoir faire une pause, recharger les batteries, partir en « permission », comme disent les militaires.

Ce repos touche à sa fin. De nouveau la guerre en Ukraine me hante. Dans quelques jours débute la traditionnelle conférence des ambassadeurs ouverte par le président de la République. L'Ukraine sera au cœur des discussions et on me demandera nécessairement d'intervenir quelques minutes à un moment où un autre. Je dois m'y préparer et commencer à synthétiser ma pensée. Je me projette aussi déjà vers mon retour en Ukraine qui aura lieu dans les prochains jours. De nouveau, tout un périple : départ le samedi 3 septembre pour Varsovie, arrêt le 4 à

Rzeszów, accueil par le GIGN, nouvelle traversée de la frontière, nuit à Lviv puis Kiev par la route dans la soirée du lundi. Il me tarde d'être de retour au plus près de mes équipes et du peuple ukrainien qui poursuit sa lutte admirable.

Ce mardi 23 août 2022, je suis, comme tous les jours précédents, à ma table de travail dans la galerie aux larges fenêtres qui domine le jardin de notre maison de campagne. C'est ici, dans ce bourg médiéval, que depuis vingt ans, ma famille et moi-même avons pris racine. De cette vaste maison aux murs épais, construite au milieu du XVIIe siècle alors que Louis XIV était enfant, nous avons fait le point fixe où nous nous retrouvons tous ensemble dès que nous le pouvons. La maturité venant, j'aime chaque année davantage ces vastes forêts, ces paysages magnifiques, ces villages encore préservés et leurs habitants si Français dans leur mentalité et manière d'être.

Depuis quelques jours, après les canicules que nous avons connues, l'air est redevenu respirable. Je sens monter vers moi la fraîcheur de la nuit. Par la fenêtre ouverte, je scrute le jardin en contrebas que je connais si bien pour y avoir si souvent jardiné et l'avoir encore tondu le matin même. Dans quelques heures, nous commémorerons tout à la fois les six mois de la guerre d'invasion de l'Ukraine par la Russie et le 31e anniversaire de l'indépendance de l'Ukraine. Il est temps pour moi de mettre un terme, sans doute provisoire, à ce récit.

Mais avant, je me remémore la situation d'il y a exactement un an, lorsque toute l'Ukraine célébrait avec enthousiasme, patriotisme et ferveur les trente ans de son indépendance. Je me souviens de l'atmosphère nationaliste, dans le bon sens du terme, et surtout bienveillante et bonhomme, qui avait marqué ces célébrations. Le ministre Jean-Yves Le Drian était venu à Kiev pour y représenter la France. Nous avions été reçus dans une atmosphère joyeuse par le Président Zelensky au palais Maryinsky sous un soleil radieux. Des concerts partout dans la ville. Des familles avec des enfants circulant à travers tout le pays, avec des petits drapeaux bleu et jaune. Un peuple heureux et pacifique qui envisageait avec confiance son avenir et son destin. Aucune animosité d'aucune sorte vis-à-vis du voisin russe.

Qui d'entre nous aurait pu alors envisager la tragédie et le malheur qui allaient s'abattre quelques mois plus tard sur cette jeune démocratie ? Qui aurait pu envisager cette belle ville de Marioupol complètement rasée, ces crimes abominables de Boutcha et d'ailleurs, ces millions d'Ukrainiens chassés de chez eux et obligés de se réfugier soit à l'étranger, soit dans d'autres parties du pays ?

Et pourtant, un an après, tout ceci est bien arrivé. Une nouvelle fois cette question absurde et incontournable me taraude : qu'ont fait les Ukrainiens pour mériter un tel malheur ? Rien, bien sûr, si ce n'est d'avoir à leurs portes un Vladimir Poutine, devenu un dictateur vieillissant, peut-être malade, et obsédé par des rêves de reconstitution d'Empire perdu. Rien d'autre que la tragédie engendrée par la présence d'Adolf Hitler à la tête de l'Allemagne, touchant les Polonais, les Russes eux-mêmes, nous-mêmes les Français, et surtout, bien sûr, la population juive d'Europe.

Alors que l'obscurité se fait de plus en plus dense, que l'éclairage public de mon cher paisible bourg de Haute-Marne est éteint, il me faut, en bon diplomate que j'essaye d'être, tenter une nouvelle fois de scruter la nuit, non pas celle qui m'entoure mais celle qui enrobe l'avenir. Comme la vraie nuit, celle qui cache le futur doit se mériter. Il faut s'acharner, scruter encore et encore, s'informer encore et encore, jusqu'à ce que nos yeux, ceux de l'intelligence et de l'analyse cette fois, s'ouvrent à l'obscurité afin d'y discerner les faibles lumières présageant des évolutions futures. Les points de retournement sont comme des lucioles dans la nuit. Elles apparaissent et disparaissent aussitôt. Et souvent, ce qu'on a cru voir ou percevoir se dérobe. Mais c'est la loi du genre et on ne peut y échapper.

Après six mois de guerre, avec lucidité, je veux marquer ma confiance dans les capacités de résistance ukrainienne. Il me semble que, si écrasement de l'Ukraine il aurait dû y avoir, il serait intervenu soit dans les premiers jours – comme beaucoup, y compris les Anglo-Saxons, l'envisageaient –, soit au moment de la grande offensive russe sur le Donbass à grand renfort d'artillerie. Aujourd'hui, la perspective d'une défaite pure et simple de l'Ukraine me paraît difficilement envisageable. Trop d'efforts ont été engagés par la Nation ukrainienne, trop de souffrances endurées, trop de soutiens occidentaux engrangés pour que l'esprit de résistance s'effondre et que la victoire russe, même limitée, l'emporte.

Jour après jour, ma conviction se renforce en faveur d'un succès ukrainien. Je sais bien que le rapport des forces militaires brutes, nombre de canons, etc., reste défavorable à Kiev, mais la volonté, l'ingéniosité et la capacité à progresser et à apprendre des Ukrainiens compensent ce rapport défavorable et même au-delà. Progressivement, les Ukrainiens ont repris le contrôle du ciel et de leur espace maritime. Alors que les avions russes survolaient impunément la totalité du territoire ukrainien le 24 février, ils ne s'y risquent plus depuis longtemps. De même, la flotte russe de la mer Noire croisait à quelques encablures d'Odessa. Elle est aujourd'hui repoussée à deux cents kilomètres voire plus au large. Quant aux gains territoriaux russes, ils sont, sinon insignifiants, du moins modestes depuis plusieurs semaines déjà. Même l'hypothèse d'une contre-attaque ukrainienne n'est plus aussi absurde qu'elle pouvait l'être il y a encore quelques semaines.

On voit là aussi, jour après jour, les Ukrainiens s'enhardir et frapper de plus en plus loin les arrières des Russes. Enfin, je ne crois pas qu'une armée qui combat désormais avec du matériel et une doctrine du XXIe siècle puisse être vaincue par une armée qui en est restée aux équipements et aux techniques du XXe siècle.

Mais ce qui me donne véritablement confiance, c'est un élément qui tient plus du domaine de la croyance que des faits. Je ne veux tout simplement pas croire qu'un peuple qui défend sa terre, lutte pour sa liberté, sa culture et qui défend les valeurs européennes, puisse être assujetti et vaincu par la seule force brute. Ce serait la négation de tout ce en quoi je crois depuis plus de cinquante ans. À la fin, la liberté ukrainienne doit triompher comme la Résistance gaullienne a triomphé face à l'Allemagne nazie. Alors je sais bien que c'est Sparte et non Athènes qui l'a emporté lors de la guerre du Péloponnèse, mais cela commence à dater…

Si une défaite ukrainienne me paraît désormais peu probable, les perspectives n'en restent pas moins sombres. Le risque d'un accident nucléaire, bien sûr, avec la centrale de Zaporijia en perspective. Celui d'un hiver difficile, voire terrible, avec des pénuries de chauffage et d'énergie. Tout ceci est exact, mais le principal danger à mes yeux, comme à celui de nombreux observateurs, demeure la réaction russe et tout particulièrement celle de Vladimir Poutine face à un échec patent comme le serait celui d'une contre-offensive réussie, la destruction du pont de Kertch en Crimée ou celle de la flotte russe dans le port de Sébastopol.

Un tel revers ne pourrait être caché à la population russe. Quelle serait alors la réaction de l'ours russe, blessé dans son orgueil et son arrogance ? Nul ne le sait, mais tous nous la redoutons. L'avenir me dira si j'ai eu tort d'être confiant…

Achevé d'écrire le 23 août 2022 à Châteauvillain,
Haute-Marne

Table

Mise en pages
Sylvie Denis

Impression réalisée par CPI BUSSIÈRE
Saint-Amand-Montrond (Cher)

N° d'édition : 4881/01 - N° d'impression : 2067810
Dépôt légal : novembre 2022

Imprimé en France

FSC
www.fsc.org
MIXTE
Papier issu
de sources
responsables
FSC® C123930

L'éditeur de cet ouvrage s'engage
dans une démarche de certification FSC®
qui contribue à la préservation des forêts
pour les générations futures.